T0243887

LA FIESTA DE TU LIBERACIÓN

KEPLER

Argentina – Chile – Colombia – España
Estados Unidos – México – Perú – Uruguay

HANIA CZAJKOWSKI

LA FIESTA DE TU LIBERACIÓN

KEPLER

Argentina – Chile – Colombia – España
Estados Unidos – México – Perú – Uruguay

1.ª edición Octubre 2023

Copyright © 2021 *by* Hania Czajkowski
All Rights Reserved
© 2023 *by* Urano World Spain, S.A.U.
Plaza de los Reyes Magos 8, piso 1.º C y D – 28007 Madrid
www.edicioneskepler.com

ISBN: 978-84-16344-83-3
E-ISBN: 978-84-19699-05-3
Depósito legal: B-14.553-2023

Fotocomposición: Ediciones Urano, S.A.U.

Impreso por: Rodesa, S.A. – Polígono Industrial San Miguel – Parcelas E7-E8
31132 Villatuerta (Navarra)

Impreso en España – *Printed in Spain*

Más vale una gota de práctica que un océano de teorías
y resoluciones.

La Madre Ashram de SRI AUROBINDO

Sobre esta historia

Niksha, nómada y aventurera, atraviesa un momento de crisis vital. Su vida, hasta entonces liviana y despreocupada, se está desmoronando. Una desilusión amorosa, la soledad física y emocional, el sinsentido y la indiferencia de un mundo cada vez más individualista le corroen el alma.

Desparramada en un sofá, abrazada a su gato Fénix, se pregunta desconsolada: ¿cómo se recompone una vida en tiempos de crisis? Una copa de champán tras otra, un rayo de luna entrando por la ventana, una invitación brillando sobre la mesa, una carroza esperando en la puerta... ¡y Niksha aparece, sin saber cómo, en un misterioso castillo en medio de una fiesta psicodélica! Estrafalarios personajes, vestidos a la usanza de las cortes medievales, la rodean curiosos. La Bufona le asegura que no hay espacio para la melancolía y le enseña a desdramatizar. La Mística, a bajar pedacitos de cielo a la tierra. La Aventurera, a reconocer «la marca» en su frente. La Heroína, a cortar los pensamientos obsesivos. La Estratega, a hacer jaque mate a los obstáculos.

En medio del jolgorio de la fiesta, ella se transfigura. ¡Puede jugar el Juego de la Vida representando distintos personajes! Y, sin embargo, ser siempre ella misma. Esto la vuelve más y más audaz. Un gigantesco tablero de ajedrez aparece a sus pies emplazándola a ser parte de una extraña partida. El Rey Negro ruge amenazante. El Rey Blanco convoca a sus fuerzas de Luz. Niksha asume su poder, se lanza al juego y se enamora perdidamente del Rey Blanco. Juntos rompen todas las cárceles mentales y emocionales del Viejo Mundo. Niksha se libera de la tristeza, del desamparo y del desamor. Y, a través de su liberación, te libera a ti. Y libera al Mundo.

ÍNDICE

CAPÍTULO 1

NIKSHA.
LA FIESTA DE LA
LIBERACIÓN

Tal vez fue por la luna llena, por las velas encendidas en la penumbra, por el hipnótico aroma del incienso de mirra… No lo sé. ¡Estaba tan perdida! Desparramada en el sofá de mi salón, tomaba una copa de champán tras otra. El sofá de terciopelo rojo era mullido y suave, me hundía en sus almohadones de plumas y en mi inmensa tristeza.

La luz de la luna entró por la ventana iluminando un sobre blanco que se encontraba en la mesa de centro de madera antigua, justo frente a mí. No recordaba haberlo puesto allí; además, hacía mucho tiempo que no veía ningún sobre en mi casa.

Leonard Cohen susurraba *Lullaby*, una canción de cuna para su amor. Eran las tres de la mañana. ¿Cómo salir de esta melancolía que me destrozaba el alma? Cerré los ojos y navegué sin rumbo hacia las estrellas. O mejor, pensé, vuelvo a Grecia, a las aldeas blancas, a las aguas transparentes del mar de Libia y a los brazos de mi amado ¡que ya no me abraza! Lo que hasta hacía poco era una vibrante y apasionada historia de amor se había transformado en «el pasado». Y no había vuelta atrás. Una línea feroz y total me dividía en un antes y un después. Era difícil aceptarlo cuando yo había logrado vivir como quería. Y, además, se me había cruzado en el camino un amor gitano, que amaba lo mismo que yo y no se asustaba de la vida nómada. No lo podía entender. ¿Cómo había podido acabar todo en un segundo? Nos amábamos locamente, pero nos separamos. «¿Por qué un amor tan apasionado tiene que terminar?», me pregunté acongojada.

Durante el primer año me anestesié con una actividad frenética: más viajes, más seminarios, más de todo con tal de no registrar lo que había pasado. Pero después colapsó el mundo y ya no hubo adónde escapar. La pandemia se expandió e hizo estragos en el planeta entero. Y todos nos enfrentamos al visceral interrogante de quién viviría y quién moriría.

Tuvimos que entregarnos a la trascendencia, a lo incontrolable. La plaga existió, pero tuvo un freno. Sin embargo, nadie sabe si alguna otra criatura microscópica puede volver a jaquearnos o si se desencadenarán los cambios climáticos. Estamos ante tremenda prueba de humildad colectiva.

El planeta estaba revolucionado. Yo tambien. Pero ¡no podía seguir eternamente desparramada en este sofá de terciopelo rojo, tomando champán y rememorando mi vida!

El sobre blanco brillaba en la penumbra, no tenía ni idea de cómo había aparecido allí. Intenté estirar la mano para abrirlo, pero cerré los ojos y volví a mi mundo feliz, a mi vida habitual, una aventura continua. Siempre buscando caminos alternativos para escapar del mundo convencional. Rebelándome contra la mediocridad, la rutina, escribiendo, estudiando. Viviendo al máximo la adrenalina y el vértigo de haber borrado las fronteras. Amigos mexicanos, alemanes, guatemaltecos, franceses, españoles, polacos, hindúes, israelíes. ¿Cómo explicas la vida de una nómada digital? ¡Imposible! Es lo más parecido a vivir en una película. Nunca estamos solos: hacemos amistades entrañables, nos vamos pasando los datos y sabemos dónde están las comunidades temporales de nómadas en el mundo entero. Solo necesitaba dinero para los vuelos, para alquilar una habitación simple y para la comida. La vida se hacía sencilla. Aprendí a ser una resiliente financiera, sin deudas ni cuotas. Y siempre tenía cerca el mar, o la montaña, o una ciudad medieval. Y estaban los amigos, con quienes compartía el tiempo en el que trabajaba y exploraba el mundo a la vez. En medio de esta vida loca para quienes llevan una rutina más fija, seguí las huellas espirituales de grandes maestros: viví en monasterios, en ashrams, en comunidades ecológicas, en *hostels*. También publiqué mis novelas. Creé obras de teatro basadas en sus personajes, fiestas de hadas, viajes con mis lectores a los lugares de mayor poder. Hice Encuentros de Comandos de Conciencia en secretos subsuelos de cafés anónimos en Madrid, en Buenos Aires, en Bogotá. Todo esto sin un domicilio fijo.

Podría ser una *coach* perfecta para quienes se atrevan a soltar amarras y dejarse llevar por las corrientes mágicas que circulan por la vida. Una vida libre, creativa, gitana y aventurera, sin una sola gota de banalidad ¡es siempre un triunfo! Con los costes correspondientes que hay que pagar por salirse del común denominador. Siempre hay que pagar costes por sostener una vida consciente y distinta, pero es la única alternativa para vivir con sentido. Yo seguía mi estrella e iba venciendo las pruebas. La nostalgia, que a veces me acechaba por no pertenecer a ningún lugar. La desaprobación de casi todo el mundo, salvo de quienes eran nómadas como yo y a quienes encontraba en el camino siguiendo la misma estrella. El desamparo que a veces nos asaltaba a quienes no teníamos una red fija que nos sostuviera. Pero ¿será que realmente alguien la tenía? ¿O era también una fantasía? Era bonito vivir como una **Niña**, jugar a romper las reglas del «no se puede» y lograrlo. Había que atreverse a seguir los vientos del misterio. ¡Porque los misterios me iban siendo develados!

—Cualquier vida, incluso la que parece común, se hace extraordinaria si la transformas en una aventura, aun sin hacer una vida nómada como la mía. La aventura está en todas partes, Fénix —dije acariciando a mi gato anaranjado. Él me escuchaba con mucha atención, ronroneando.

«Sí, hay que sortear las fuerzas de la domesticación, de la comodidad y de la inercia», me dije. No son inocuas. Están alerta para no dejar escapar a sus presas. Me hablaban al oído: «No puedes, no debes, no eres capaz, no te arriesgues». Pero yo no les hacía caso. Y avanzaba como una **Heroína,** enarbolando a los vientos la bandera de la libertad.

—Fénix, sé que soy una **Aventurera.** Una mochila, un portátil, un teléfono y un amor. Eso es todo lo que necesito. Y si una no tiene un amor, lo encuentra en el camino, como dicen mis amigas, gitanas como yo.

Me miró fijamente. Me escuchaba con atención.

—¡Éramos tan parecidas! Todas huíamos de la vida «normal». Mis amigas de aventuras eran dos: una francesa, Amelie, y una española, Silvia. Ambas nómadas digitales como yo. Antes de conocer a Georg viajé muchas veces con ellas. Amelie era psicóloga, había vivido varios años en Bali, integrando una comunidad de nómadas místicos. Silvia tenía una pequeña empresa virtual y creaba oportunidades de trabajo para jóvenes que querían vivir un tiempo en Inglaterra, conocer su cultura y aprender a hablar inglés. Y también era *coach*. Todas habíamos huido del estilo de vida fijo de las grandes ciudades pobladas de solitarios y solitarias. Allí, cada uno defendía furiosamente su vida narcisista, centrada en sí mismo, en el gimnasio, en la frenética carrera de hacer dinero, cada uno el suyo. Compartir estaba mal visto. Porque era incómodo, y la comodidad era sagrada. Y ni hablar de las parejas; la convivencia era una especie de fruto prohibido. Había una epidemia extendida que glorificaba la soledad, un elixir divino que todos tenían que probar. Y sucedía también en el ambiente llamado «espiritual». A veces no viajábamos juntas y yo pasaba por mi lado largas temporadas en *hostels*. En Chiang Mai, al norte de Tailandia, investigando las tradiciones espirituales budistas; en México, viviendo con las Mujeres Gigantes; en la selva de Chichén Itzá, explorando los secretos esotéricos de los mayas; en Praga, en Bali, en India. Éramos llamados «viajeros». El término «nómada digital» era muy reciente. Y creo que en este Nuevo Mundo que está naciendo postpandemia, las y los nómadas seremos una nueva raza. Crearemos comunidades en todos los continentes.

—¿Qué opinas, Fénix? —le pregunté.

Dormía enrollado sobre la mesa de centro. Me pareció que esbozaba una sonrisa y me guiñaba un ojo de aprobación.

Una copa más de champán, cerré los ojos y volví a ver el cartel antiguo de la estación de trenes que me avisaba de que tenía que bajar: ¡estaba en Praga! Aunque el cartel de la estación decía *Praha*. Agarré mi mochila y apenas pisé el andén sentí sus presencias. Eran los alquimistas. Empecé a caminar hacia la salida como en medio de un sueño; me parecía estar en una película en blanco y negro de los cuarenta. El taxista no hablaba inglés, solo checo. Le di la dirección del *hostel* en polaco y lo entendió.

—Vamos a casa de un famoso alquimista del siglo XVI —le dije.

—Todos los alquimistas de ese tiempo siguen viviendo aquí —me dijo en checo—. El tiempo en Praga se ha detenido.

—Perfecto —le contesté con naturalidad—. Tengo que investigar para una de mis novelas la vida del rey mago, Rodolfo II, nieto de Juana la Loca, iniciado en alquimia en El Escorial, en España.

—¡Ah! Sí, claro.

Sin dejar de conducir, arrancó una hojita de su libreta y garabateó una dirección.

—Es la del laboratorio donde trabajaban Rodolfo II y otros magos. Se encuentra debajo de una antigua botica —dijo en un susurro—. Fue descubierto en el año 2000, a causa de una inundación que abrió un boquete en la vereda. Abajo había un túnel, y este desembocaba en una puerta de hierro, y detrás de la puerta encontraron este auténtico laboratorio alquímico intacto, cerrado durante cuatrocientos años. Ahora es un pequeño museo, en el que se custodian religiosamente todos los elementos encontrados allí.

Le agradecí tratando de ver su rostro y descubrir quién era.

—Los alquimistas tenemos que pasar inadvertidos —acotó, misterioso—. Sabemos cómo mantener la eterna juventud y cómo transformar el plomo en oro. —Sonrió—. Si nos descubren, querrán arrancarnos los secretos.

Hubiera querido hacerle más preguntas, pero ya habíamos llegado al destino. Él se volvió hermético, tomó el dinero, sonrió y, apenas bajé, desapareció en la noche de Praga sin dejar rastro. A la mañana siguiente, sin siquiera tomar el desayuno, salí a la calle. Era como estar en medio de un sueño. Las torres de cuento, las agujas apuntando al cielo. Caminé despacio por aquellas callecitas empedradas; a cada paso que daba aparecía un lugar secreto. Mi corazón empezó a latir con fuerza. Estaba frente al legendario laboratorio de los alquimistas, intacto desde 1600. La entrada desde la calle se había disimulado en una antigua botica en la que aún hoy se venden elixires mágicos, tal cual me lo había indicado el taxista. Me dijeron que tenía que atravesar un pasillo y tocar una antigua biblioteca. Lo hice y esta se transformó en una puerta giratoria. Descendí temblando por una escalera de piedra. Era un portal a otro tiempo; la energía de Rodolfo II, el poderoso alquimista de Praga, resguardada allí durante cuatrocientos años, permanecía intacta. Medité varias horas en silencio hasta que escuché una voz.

—Bienvenida a mi laboratorio, Niksha —susurró—. Soy Bavor, el alquimista más conocido de Praga y de toda Europa en el siglo XVI.

Me pareció ver una sombra proyectándose sobre la puerta de hierro.

—¡Recuerda el poder de los fuegos sagrados! —Su voz era un eco hablándome desde otros siglos—. ¡No te rindas, sé valiente!

—Nos veremos en la fiesta, muchos de nosotros estaremos allí —dijo otra voz desconocida.

—¿Quién eres? —pregunté, temblorosa.

—Soy Rodolfo II, el rey mago. Los alquimistas te apoyamos. Somos tus ancestros.

Y se evaporó en una nube violeta.

—¿En qué fiesta nos veremos? —pregunté, pero ya se habían ido.

Volví al *hostel* como flotando en medio de un sueño. Me fui a dormir y seguí escuchando las voces de los alquimistas, del Rabino Loew y de sus discípulos dando vida al Golem, el homúnculo hecho de barro y activado con una letra hebrea a orillas del río Moldava. Praga, con sus callecitas empedradas, quedó grabada para siempre en mi alma. Sus conciertos, sus legendarios cafecitos como el Montmartre, en el que escribía Kafka, o el café Slavia, con cuarenta y cinco gustos diferentes de café. Las huellas de Mozart, quien también se enamoró de Praga y estrenó allí su ópera *Las bodas de Fígaro* en 1786. También vivió allí Mucha, el pintor Art Noveau que retrataba hadas eslavas.

—Praga tiene mil rostros, gatito —le dije a Fénix, acariciándolo—. Por eso tantas veces me quedé allí durante semanas y semanas; era como visitar a antiguos amigos. ¡Cómo olvidar esas mágicas funciones de los antiguos teatros de títeres gigantescos, de tamaño humano! Cobraban vida manejados por familias tradicionales, dedicadas a esta actividad desde hace varios siglos. Eran inolvidables. ¡El legendario «Teatro Negro»! Las óperas en las iglesias acondicionadas como teatros. El gran palacio de Rodolfo II, el rey esotérico cuya silueta acabo de ver en la penumbra de su laboratorio. Él protegió a todos los magos y alquimistas de Europa. En aquel entonces cada artista, pintor, matemático o astrólogo también fue bienvenido en la corte mientras Rodolfo logró retener el poder, hasta que finalmente cayó víctima de las previsibles intrigas de sus enemigos en el año 1602. ¡El legendario Callejón del Oro y la casa de la tarotista más famosa de todos los tiempos, Madame Thebas! Ella predijo la caída del nazismo y no se lo perdonaron. Mis estadías en Praga fueron legendarias.

—¿Sabes, Fénix, que escribí allí la mayor parte de la novela *Kalinka*? ¡Estar en Praga es como vivir un ensueño permanente! Caminando por las callecitas empedradas, descubrí las huellas de los antiguos magos. Y pasé horas delante de un misterioso reloj situado en la plaza principal, que, según antiguos relatos, tiene la capacidad de hacernos viajar al pasado. Escribir en Praga era como respirar; fácil, natural.

Para seguir en la misma onda mágica de Praga me moví a Grecia. Quería investigar los secretos del antiguo santuario de Eleusis, cerca de Atenas. Cerré los ojos, respiré hondo y volví a sentir aquella energía intensa y vital que vibraba en cada piedra de aquel lugar misterioso. Allí se habían realizado ritos dionisíacos muy poderosos. Quienes participaban tenían prohibido hablar. La poca información que apenas se había filtrado a través de los siglos y que llegó a nuestros días revelaba que se propiciaba allí la muerte simbólica de una manera de ser y el renacimiento a una nueva vida. Los desbordes estaban autorizados ceremonialmente, durante cierto momento del ritual. Siempre me resultó fácil captar lo sucedido en otros tiempos en lugares antiguos; simplemente cerraba los ojos y me conectaba con el corazón. ¡Las imágenes que me llegaron eran volcánicas! Los vi encendiendo fuegos, danzando desnudos, destrozando prejuicios y convenciones sociales. Sin embargo, no era un desenfreno sin sentido; en ese tiempo, el sexo era sagrado. ¿Buscarían provocar el cambio rompiendo las rígidas estructuras mentales que definen la realidad colectiva? El caos siempre precede a un nuevo comienzo, así parece funcionar todo en este planeta. ¡Pero qué difíciles son los comienzos! A veces solo queda romperse del todo. Y construirse de nuevo.

—¿Seré capaz, Fénix? —Otra vez me pareció que me guiñaba un ojo y movía la cabeza en señal de asentimiento—. Me siento partida en mil pedazos, pero no sé cómo seguir. Y no tengo adónde escaparme.

Me miró somnoliento. Levantó una oreja. ¿Sería un sí?

Cuando Fénix cerró los ojos, me escapé a India. Fuimos las tres juntas, Amelie, Silvia y yo. India era siempre una gran aventura. Lo sabíamos. Me volví a mecer en el hipnótico traqueteo de los trenes y aparecieron, como en una película, las exóticas escenas que pasaban por sus ventanillas. Elefantes, templos, palmeras, aldeas. Enormes ciudades envueltas en un tóxico humo gris. Y en medio de esos contrastes, siempre, esos ojos negros, profundos y abismales de los hindúes, mirándonos desde el fondo de los tiempos. Irradiando ocho mil años, o quién sabe cuántos, de espiritualidad. Aunque muchos de ellos no lo supieran conscientemente, la espiritualidad corría por su sangre y se desbordaba por sus ojos con miradas difíciles de sostener. Las imágenes se sucedían una a una, con una intensidad visceral. Eso es India. Bombay, de día, una populosa y caótica ciudad. De noche, las calles tomadas por el pueblo se llenan de camas, muebles y cientos de personas iluminadas por fogatas y durmiendo a cielo abierto. Delhi, la casa del Mahatma Gandhi, su rueca. Su energía, su vida heroica. La ciudad Azul, la Blanca, la Rosa y los magníficos palacios de los Marajás de Rahastan. Jaisalmer, la ciudad dorada al borde del desierto en la frontera con Pakistán. El misterioso desierto del Thar, las noches brillando con miles de estrellas. Las fogatas compartidas con los Kalbeliya, los gitanos de India y su magia ancestral. Los jainistas y sus templos labrados en mármol blanco. Los Jinas, aquellos guerreros espirituales milenarios que nos miraban desde tiempos en los que, como ahora, también era preciso ser guerrero. Nos impactaron sus imponentes estatuas, que podían medir hasta cuarenta metros. Sus expresiones eran inmutables. De pie, erguidos, con los brazos relajados y paralelos al cuerpo, mirando el horizonte. No hacía falta que hablaran. Su mensaje era claro: la firmeza espiritual es la clave para plantarse sólidamente en este planeta y anclar la Luz.

Las imágenes seguían pasando delante de mí como escenas de una película. Había estado varias veces en India; era el lugar ideal para salirse del tiempo y el espacio. Y perfecto para huir de uno mismo, aunque muchos decían que se estaban buscando. Había montones de viajeros viviendo en un estado de perpetuo paréntesis. A la vez, India convocaba a aventureros de todo el mundo. Y, por supuesto, a los primeros nómadas digitales. Me estaba dando cuenta de que siempre, literalmente, me había bebido la vida de un solo trago. Al máximo. No se trataba solo de ver lugares exóticos y personajes originales. Era sentir, oler, percibir, tocar, mirar, caminar por los lugares ancestrales, convivir con los personajes de todos los tiempos. Y recibir las enseñanzas de grandes maestros que encontraba no solamente en los ashrams, sino también en los caminos. Todos hablaban de la impermanencia. «¡Jamás te aferres a las situaciones ni a las personas, porque todo puede cambiar en un segundo!», me dijeron muchas veces. Pero hasta que no lo vives, no te das cuenta de que realmente es así.

¡Cómo cambia a veces una vida mágica y libre! Hay etapas en las que es preciso quedarse en un solo lugar, anclarse temporalmente, para salir a volar de nuevo más tarde. Pero la ausencia de Georg era una daga clavada en mi corazón y me perforaba el alma. Él no volvería. Estallé en sollozos.

Sentadito sobre sus talones, anaranjado como un rayo de sol, la cola enrollada en posición de esfinge egipcia, Fénix me miró fijamente. Dio un salto y se sentó a mi lado en el sillón. Me intrigaba lo que pasaba por su mente gatuna. Lo agarré fuerte, como a veces hago. Lo miré a los ojos y le dije:

—Nomadeando con mis amigas, mi vida era perfecta, Fénix; lo único que me faltaba era un gran amor. ¡Tenían que traerlo los vientos!

Hasta ese momento había vivido como mochilera y nómada digital en Polonia, en Francia, en España, en Alemania. Sola y acompañada. ¡Europa era mía! Pero un día, cansada de tanto vagar, decidí hacer un alto y ver hacia dónde me guiaban los vientos. Y los vientos me señalaron México. Las tierras mayas. Una isla, originariamente consagrada a la diosa Ixchel, al arcoíris, a la luna y a la fertilidad. Isla Mujeres me cobijó en un *hostel* mágico. El día empezaba invariablemente buceando en el mar y descubriendo en sus profundidades jardines de algas violetas mecidos por las corrientes subterráneas, peces de colores, gaviotas que sobrevolaban los cielos en vuelos rasantes. Cada nueva experiencia iba despertando en mí nuevos sentidos, nuevas percepciones, y cada vez me hacía quedarme más tiempo en silencio y en continuo agradecimiento. En una felicidad simple y profunda.

«Debería poder seguir en ese estado de dejarme llevar por las corrientes de la vida. Volar», me dije. El estado de gracia es más necesario que nunca en estos tiempos.

—Gatito, quiero contarte mis descubrimientos en Chichén Itzá. Estaba relativamente cerca de Isla Mujeres, a doscientos cincuenta kilómetros. Me trasladé allí. Quería investigar Chichén Itzá, un lugar de conexión directa con las galaxias lejanas, con nuestro origen, con nuestras estrellas. Allí lo supe, los mayas dejaron testimonios escritos en las piedras de aquel centro ceremonial para que lo recordáramos: no somos de aquí.

¡Venimos de diferentes estrellas y descendimos a esta Tierra para hacer nuevas experiencias! Pasé largas temporadas en la selva, en un hotel situado en la zona arqueológica y originalmente diseñado como lugar de retiros para estudiar los aspectos esotéricos de los mayas, hasta ahora desconocidos. Allí me informaron de que yo venía de las Pléyades y que de esa constelación venimos los seres muy sensibles. Está formada por siete estrellas, una de las cuales se llama precisamente «Maia». La sagrada ciudad ceremonial de Chichén Itzá, con su gran pirámide y sus misteriosos templos, como el de Venus, el de los guerreros, el de las águilas y los jaguares, había sido una especie de universidad espiritual del mundo maya. Allí entrábamos a las cinco de la madrugada, en plena noche, accediendo por un camino secreto, no habilitado para los turistas. Esperábamos el amanecer mientras íbamos recibiendo la información secreta y codificada, grabada por los mayas en las piedras de los templos, cada uno de ellos una iniciación. Esa información anunciaba el inicio del Fin de los Tiempos, que iba a ocurrir, y que ocurrió exactamente en 2012. En ese año se abrió el portal del cambio de era, pero siete años tuvieron que pasar para que la nueva energía se anclara en la superficie de la Tierra y comenzara a ser visible.

—Recuerdo el momento exacto en el que decidí invocar el amor. ¡Era la gran aventura que me faltaba iniciar en mi vida! Las señales me llevaron a Zipolite, a orillas del Pacífico, en Oaxaca, México, a Shambhala, un legendario *hostel* enclavado en una loma. Estaba amaneciendo, me planté en la cima de esa pequeña montaña como una poderosa **Maga,** firme y decidida. Abrí los brazos ¡y lo llamé! Ordené a los vientos que abrieran los portales y pedí al universo que el amor llegara a mí, desde el norte, el sur, el este o el oeste. Con los ojos llenos de lágrimas me quedé contemplando cómo el sol, rojo, subía en el mar y su luz iba creciendo, como crecían mis ganas de abrazarlo y recibirlo en mi vida.

A los tres días, en un vuelo directo de Alemania, probablemente, sin saber que yo lo había convocado, llegó Georg. Nunca más nos separamos. O eso creí. Alto, de ojos verdes, seductor, aventurero, pintor y bastante loco. Yo sabía que los vikingos son muy apasionados, pero nunca me imaginé que eran tan vehementes. A los pocos días estallamos en una explosión de amor y el mundo se volvió perfecto. Aunque manejo muy bien el tarot y sé que no siempre es tan fácil ver el futuro, muchas veces tuve que consultar a los arcanos. Dos gitanos de nuestro calibre, juntos las veinticuatro horas del día, explotan a menudo. Y los genes vikingos de Georg le salían por todos los poros. Mucha intensidad concentrada es una bendición y, al mismo tiempo, puede transformarse en una maldición gitana. Y se nos vino encima en aquel fatídico día en el que me habló de su extraño sueño. Necesito otro trago de champán cada vez que lo recuerdo. Y también cuando rememoro nuestras aventuras juntos, siempre rompiendo amarras con las formas conocidas. Georg era radical, le gustaban las experiencias al límite. Y a mí también. Lo primero que hicimos al encontrarnos fue irnos de viaje juntos por un tiempo indeterminado. Georg nunca volvió a Alemania, ni yo a Buenos Aires; estaba claro.

Fénix abrió un ojo terriblemente amarillo. El otro permaneció cerrado.

—La odisea comenzó en Antigua, Guatemala, una pequeña ciudad colonial muy romántica, y nos quedamos a vivir allí por unos meses. Rodeados de mayas, aventureros de todo el mundo, turistas y fantasmas de la colonia que, según los locales, seguían viviendo allí. Un día decidimos partir hacia Londres, con dos mochilas livianas y sin saber cuál era el próximo destino. Sentí un llamamiento visceral; necesitaba ir a ese lugar, allí había descendido mi alma. Apenas pisamos el Reino Unido experimenté sensaciones inexplicables. Londres me era familiar, aunque jamás había estado allí. No era racional, era visceral. Entendí también mi pasión por los viajes, ya que viajé desde antes de nacer, en el vientre de mamá, en ese mítico barco que partió de Reino Unido con destino a Buenos Aires.

Paseamos unos días por Londres sin rumbo fijo. Un día llegamos por casualidad al Buckingham Palace. Era tan sólido, tan imponente; me impactó su forma de plantarse en la tierra. Una brisa muy terrenal de realeza, de poder, de siglos de refinamiento y, seguramente, también de férreo control venía en oleadas desde el palacio. Hipnotizada por esa visión de un mundo tan seguro y tan inmutable, tan diferente de mi mundo nómada, cerré los ojos y por un instante fui la **Reina**. Majestuosa, firme, poderosa, inmutable. En mi reino todo estaba claro. No había dudas ni vacilaciones. Fueron solo unos segundos; mi alma *hippie* y aventurera me prohibió asumir este rol por un tiempo prolongado, pero algún gen de princesa polaca se había despertado de improviso dentro de mí al encontrarme frente a aquel legendario castillo. Según los cabalistas, viviendo en este planeta es obligación espiritual adquirir también dominio y manejo sobre el mundo material. Y desarrollar la majestad.

—¿Qué opinas sobre esto, Fénix? —Este se quedó erguido, como una esfinge, mirándome con sus tremendos ojos verdes, sin moverse. Lo miré embelesada. ¡Los gatos son naturalmente tan aristocráticos! Sostuvimos nuestras miradas por unos segundos que parecieron eternos.

—¿Te gustaría que yo fuera una reina? —Me pareció que me había guiñado un ojo—. Fénix, ¡estás de acuerdo con los cabalistas! Además del camino espiritual, también hay que saber conquistar el mundo terrenal, y para esto hay que tener majestad. Tú conoces los misterios, Fénix, como todos los gatos. Lo sé. Te sigo contando.

De Londres volamos a Grecia y vivimos unos meses bajo un árbol, a orillas del mar de Creta. Sí, bajo un árbol. Cuando lo contaba no me creían. O se reían. El árbol era enorme, y bajo su copa, que llegaba al suelo, se armaba una especie de cueva. Organizamos un dormitorio con dos sacos de dormir, una sala de estar con dos troncos y una pequeña cocina consistente en una gran olla de hierro sobre una improvisada fogata que ya estaba allí; al parecer, aquel era un árbol comunitario. Me encantó despojarme de todo; ni siquiera funcionaba el teléfono, no había internet ni llegaba señal alguna. Había que ir a una taberna griega, situada a un kilómetro del árbol mágico, para conectarse con el sagrado wifi. A la noche prendíamos las velas de los improvisados candelabros que colgaban de las ramas del árbol, del lado de dentro. Eran botellas de plástico cortadas al medio, llenas de arena y con una vela en cada una de ellas. Por la noche, el árbol se transformaba en un palacio de cuento de hadas. Nuestra vida transcurría bajo estrellas fugaces, la luna reflejándose en el mar y un amor volcánico que muchas veces estuvo a punto de incendiar el árbol. De día, nadábamos desnudos en el transparente mar azul, tomábamos el sol en las playas de piedras y caminábamos por las montañas. Nos deteníamos a orar en las pequeñas capillas ortodoxas, solitarias y abiertas a los caminantes, perfumadas de incienso y cubiertas con iconos, que nadie jamás iba a robar. Eran sagrados. En esas pequeñas capillas, casi siempre perdíamos la noción del tiempo. Arrodillada frente a esos antiguos iconos, rezaba Akhatistos, las letanías mántricas de la tradición monástica griega que me habían enseñado los mismos monjes. Y comenzaba a volar. Todo a mi alrededor giraba en un torbellino de luz; desaparecían la capilla, las montañas, y también desaparecía Niksha. Caía en un espacio interior que no era de este mundo. En esos momentos me daba cuenta de que yo era una **Mística**. Y cada tanto volvía ese secreto anhelo, que a veces me asaltaba, de dejar todo y quedarme tiempos largos en un ashram, o en un monasterio, completamente fuera del mundo. Pero la **Aventurera** en mí me ganaba y me impedía cumplirlo. El mundo me estaba esperando para seguir explorándolo, y yo no podía encerrarme a orar.

También vivimos un largo tiempo a orillas del Rin, en Suiza, en una pequeña carpa. Empezamos con lo básico, que poco a poco transformamos en una carpa más grande, muy equipada. Hasta contábamos con mullidos sillones de terciopelo rojo y tacitas bañadas en oro para tomar el té a orillas del río. Los sillones los encontramos en la calle y las tacitas las compramos por tres euros en un lugar de segunda mano, lleno de maravillas antiguas. Vivir a nivel diario a dos metros de un río es una experiencia profundamente mística. El río te va conociendo y un día te empieza a hablar. «¿Qué cosas puede enseñarte un río, Fénix?». El devenir, la impermanencia, el cambio constante. Entregarte a una corriente mayor que te abraza y te lleva consigo, suave y amorosamente.

Volví al Rin, cerré los ojos y me hice una con el río. Respiré hondo y me dejé llevar por la corriente. Sin resistencias. Sin preguntas. Sin buscar respuestas. Y entonces se fue dibujando en mi rostro aquella sonrisa arcaica, grabada en aquella estatua de piedra. ¡No era de este planeta! Y me encontré frente a Koré, en el museo de la Acrópolis, en Atenas. El cartelito decía que Koré había sido una doncella de la Grecia antigua y que había vivido allí en el 530 a.C. Su sonrisa emanaba paz, absoluta bienaventuranza. Éxtasis.

Nuestras miradas se cruzaron y Koré susurró: «¡¡Mírame, Niksha!! Sonrío a pesar del dolor y de la incertidumbre de esta tierra. Busca mi secreto, ¡es posible alcanzar aquí esta completa beatitud!».

Me quedé inmóvil, en medio de la constante marea de turistas que visitaban el museo de la Acrópolis. No podía dejar de mirarla.

—Koré —le susurré—. ¿Me escuchas? ¿Cuál es tu secreto?

—Más adelante lo sabrás.

Me pareció escucharla desde el fondo de los tiempos.

—¿Más adelante es ahora? Koré, por favor, ¡rescátame de este sillón! Sé cómo vivir como una gitana, pero no sé cómo vivir en este Nuevo Mundo desconocido y raro. Y tampoco sé cómo vivir sin amor. ¿Cómo se repara un corazón roto? Revélame tu secreto ahora, te lo ruego. ¿Cómo se mantiene una sonrisa beatífica y serena en medio de un dolor que te quema el alma? Y a pesar de él. ¿Quién no ha perdido algo o a alguien en los últimos tiempos? ¿Cómo seguir adelante y seguir sonriendo? ¿Cómo sostener a la Nueva Tierra que está naciendo mientras la Vieja Tierra se derrumba dentro y fuera de nosotros? ¡Es demasiado fuerte! Nadie está preparado. Ni los que nos sentimos entrenados espiritualmente. Todos necesitamos replantearnos nuestra vida, rediseñarla para un mundo más impredecible e intenso. Pero ¿cómo atravesar esos días en los que el alma se te muere de tristeza?

Koré me traspasó con una mirada abismal y me sonrió. Esa fue su respuesta.

Fénix me iluminó con sus fosforescentes ojos amarillos. Él también me estaba dando una respuesta, pero yo no pude entenderlo.

Sentado en postura egipcia, impecable. Simplemente perfecto. Por algo los egipcios habían considerado dioses a los gatos. Fénix es un gato raro, grande, muy anaranjado. Su mirada es oblicua y aristocrática. Es un príncipe, encarnado en gato. Se restregó contra mi pecho y, ronroneando, alivió un poco mi desconsuelo.

—Fénix, creo que tenemos que iniciar una sesión curativa.

La Sanadora que había en mí conocía el tremendo poder energético de los gatos. Lo apoyé sobre mi corazón y le pedí que me sanara el alma. Fénix lo entendió perfectamente. Ronroneando y acompasándose a mi respiración logró cerrar un poco esa herida de soledad y desamparo que me estaba fisurando el alma. Recibí su energía y abrí mi corazón a ese conmovedor amor sin maldad que solo tienen los animales. Nos quedamos un buen rato dormitando juntos a la manera de los gatos. Y en ese ensueño lúcido recordé la experiencia mediúmnica que tuvimos en Delfos, el antiguo oráculo griego situado al pie del Monte Parnaso. Las primeras noticias de su existencia se remontaban al siglo VIII a.C. Delfos era considerado entonces el *omphalos*, el ombligo del mundo, y una red de caminos de peregrinaje sagrado lo unía con toda la Grecia arcaica. Sobre el pronaos del templo de Apolo se leía la mítica advertencia: «Conócete a ti mismo». El lugar más reverenciado y misterioso era el templo-gruta donde se realizaban los presagios. Allí una pitonisa o vidente, en éxtasis, canalizaba al dios Apolo, profetizando el futuro. Daba consejos, ayudaba a tomar decisiones vitales. La consultaron personajes como Alejandro Magno, los más poderosos emperadores romanos y los más humildes campesinos griegos.

Apenas pisamos ese lugar sagrado sentimos su poder. Todo allí vibraba. Una fuerza magnética, fuerte y vital palpitaba en el aire, en las rocas, en el templo, y se nos iba infiltrando en el alma con cada inhalación, subiendo nuestro voltaje a niveles desconocidos. Rompiendo todas las convenciones, nos escondimos entre las ruinas y pasamos la noche bajo las estrellas. Algo terminantemente prohibido. Cerca de la medianoche, silenciosas, apenas pisando el suelo, llegaron «ellas». ¡Eran las Pitonisas! Se materializaron lentamente en una niebla de vapores verdes que comenzó a emanar del suelo del templo. Nos miraron fijamente.

—¡Avanza, peregrino! Tenemos un mensaje para ti —musitó una de ellas señalando a Georg. No escuché lo que le dijeron, enseguida se dirigieron a mí—: ¡Acércate, peregrina!

Me aproximé despacio, no era fácil caminar en medio de esa niebla verde.

—El planeta será tocado y transformado. —Sus voces resonaron amplificadas, con un extraño eco.

—Cuando llegue la Transición, no habrá que dar nada por sentado —dijo otra pitonisa—. ¡Sé muy fuerte, Niksha!

—La gran prueba que deberás vencer en esta vida es el desapego. Y la gran bendición que te espera en esta vida es un amor interminable y eterno —dijo la última. Y desaparecieron entre la niebla.

Recuerdo cada palabra de las pitonisas; no sé si aquello fue un sueño o si sucedió de verdad. Pero sí sucedió. El desapego es ahora una daga clavada en mi pecho. Pero ¿dónde está el amor interminable y eterno que ellas vieron? ¿Caminando descalzo por India?

Fénix siguió ronroneando y yo seguí bebiendo champán y viajando por Grecia. Volé atravesando montañas y mares y llegué a la mítica Cueva del Apocalipsis, en la isla de Patmos. Exactamente allí San Juan recibió la información del proceso que estamos atravesando en la Tierra en estos momentos. Entramos de puntillas; la cueva vibraba con una energía tan intensa que apenas se podía respirar. Nos arrodillamos frente al lugar en el que, durante tres años, Juan dictó a su discípulo Proctoros las escenas del Apocalipsis.

—Estamos en un portal dimensional entre tiempos. Niksha, siento que algo muy fuerte va a suceder en la Tierra, en breve. ¡Oh! Veo una nube oscura que se extiende por todos los continentes —dijo Georg con los ojos cerrados.

—Percibo lo mismo. Es una sombra que cubre todo el planeta —le confirmé temblando—. ¡Pero percibo que de esa oscuridad surge una tremenda luz!

Nos abrazamos muy fuerte, llorando. Y comenzamos a orar. Cuando las primeras señales de la pandemia comenzaron a manifestarse, cambiando el mundo que conocíamos, volví muchas veces a la Cueva del Apocalipsis en meditación. Y esa gigantesca luz nueva, que surgía de la oscuridad, se iba haciendo cada vez más grande. Más resplandeciente. Más real.

—Dios mío. ¡Necesito esta luz ahora! Mi noche oscura del alma tiene que terminar. ¿Cuándo va a salir el sol?

No hubo respuesta, entonces volé a Mykonos. ¡Allí siempre brillaba el sol!, y se reflejaba en los muros encalados de las tradicionales casitas blancas. Sobre todo en la que vivimos varios meses. Tenía ventanas azules como el cielo y un patio cubierto con parras. Pero después de una feroz confrontación con Georg, en medio de un melodrama al mejor estilo de una película italiana, nos separamos. Él era extraño. Me amaba, lo sé. Le encantaba viajar conmigo, pero siempre le parecía poca la libertad que teníamos. Las discusiones eran intensas. A todo o nada. Georg insistía en que había que despojarse de todo, incluso de los teléfonos, y vivir en la playa, contemplando el horizonte. O en una cueva en las montañas. Sin obligaciones, sin proyectos. Quería vagar sin rumbo, «perderse en la luz», decía. Pero yo sabía que para sostener esta vida épica había que organizarse, y mucho más viviendo fuera del sistema convencional. Podíamos hacer una vida aventurera, pero creativa, productiva, devolviendo al mundo lo que el mundo nos estaba dando. Yo era una buena **Estratega**, mi entrenamiento como nómada digital me había preparado para vivir de esta forma, realmente libre. Siempre había combinado mis aventuras con seminarios, retiros, viajes grupales; entregaba mis nuevos libros a las editoriales, compartía mis vivencias con los lectores y los animaba a volar. También alenté a Georg a vender sus pinturas, organizando exposiciones ambulantes en los cafés. Pero él anhelaba una libertad total, salirse del sistema por completo, y esta pelea era reiterada. Georg mencionaba un sueño repetido, siempre el mismo. Pero no me contaba de qué se trataba. Después de cada una de estas peleas, supuestamente, no nos veríamos nunca más, pero al poco tiempo terminábamos otra vez juntos, más abrazados, más pegados, más fusionados que nunca, en una especie de permanente luna de miel. Por eso, volvimos a encontrarnos en la isla.

Mykonos parece salido de un cuento de hadas. Todo allí es mágico, romántico. Sus callecitas estrechas, sus casitas blancas enfrentadas, sus ventanitas de madera por las que de noche se filtran resplandores de velas y aroma a incienso. Y de día, probábamos los dulces y picantes sabores de la exquisita comida griega, probando moussakas, tzatzikis, tiropitas y otras delicias ancestralmente preparadas por las legendarias mujeres vestidas de negro. Todas las tardes se sentaban fuera, conversando puerta a puerta. Varias veces nos sentamos con ellas, acompañándolas, aunque no hablábamos ni una sola palabra en griego. Un día, mirando ese mar tan transparente y tan azul, Georg se quedó un largo rato en silencio y me dijo, de la nada:

—Niksha, si no estuviéramos más juntos, jamás renuncies al amor.

—¿Por qué me dices esto?

—Porque eres una gitana auténtica. Y una gitana no puede vivir sin amor. Cuando te conocí, me embrujó tu libertad, tu intensidad, tu vehemencia apasionada. Puro fuego. ¡Jamás dejes que se apague! Pase lo que pase, no renuncies a tu esencia. ¿Me lo prometes?

—Sí, te lo prometo. Pero estaremos siempre juntos. —Sonreí tratando de quitarle trascendencia a sus palabras.

—No lo sé, Niksha. Las pitonisas de Delfos me dieron un mensaje; no sé si contártelo o no.

—Por favor.

—Me dijeron que escuchara la voz de mi sueño —dijo, mirándome dulcemente.

—¿Qué quieres decir?

—No tiene importancia. ¡Organicémonos! Mañana muy temprano tenemos el ferry a Creta y no tenemos nada preparado.

Y dio por terminada la conversación.

Respiré hondo y me acurruqué en el sofá. Tal vez el Paraíso no exista en esta tierra, aunque muchas veces creí que sí. Tal vez los paraísos son transitorios. «No lo sé, mejor sigo volando», me dije, y volví a Creta, a Paliochora, otra dulce aldea griega en la que pasamos largas temporadas viviendo a orillas del mar. Haciendo *trekking* en los senderos de aquellas áridas montañas llenas de misterios, nos encontramos con lugares alejados del turismo y solo señalados por pequeñas inscripciones. Entramos en las cuevas en las que habían nacido los dioses, entre ellos el magnífico y todopoderoso Zeus. Dormimos en el suelo de un antiguo templo a cielo abierto, dedicado a Artemisa. Y nos perdimos en los desfiladeros llenos de cuevas en las que habían vivido legendarios eremitas rodeados de cabras que, trepándose por esas montañas casi verticales, apoyaban sus pequeñas patas en espacios mínimos, siempre ascendiendo. Ascendiendo. Ascendiendo. Aprovechando cada centímetro disponible para llegar a la cima. Un día tocamos las puertas de un monasterio, sabiendo que, si pedíamos alojamiento, los monjes, por tradición, como en los tiempos antiguos, alojarían a los peregrinos que habían llegado allí. Nos dieron una habitación de piedra, a orillas del mar. Compartimos sus rezos a la luz de las velas y hasta cenamos con ellos, en una emocionante reunión comunitaria que terminó con una bendición en griego.

«Cuando pruebas el sabor de la libertad, sabes lo que realmente necesitas en la vida, Niksha», me dije en voz alta, recostándome en el sofá. Y tal vez lo más importante no sea cuánto duran los grandes amores, sino el haberlos vivido. Pero asumo que mi entrenamiento en el desapego no resultó ser muy efectivo; no es tan fácil soltar, como lo plantean los seminarios. O las mismísimas pitonisas.

—¡Ay, Fénix! ¿Cuándo comenzarás a hablar? —No se inmutó y pasó por alto mi comentario. Sostuvimos las miradas. Nadie parpadeó—. Fénix, tú me hablas con los ojos, pero no logro entenderte.

Siguió inmóvil, en modo esfinge. Y de pronto fijó sus ojos detrás de mí, como observando presencias invisibles.

—¿A quién estás mirando? Ojalá te pusieras a dos patas y por fin hablaras conmigo, ojalá fueras mi compañero de piso, en vez de mi gato, y me contaras lo que ves.

Desvió la vista de detrás del sillón y clavó sus fosforescentes ojos en mí. Es evidente, hay una conexión telepática entre nosotros. Yo también la tenía con mi amor. Se me hizo un nudo en la garganta.

—Georg, te extraño tanto… ¿Cómo es una vida sin ti?

Fénix saltó sobre el sofá y se acurrucó a mi lado, ronroneando.

Capítulo 2

EL FINAL

Los ojos oblicuos de mi gato reflejaron la luz de las velas. Lo abracé fuerte.

—El mundo y yo tenemos que renacer. Pero ¿cómo?

Me miró con infinita ternura.

—La luz me calma, me contiene, pero no es humana. Y no me abraza.

Me miró como si se hubiera quedado pensando. De pronto, vino a mí la callecita de una pequeña aldea en India. Caminábamos en trance, hechizados. Las vacas se asomaban por las puertas de las casas, las mujeres ataviadas con saris cocinaban cantando mantras; nos parecía estar en medio de un sueño. Y entonces lo vimos. Sentado en la tierra, irradiaba una luz que no era de este mundo. Nos detuvimos en seco. Era un sadhu, un hombre santo. Nos miró con una dulzura infinita. Irradiaba una presencia que lo atravesaba todo, iluminando a quien se le acercara. Georg se sentó frente a él, en posición yogui, y cerró los ojos. El sadhu trazó un misterioso gesto en su frente con los dedos pulgar, índice y medio. Era un mudra de bendición.

—Revélame tu secreto. Añoro tener tu bienaventuranza desprendida de todo lo mundano —le dijo Georg con la voz entrecortada por la emoción.

—Desciende al fondo de ti mismo —dijo el sadhu—. Allí encontrarás esta luz. No la busques fuera, está dentro de ti.

Un día, de la nada, Georg se puso muy serio.

—Amor, nuestra vida es hermosa —dijo, con una mirada repentinamente helada—, pero tengo un tema personal pendiente; ya no puedo postergarlo. Y es imposible resolverlo juntos.

—¿Qué puede ser imposible de resolver juntos? Dime qué te pasa —le dije riendo, pensando que era una nube pasajera.

—Niksha, no creo que puedas entenderme, ni mucho menos aceptar lo que te voy a plantear. Hace tiempo que tengo un sueño repetido, y es siempre el mismo. Te lo dije, pero nunca te lo conté. Me veo caminando descalzo, apenas cubierto con una tira de tela blanca, como los sadhus de India. Sin pertenencias, sin ataduras. En libertad absoluta. Solo. Necesito hacerlo antes de irme de este mundo. Me voy a India, no podemos hacer esto juntos: tenemos que separarnos definitivamente. No hay otra mujer. Te amo hasta la locura. Si me amas de verdad, me dejarás ir. Si no, intentarás retenerme. Por favor, no lo hagas.

Fénix, inmóvil, no me sacaba los ojos de encima. Creo que estaba tan azorado como yo.

—¿Me pides que renuncie al cielo de nuestro amor?

Me miró desgarrado.

—Tendré que aceptar el infierno del olvido.

—Te amo, Niksha. No puedo explicarte lo que me pasa. Ni yo mismo lo sé. Perdóname.

Lloramos los dos. Con el corazón en pedazos, lo dejé ir. «Sé que está terminado, Fénix, lo sentí en mi pecho en aquel último abrazo». Nunca más tuve noticias de él, ni sé si está vivo. Lo último que supe, por amigos, es que, al poco tiempo, tomó un vuelo a India. Ellos jamás pudieron localizarlo. Cerró su Facebook, su Instagram. Su teléfono ya no existe. Mi vida, siempre tan libre y tan liviana, se derrumbó, Fénix. Me parece injusto lo que pasó. Nos amábamos. Sé que no debo mirar hacia atrás. Pero ¿cómo lo hago?

Fénix dio un salto y aterrizó justo sobre mi regazo.

—Soy una gitana aventurera, pero mi fuerza se ha evaporado. Todo es incierto. El mundo se está resquebrajando. El miedo planea sobre nosotros como una densa nube gris. Todos están desorientados, aunque aparenten normalidad. No quiero rendirme, pero me estoy rindiendo, Fénix. No puedo seguir sollozando para siempre en este sofá. Necesito la ayuda del Cielo —gemí, acongojada.

Las velas comenzaron a crepitar. Las llamas danzaron en la penumbra. Subían y bajaban, ondulándose y envolviéndome en un extraño mareo. De pronto, crecieron hasta el techo y descendieron lentamente formando una espiral multicolor. Cerré los ojos; estaba hechizada. O dormida. Porque ese personaje que surgió de la nada delante de mí, vestido con un traje de guardia palaciego del Renacimiento, a rayas verticales azules, rojas y amarillas, no era de este tiempo.

Capítulo 3

EL MENSAJERO

Nuestras miradas se cruzaron. Se cuadró con expresión marcial; llevaba un casco plateado, coronado con una cresta de plumas rojas, impecables guantes blancos y una lanza en la mano.

—Me presento, soy Ghandar. Te hemos dejado una invitación, *milady* —dijo con voz profunda—. Por favor, ten a bien abrirla. —Alcanzó el sobre blanco que estaba sobre la mesita y lo puso en mis manos.

Irradiaba un extraño calor. Me daba miedo abrirlo. No tenía ni remitente ni destinatario. ¿Y qué hacía este personaje metido en el salón de mi casa? Rompí el sobre un poco nerviosa; dentro había una tarjeta ribeteada en oro, escrita con antiguas letras rojas.

> *Presentar en la entrada.*
> *Invitación personal para asistir a la gran Fiesta de la Liberación.*
> *Obligatorio asistir con antifaz.*
> *El traje que te ha sido asignado es un vestido de color blanco y tres rosas en el cabello. Hemos enviado a Ghandar, el mensajero, para recogerte y llevarte al palacio.*
> *La contraseña para entrar es la palabra Abracadabra.*
> *Aquí te estaremos esperando.*

—No hay tiempo que perder, *milady* —dijo el guardia—. Lávate la cara, ya basta de llorar, y vístete. Te he traído el vestido blanco y aquí están las tres rosas. Fuera ya está esperando la carroza.

—Pero la invitación no está firmada. ¿Quién organiza este evento? —pregunté tratando de agarrarme a algo lógico.

—Vamos, tienes cinco minutos para cambiarte. No hay tiempo para explicaciones. No lleves nada contigo —dijo, al ver que yo miraba mi mochila arrumbada contra la pared desde hacía tanto tiempo.

Seguí sus órdenes sin cuestionar nada más. Me sentía Cenicienta a punto de entrar al baile. Y, en realidad, lo era.

¡Había perdido todo mi poder! Y andaba llorando por los rincones. Mis ojos comenzaron a echar chispas. Esto tenía sabor a aventura, ¡conocía tan bien esta sensación!

—El gato viene conmigo —dije con autoridad, levantándome del sofá de un salto.

—Por supuesto, aquí tengo su antifaz —dijo con toda naturalidad—. Él no necesita disfraz, todos creerán que está disfrazado de gato —dijo, guiñándome un ojo—. También le pondré un par de botas y guantes, para no despertar sospechas. Aunque en esta fiesta son todos bastante raros. Y tengo entendido que hay otros animales invitados. El gato se sentará conmigo delante, será mi copiloto. Lo ajustaré al tamaño humano. No te asustes cuando lo veas.

La carroza estaba aparcada en la puerta de mi loft, en el mismísimo centro de Buenos Aires. En Palermo. Era igualita a la de Cenicienta y venía equipada con cuatro caballos blancos. Entonces lo vi. ¡Era Fénix! Alto, de mi tamaño, con su pelaje naranja prolijamente peinado, impecable, a dos patas, con botas negras, antifaz dorado y guantes blancos. Sostenía la puerta de la carroza abierta, sonriendo.

—Suba, *milady* —dijo, inclinándose a la manera de los pajes.

—Fénix, ¿eres tú?

—Claro, Niksha. Sube a la carroza, después hablaremos, la fiesta está a punto de comenzar, no es señal de buena educación llegar tarde. —Me ayudó a entrar, cerró la puerta y subió de un salto al pescante.

La carroza se deslizó por las calles de Buenos Aires a toda velocidad, como despegada del suelo. Atravesamos todos los semáforos en rojo, las avenidas congestionadas de tránsito. Nadie parecía vernos, ¿nos habríamos vuelto invisibles? Finalmente ¡alzamos el vuelo con rumbo desconocido!

—Cierra los ojos, Niksha. —Alcancé a escuchar la voz de mi gato—. Agárrate fuerte. Aterrizaremos en breve.

El descenso fue vertiginoso. Cuando abrí los ojos, Fénix me estaba ofreciendo su garra para bajar.

Ante nosotros se alzaba un imponente castillo con todas sus ventanas iluminadas. En la puerta, dos guardias ataviados con el mismo traje de Ghandar se inclinaron ceremonialmente al vernos llegar. Me di la vuelta; el carruaje y Ghandar, el mensajero, habían desaparecido.

—¿Contraseña? —susurraron, educados.

—Abracadabra —dije con voz firme, extendiendo el sobre blanco.

—¡Adelante! Puede pasar con su invitado disfrazado de gato.

Fénix me tomó de la mano y, con paso firme, me guio por la alfombra roja que atravesaba un largo pasillo y desembocaba en una gran puerta dorada.

—Tendremos que reeducarte y reeducarlos —dijo Fénix caminando ceremonialmente a mi lado—. El planeta necesita seres inocentes, alegres y puros como tú para organizar el Nuevo Mundo. Pero solo esto no es suficiente, ¡tendrán que refinarse espiritualmente!

No tuve tiempo de preguntarle cómo se atrevía a hablarme así. Apenas atravesamos aquellas puertas doradas, Fénix también desapareció.

Y me encontré sola, en medio de un gran círculo luminoso delimitado con una infinidad de velas blancas. Las paredes eran de piedra, el techo altísimo remataba en una cúpula dorada. Irradiaba una cálida luz iluminando el lugar con un tenue resplandor. Se me ocurrió respirar hondo. ¿Qué otra cosa podía hacer? ¿Estaría soñando? Tenía que dejarme llevar, en los sueños no se puede tomar decisiones.

—Bienvenida a la Fiesta de tu Liberación, Niksha. Es hora de aprender a jugar al juego —dijo una voz profunda reverberando con un raro eco.

De la nada, un extraño ser que parecía un arlequín hizo una voltereta y se plantó delante de mí riendo a carcajadas.

—¿Quién eres y de qué te ríes? —le pregunté, insegura. Se instaló un profundo silencio.

Nos miramos fijamente. Contuve la respiración, tenía mi misma mirada.

CAPÍTULO 4

LA IRREVERENTE BUFONA

—Me río porque tú no sabes nada del Juego de la Vida. —Me señaló con sus guantes blancos y se tiró al suelo, riendo sin parar. Sus zapatos puntiagudos finalizaban en un rulo y un cascabel. Su sombrero de cinco puntas también remataba en cascabeles y resonaba con cada carcajada. Debajo se asomaban largos cabellos, muy rojos. Su traje a rombos rojo y negro combinaba con un gran antifaz. Detrás del antifaz brillaban esos ojos celestes, tan conocidos. Era como verme en un espejo.

—¿Te ríes de mí?

—¡Claro! Por supuesto. ¿Te crees tan espiritual, desparramada en un sofá, rememorando tu pasado? Fue hermoso, coincido contigo, pero es hora de dejar esa melancolía y seguir avanzando.

—No seas tan dura conmigo, no sé quién eres, ni cómo me viste en el sofá, pero me pasó algo muy fuerte. Por eso estaba melancólica.

—Es hora de avanzar. La melancolía nos hace valorar lo que nos falta. Y la pasión nos hace conquistar lo que deseamos. No hay más tiempo. No hay más tiempo… ¿Qué eliges?

—La pasión, claro —dije, muy segura.

—No hay pasión sin incertidumbre. Si no lo aceptas, te echarán de aquí en breve. Tengo que advertírtelo. Esta es una fiesta de seres valientes.

—Sí, claro que lo acepto —dije sin pensarlo demasiado—. No quiero correr el riesgo de ser expulsada de esta fiesta. No sé de qué se trata, pero parece interesante.

—Acabas de entrar a la Fiesta de tu Liberación y todavía no comprendes cómo salir de las dudas, como la mayoría de los habitantes de este planeta. Pero me caes simpática y, al mismo tiempo, me das un poco de pena, ahí de pie, con tu vestidito blanco y tus rosas en el cabello, creyendo que todo en la vida es tan fácil, ¡y lo es! Pero, al mismo tiempo, no lo es. Niksha, La Gran Transición ya ha comenzado en el planeta Tierra. Espero que te hayas dado cuenta de que ¡ya no se la puede parar! Nada volverá a ser igual a lo que era. Y tú tampoco. Lo sabes, ¿verdad?

—¿Cómo conoces mi nombre? ¿Y quién eres?

—¡Soy la irreverente Bufona! La que entiende el dolor de la vida y, sin embargo, se ríe. Porque sé que todo es transitorio, que el tiempo es precioso y que estamos sostenidos por la Luz. Conozco algo del Juego de la Vida, pero tú, aparentemente, no. Te vimos tirada en el sofá de terciopelo rojo. Debatimos si traerte o no, y finalmente decidimos rescatarte. Pero puede ser que te echen pronto; ojalá puedas comprender de qué trata esta fiesta.

—Me ofendes. Yo tengo sentido del humor. Hice una vida nómada, soy libre —dije, ofuscada—. Participar en una fiestita en un palacio no me asusta.

—Claro. Claro. Tú eres tan especial, eres novelista, has viajado por todo el mundo, conociste el amor y eres tan «espiritual», ¿verdad? —Se tiró al suelo retorciéndose de risa—. ¿Creíste que esto era todo? ¿Que ya habías alcanzado la cima? Sí, la alcanzaste, pero cuando uno cumple sus sueños debe tener otros, más desafiantes, más imposibles, más difíciles de conseguir. Debe escalar una cima más alta, empezando por el llano.

—Por ejemplo, ¿qué sueños pueden ser mejores que los que ya viví? —pregunté—. Era libre como un pájaro, viajaba por el mundo y cada noche dormía en los brazos de mi amor. Estudiaba, ayudaba a quienes podía a elevar su nivel de conciencia. ¿Hice algo mal?

—Me parece que yo misma te voy a echar de esta fiesta. —La Bufona estaba conteniendo la risa con gran esfuerzo—. ¿Ya has terminado con el cuentito de lo bien que vivías?

—Creo que sí —dije un poco confundida.

—No eres la única —dijo, repentinamente seria—. Miles, más bien millones, de personas no soportan haber perdido algo a lo que estaban acostumbrados. Echan de menos la manera en la que vivían y no pueden aceptar este gran cambio planetario. Pero estos no avanzarán. Estamos frente a un comienzo radical. En el Nuevo Mundo necesitamos seres creativos, resilientes, no nostálgicos. —Clavó sus ojos curiosos en mí—. Seres como tú.

Nos miramos fijamente.

—Ven —dijo, tomándome de la mano y señalándome dos almohadones rojos—. Eres más que bienvenida a esta fiesta, Niksha —dijo, y se inclinó hasta el suelo—. Siéntate conmigo, conversemos. Te diré qué es ser una Bufona. ¡Porque todos tienen que aprender a serlo en el Nuevo Mundo!

La miré divertida. Me encantaba estar cerca de ella.

—¿Qué son los bufones? Tengo una vaga idea sobre ellos. ¿Son payasos? ¿Enanos?

Me miró con pena.

—Perdón. Por favor, sigue.

—Nuestro origen se remonta al antiguo Egipto, a China, a Grecia, a Roma. Hubo siempre bufonas y bufones cerca de los reyes y los emperadores. Y en todos los tiempos vivimos fuera de las convenciones. Como tú —dijo, riéndose.

Luego de hacer una voltereta en el aire, volvió a sentarse en posición de yogui, de repente, muy seria.

—Nuestro oficio es uno de los más antiguos del mundo. En la Edad Media éramos las estrellas de las cortes, se nos escuchaba atentamente. Y hoy retornamos con toda la fuerza; el mundo nos necesita, ya verás por qué. Para ser Bufona, no solo había que saber contar chistes y hacer acrobacias. Había que saber ser buenas actrices, consejeras y afiladas psicólogas, aunque esta palabra no existía en otros tiempos. Íbamos a la médula del conflicto, desnudábamos el alma de todos, siempre en medio de aparentes bromas. Estas eran ácidas, irónicas, pero certeras. En las cortes se amaba nuestra inocencia y frescura, que no había sido erosionada por el poder y las especulaciones. Y como solamente éramos bufonas, se nos permitía todo.

—Me fascinas, Bufona. Yo también estoy comenzando a amarte. ¡Cuéntame más de tu vida en las cortes!

—Los reyes terminaban dependiendo mucho de nosotros, de nuestro humor, de nuestra libertad. No podían soportar no vernos alrededor de ellos por más de una hora. Siempre nos querían cerca, aligerando sus vidas y ayudándolos a mantener la sonrisa. Nos adoraban, los liberábamos por un momento de su pesadísimo ego. Esa criatura horriblemente seria y enjuiciadora que vive dentro de nosotros, que se toma todo como un ataque personal y que no entiende que la vida es un juego. Un juego lleno de retos, desafíos, pruebas. De sorpresas, de placeres y de aprendizajes. Tenemos que apreciarlo a cada instante; muchos no lo aprecian hasta que se van de esta tierra.

—¡Te amo, Bufona!

—Todos nos aman, porque somos irreverentes, divertidas, sagaces, inteligentes. Y auténticas. Además, férreamente leales. Somos maestras del desapego, tu «problemita».

Nos reímos juntas.

—Estamos acostumbradas a las confrontaciones; en la Edad Media íbamos con el rey al mismísimo campo de batalla. Nuestras tareas allí eran importantísimas. Levantábamos el ánimo de las tropas. En la noche anterior a alguna gran batalla, cantábamos y contábamos historias junto a las fogatas. Llevábamos mensajes al rey enemigo. Cuando comenzaba el enfrentamiento, hacíamos reír también a los enemigos, cantándoles canciones ofensivas y ridiculizándolos para disminuir su poder. Les hacíamos burlas. Hacíamos malabares con espadas y los distraíamos. Eso es lo que hay que hacer con los obstáculos, ¡quitarles poder!, no agrandarlos.

—¡Quiero ser como tú!

—Tú eres como yo, no sabes cuánto te pareces a mí; es más, somos idénticas. Irreverentes, excéntricas, divertidas, auténticas. Vuelve de tu interior a sacar la Bufona que eres. La tienes maniatada.

—¡Ahora mismo! —le dije, entusiasmada—. Pero ¿cómo afrontar las pérdidas? Dame alguno de los consejos que les dabas a los reyes.

—«Perder» es relativo, porque todo es impermanente. Esta experiencia que llamamos «nuestra vida» es una especie de juego temporal. No podemos aferrarnos a nada. Pero siempre podemos amar intensamente. El juego es apasionante ¡y hay que ganarlo!, apoyándonos en la Luz y desdramatizándolo, detectando las fuerzas involutivas en nuestro interior y quitándoles poder, no dándoles entidad. Ellas te impiden soltar. Por eso los bufones hacíamos malabarismos con las espadas frente al enemigo. Para desdramatizar. La única forma de representar bien un papel en el teatro de la vida es hacerlo con humor, inteligencia y desapego. Como una verdadera Bufona.

—¿Y cómo hacerlo con la incertidumbre que ahora lo atraviesa todo? El mundo está temblando, no hay nada seguro.

—Para entender la incertidumbre en la que vivimos, tenemos que reírnos de haber creído alguna vez que algo era seguro en este mundo. No hay que tomarse nada demasiado en serio. Y, al mismo tiempo, tomarlo todo con máxima seriedad. Estamos en medio de un salto evolutivo, el planeta entero se está reformulando y esto trae más incertidumbre que la habitual. ¿Cómo podría entrar algo nuevo si no fuera así? Tendremos nuevas capacidades, pero habrá que desarrollarlas. Se despertarán en los que queden en esta tierra nuevos sentidos suprahumanos, más allá de los viejos cinco sentidos que organizaron toda la vida en este planeta desde hace milenios. Por ejemplo, ¿tú sabes materializar un sueño? —Me miró, desafiante.

—Eh… Sí, yo viví como había soñado.

—Sí, pero lo lograste por azar. Ahora vas a aprender a crear conscientemente tu propia realidad, encarnando distintos personajes, saliendo de una identidad fija.

La Bufona hizo otra voltereta en el aire y se plantó frente a mí, casi pegada a mi nariz, mirándome fijamente.

—¿Has entendido algo de lo que te he dicho?

—Creo que sí. Menos lo de los personajes —acoté, compungida.

—¡Ah! Ya lo entenderás.

—Hay una pregunta para la que no tengo respuesta. Me pasó en el sillón, no quiero que me vuelva a suceder. ¿Cómo reír cuando quieres llorar, Bufona?

—Es imposible volver al pasado, haya sido bueno o malo. La nostalgia nos deja pegados a una vieja identidad. La depresión nos lleva a las puertas del infierno. La melancolía nos hace habitar en el infierno para siempre. Evita estas emociones como si fueran una peste. Puedes llorar por lo perdido por un lapso de tiempo, pero no quedarte allí. Toda la humanidad está atravesando grandes cambios. Como tú, Niksha. Hay que asumir que las personas que vibran en otra sintonía, diferente a la nuestra, se alejarán de nosotros. O a la inversa. Debemos construir algo valioso con lo que perdemos. Porque las pérdidas también nos definen. Una parte nuestra muere, y eso hay que asumirlo. Tenemos que ser capaces de soltar nuestra antigua identidad y dejar que nazca una nueva. Las Bufonas somos expertas en el arte del desapego. Todo es ilusión. Por eso nos reímos de lo relativo que es aquel misterio que llamamos solemnemente «nuestra vida». Y de las circunstancias siempre cambiantes a las que llamamos «la realidad». Para no desilusionarte de las personas y las situaciones, lo que muchas veces sucede en la realidad material, u horizontal, hay que estar siempre conectadas con la dimensión trascendente de la vida. La espiritual o vertical. En esa dimensión, la sonrisa es eterna. Y la felicidad, total. Si nos refugiamos allí, se nos pasan las ganas de llorar.

—Vino a mí Koré y con su sonrisa arcaica...

—Koré sonríe siempre, aunque a veces tenga ganas de llorar. Ella conoce este secreto.

—Bufona, conozco esa sonrisa y ¡es tremendamente sanadora!

—Así es. La sonrisa de Koré irradia la dulce certeza y la paz de quien sabe que la luz nos sostiene en esta tierra.

Se me llenaron los ojos de lágrimas. Compartíamos un secreto. Nos abrazamos en silencio, emocionadas.

—Para tener la certeza de Koré, no hay nada como la Pequeña Guía para Tocar el Cielo. En unos segundos comenzará la fiesta, así que prepárate, Niksha —susurró La Bufona en mi oído.

Dio un salto en el aire sonriendo de oreja a oreja.

—Hay algo más que quiero decirte: las Bufonas somos originales y la locura creativa es nuestra principal arma. Tú la tienes. Estás acostumbrada a romper tus propios esquemas. Eres auténtica, valiente y audaz. Eres una Bufona hecha y derecha, Niksha. ¡Asúmelo! ¡Nos volveremos a ver! Andaré por aquí y por allá, ya sabes. Te iré guiando. Esta fiesta es una despedida a tu manera de estar en el mundo hasta ahora, que creías tan espiritual. ¡Ahora lo será aún más!

—Espera. ¿Dónde consigo la Pequeña Guía para Tocar el Cielo?

—¡Ah! El gato te la entregará. Pero no se la pidas, todavía no es el momento. Espera a que él te la dé.

—¿El gato? ¿Qué gato? ¿Mi gato?

—No seas pesada. No te voy a contestar. Relájate —dijo agitando la mano y desapareciendo en la multitud que se materializó de la nada a mi alrededor.

Me rodearon, era un murmullo de voces que apareció de improviso, igual que la orquesta, que tocaba *jazz* de los años cincuenta. Todos estaban disfrazados, o eso parecía. Hablaban en pequeños grupos, muy entretenidos; todos parecían conocerse. Estaban ataviados con trajes de diferentes épocas. Algunos parecían medievales, otros del Renacimiento. Unos pocos parecían ser de este tiempo, los vestidos íntegramente de negro. De la nada apareció una larga mesa llena de manjares y mozos repartiendo champán, vino, tragos. Noté que muchos me miraban con curiosidad y algunos agitaban la mano a manera de saludo como si nos conociéramos.

Un mozo, vestido íntegramente de blanco, con un trébol de cuatro hojas asomándose del bolsillo, pasó cerca de mí y me ofreció una bebida. Tomé una copa de lo que parecía ser champán, haciendo la cuenta de todas las que había tomado en el sillón.

«No tiene importancia», me dije. «Después de todo, creo que estoy en un sueño, la cuenta no continúa aquí».

El mozo me miró fijamente; era un poco raro. Sus orejas eran puntiagudas y algo grandes. Sus ojos verdes cambiaron a azules y, de pronto, se volvieron negros.

—Yo sé por qué estás en esta fiesta —susurró en mi oído. Me quedé inmóvil. Olía a bosque de pinos.

—La hermosa vida que viviste se ha terminado. ¿Verdad? Tienes que empezar de nuevo.

Me atraganté con el champán.

—Tranquila. La hermosa vida que viviste volverá, pero en otro nivel de conciencia. Nos pasará a todos, vienen tiempos fantásticos. ¡Celebremos la Incertidumbre! Ella nos trae lo nuevo —dijo, dirigiéndose a los invitados y levantando una copa de las que llevaba en la bandeja.

—¡Celebremos! ¡Celebremos! —dijeron todos al unísono, levantando las copas, riendo y brindando.

—Esta es una fiesta muy extraña. Es un sueño, un sueño surrealista, como lo son casi todos mis sueños —me dije para tranquilizarme—. Ojalá al menos Fénix estuviera aquí conmigo. ¿Dónde se habrá metido? ¿A quién se le puede ocurrir celebrar la incertidumbre tan alegremente?

—¡A mí! ¡A tope! —dijo una joven sonriente tras un antifaz de leopardo. Vestía unos pantalones vaqueros, zapatillas, una cazadora verde militar y una gran mochila roja sobre su espalda. Sus cabellos rubios, rosados y plateados caían en desorden sobre sus hombros. En su frente brillaba una estrella. Sonreía divertida.

—¿Quién eres?

Me guiñó un ojo y me miró desafiante.

Capítulo 5

LA AVENTURERA

—Me llaman **La Aventurera** —dijo acercándose hasta casi estar pegada a mi cara—. Me encanta la incertidumbre de no saber. ¿A ti no?

—Estoy aprendiendo.

—¡Ah! No mientas. Tú conoces bien la incertidumbre, como yo. Soy nómada, como tú; no me apego a ninguna idea fija, amo explorar aquello que llaman «la realidad» sin agarrarme de certezas. La incertidumbre y la inseguridad son dos grandes maestras, nunca sabes lo que va a suceder. Y es hermoso que no lo sepas. Si todo fuera predecible y como te gustaría que fuese, si todo fuera una certeza, no serías una persona: serías una máquina, no valdría la pena vivir la vida. Date cuenta de que cuando aceptas la incertidumbre, te permites una vida fluida, desarrollas habilidades para solucionar problemas y aprendes a disfrutar de los cambios. La incertidumbre transforma todo en una gran aventura.

—Es cierto. Yo soy una Aventurera también, viajé por todo el mundo —le dije, esbozando una sonrisa cómplice—. Me caes bien, eres de las mías. Como La Bufona. ¿La conoces?

—Por supuesto, Nikhsa. —Se quedó en silencio, observándome.

—¿Cómo sabes mi nombre?

—Porque estamos en un sueño, qué pregunta más tonta —dijo sonriendo—. Aquí todos sabemos tu nombre. Cuando te vimos tirada en ese sofá hecha trizas, sin siquiera abrir el sobre de la invitación a esta fiesta, decidimos enviar a Ghandar, el mensajero, de forma urgente para que te trajera. Si realmente eres una Aventurera como yo, aprovecha este encuentro conmigo para lanzarte a una aventura de verdad y poco a poco te irás dando cuenta de que la certidumbre y la seguridad no se buscan fuera; las tenemos dentro. Si vas ganando en seguridad interior, verás que no necesitas esa seguridad exterior que tanto anhelas. Yo te guiaré —dijo, guiñándome un ojo—. ¿Qué dices?

—Sí, sí, me encanta tu propuesta.

—¡El poder participar en tu fiesta es una gran aventura para todos! Claro, la **liberación** tiene sus riesgos, pero sin riesgos no se puede conquistar el esplendor. ¿Qué esplendor quieres conquistar tú, Niksha? —preguntó, con los ojos chispeantes.

—El del amor —dije, divertida.

—Quieres lo máximo. Te entiendo, yo quiero lo mismo. ¡Entonces sé tú misma! Cuando seas tú misma, encontrarás el amor que anhelas.

—Eh, creo que siempre fui yo misma.

—No estoy tan segura. Ser *tú misma* es una de las aventuras más apasionantes de esta vida. Es saber plantarte en la tierra firmemente, pero estar siempre conectada con el Cielo. Y, acerca del amor, tú sabes que la vida es un viaje y, como Aventurera, te enamoraste perdidamente de este viaje. Por eso siempre estás amando, Niksha. A personas, a vivencias, a lugares, al Cielo y a la Tierra. Ya te despediste de aquel amor, de Georg. ¡Suéltalo ahora! ¡Y asume que el amor es para ti la mayor aventura que se puede vivir en este planeta!

—¡Es cierto!

—Entonces… ¡Valórate! No hay tantas Aventureras en este planeta, desapegadas y desinteresadas como tú. Las tierras del éxtasis son generalmente inaccesibles al común de los mortales, ¡a menos que una Aventurera abra las puertas!

—Tienes razón. Nunca lo había visto de esta manera. Gracias por aceptarme en tu tribu.

II

LA · AVENTURERA

—Ya eres de la tribu, Niksha. Eres una Aventurera auténtica. Probada. No hace falta que te aceptemos. Ya sabes que vinimos de distintas estrellas, ¿verdad?

—Sí, sí. En México, en Chichén Itzá, en la Gran Pirámide y en el Observatorio tuvimos contactos con seres estelares en estados de meditación.

—Sabemos que te hiciste estas preguntas: ¿qué hago yo en esta tierra?, ¿qué es «yo»?, y ¿qué es «esta tierra»?

—Sí, sí. Muchas veces.

—No hay duda. Eres de las Pléyades. Como yo, claro.

—Estoy sorprendida. Me lo dijeron en Chichén Itzá. Y ahora tú me lo confirmas.

—Es típico sentirnos desubicadas. También se sienten así quienes vienen de Orión, de Sirio, de muchos otros sistemas y galaxias. También hay seres netamente terrestres, ellos son solo de aquí. Y generalmente no se hacen esas preguntas. Este planeta es un interesante laboratorio en el que se mezclaron seres provenientes de diversas constelaciones. Cuando conocemos a alguien y lo sentimos muy cercano es porque venimos de la misma estrella.

—¡Sí! Me pasa todo el tiempo.

—Ser tú misma es recuperar esa identidad multidimensional. Saber que no eres solo terrestre. En lenguaje estelar, el Cielo está en la quinta dimensión. Y la Tierra en la tercera. No es posible vivir solo en la tercera dimensión, conectándote de vez en cuando con la quinta y sintiéndote muy espiritual por ello. Debes estar siempre conectada a tu origen, a las estrellas. Y, al mismo tiempo, estar bien plantada en este planeta, que es una rara joya, única y muy bella. Somos viajeras del cosmos. ¡Saberlo hace más y más hermosa nuestra estancia aquí! ¡Nuestra misión es iluminar la Tierra!

La miré admirada.

—En los viajes siempre conozco a personas extraordinarias, como tú. Y participar en esta fiesta es lo más parecido a viajar.

Sonrió divertida.

—¿Entonces viajamos juntas, Niksha? ¿Quieres conquistar una vida nueva y fascinante? ¿Ese nuevo amor que te hará temblar de pasión? ¿Una nueva conciencia espiritual? ¿Una felicidad que todavía no has probado?

—Sí. Sí, claro que sí. ¿Qué tengo que hacer? ¿Hacia dónde viajaremos? No perdamos tiempo.

—Vamos a viajar muy lejos —dijo con los ojos brillantes.

—¿Escalaremos montañas? ¿Subiremos al Everest?

—No necesariamente. ¡Iremos a los misteriosos lugares donde viven nuestras aliadas! Las poderosas Magas, las grandes Estrategas, las balsámicas Sanadoras, las valientes Heroínas, las celestiales Místicas. Tienes que conocerlas, amiga, son como nosotras; extremas, intensas. Apasionadas. Y todas venimos de la misma estrella.

—¿Cuándo partimos?

—¡Ya! Para hacer este viaje tienes que ser muy audaz, muy valiente, muy romántica.

—Sí, sí. Yo soy audaz, valiente y romántica —dije, feliz y orgullosa—. ¿Adónde iremos?

—A un país muy lejano, todavía no has estado allí.

—Solo un tema me inquieta. Ya que nos vamos de viaje juntas, te haré una pregunta poco romántica, pero muy actual. El mundo está muy contaminado, no solo por virus físicos; también los hay mentales y emocionales, y son muy tóxicos. Tú eres más Aventurera que yo, veo que tienes mucha experiencia. El mundo es raro. Complicado. Impredecible. Para viajar a este país desconocido al que me estás invitando y a cualquier país del mundo sin ningún miedo, ¿cómo elevar al máximo nuestra inmunidad física y psíquica?

—La única manera de lograr inmunidad es elevar tus vibraciones para que las frecuencias bajas no puedan entrar en tu sistema. Físicamente, cuidando tu cuerpo. Respira bien. Elige buenos alimentos. Bebe mucha agua. Baños de sol y, en lo posible, baños de bosque, de mar o de montañas. Si no las tienes cerca, abraza todos los días un árbol, o a tu gato, o a tu perro. Siendo una Aventurera, lo que te eleva psíquicamente es mantener tu fuego encendido, o sea, tu entusiasmo ¡al rojo vivo! Salirte de la comodidad sube enormemente tus vibraciones y, por lo tanto, te inmuniza. Explorar nuevos conocimientos y ponerlos en práctica transforma tu vida en una aventura continua. Y esto garantiza una subida meteórica de tu energía. Hay que salirse del Viejo Mundo, por completo. Resetearse. Comenzar a vivir de una manera nueva. Más simple y más auténtica.

—Gracias, Aventurera.

Sacó de la mochila una rara botella antigua y dos copas que parecían ser de oro.

—¡Celebremos nuestra liberación del Viejo Mundo! —dijo, llenando las copas con un elixir naranja—. Brindemos por el Nuevo Mundo, en el que somos más bellas, más Aventureras, más eficientes, más conscientes y ¡más audaces! ¿Estás de acuerdo? —Levantó su copa.

—Brindemos. —Choqué mi copa con la de ella—. ¡Oh, qué elixir tan delicioso!

—Es el elixir de las Aventureras. La receta está en la cajita roja. La tendrás cuando regreses a la tercera dimensión. Bienvenida a la vida intensa, Niksha. —Me abrazó entrañablemente—. No nos importan las restricciones que pretenden imponernos desde el Viejo Mundo. ¿Quieren asustarnos provocándonos todo tipo de inseguridades? Imposible. ¡Nosotros avanzamos, aunque tengamos miedo! ¿El amor es un riesgo? Lo tomamos. La Luz nos sostiene, siempre —susurró en mi oído—. El resto es pura adivinación; nadie supo nunca nada de la vida, todos estamos aprendiendo.

—Coincido con todo. Pero me avergüenza un poco confesarte esto, pero ¿por qué me siento tan vulnerable ahora? —pregunté compungida.

—Salta de los acuerdos del pasado, Niksha, encara tu vida ahora como un gran acontecimiento, irrepetible y único. Es un antes y un después del sofá. Jamás te traiciones a ti misma: tú quieres vivir, amar, vibrar. Eres una idealista práctica, siempre llevas a la acción tus visiones. No las dejas en el limbo de la teoría o de las posibilidades. ¡Las materializas! No aceptes vivir con tibieza y miedo. Pon el cien por cien en todo lo que hagas, como siempre. ¡Perteneces a una raza única, en peligro de extinción: la espléndida raza de las Aventureras! Ven conmigo. ¡Tienes que recuperar tu estrella ahora mismo! —dijo, tomándome de la mano.

Salimos por una puerta lateral del palacio. El paisaje que rodeaba al castillo quitaba el aliento. Estábamos en la cima de una montaña; allá abajo corría una infinidad de ríos plateados destellando bajo la plateada luz de la luna llena. Había campos floridos y ondulantes de colores fosforescentes. En la ladera, pequeñas casitas que parecían haber salido de un cuento.

—Allí viven las hadas —señaló La Aventurera—. Siempre vienen a las fiestas del palacio. ¿Ya te has encontrado con ellas?

—No lo sé, había muchos invitados bailando el vals de la incertidumbre. Pero me llamó la atención el mozo: tenía orejas puntiagudas y un trébol en el bolsillo.

—Es un elfo —dijo La Aventurera, divertida—. ¡Mira!

Frente a nosotros se erguía una montaña de escarpadas laderas, conectada con el palacio mediante un puente colgante de los muy antiguos, hecho con maderitas endebles y los pasamanos de sogas. Inestable. Frágil. Colgado sobre un precipicio. Me asomé al borde; en las profundidades corría un río que parecía ser de fuego. La luz plateada de la luna iluminaba la escena con un aura mágica.

—Mira, Niksha, al final de este puente encontrarás nuevamente tu estrella. Todas las Aventureras tenemos una estrella que nos guía. Tienes que recuperarla. Al parecer, olvidaste que te pertenece.

—Es cierto, antes la veía siempre delante de mí, señalándome la dirección de mi próxima conquista. En esa noche en el sofá sentí que la había perdido.

—Cruza este puente y búscala. ¡Es ahora o nunca! Nos encontraremos en alguna parte de la fiesta. ¡Ve, Aventurera! —Y me abrazó entrañablemente.

Comencé a caminar con cuidado sobre las endebles maderitas del puente, que se balanceaba a cada paso que daba. Me agarré fuerte de los pasamanos. Miré hacia abajo, el vértigo era total. Estaba caminando sobre un abismo.

—Ángeles, ¡sostenedme! —los llamé desde lo más profundo de mí. Desde lo más visceral.

Cada paso era una victoria sobre mi inestabilidad, sobre mis dudas, sobre mis miedos. Avanzar en medio de una total incertidumbre me daba una fuerza extraordinaria. En la mitad del cruce sobre aquel abismo, dudé: no veía el final del puente. Me dio miedo seguir, pero también me daba miedo volver. Entonces decidí no doblegarme. Seguí caminando. Cada paso me llenaba de más fuerza. No me importaba llegar, me importaba el camino. Sostener el equilibrio, agarrarme de los pasamanos, sentir el vacío dentro y debajo de mí, y ese puente frágil sosteniéndome. Avanzar, despacio, como fuera, pero avanzar. De pronto me encontré a solo unos metros del final del puente. Puse el pie derecho sobre tierra firme. Frente a mí, una enorme caverna. Un rayo de luna iluminó la entrada. Pisé con cuidado el suelo de piedra y seguí avanzando en la oscuridad. Me di la vuelta, la entrada iluminada por la luna ya estaba lejos, era apenas una pequeña luz plateada, cada vez más pequeña. Avancé un poco más y desapareció. ¿Qué hacer? Entonces me detuve, cerré los ojos, respiré hondo. Muy hondo. Pedí ayuda al Cielo y lentamente caí dentro de mí.

Nunca me había pasado, pero era el único lugar adonde podía ir. La sensación era deliciosa. Era un espacio lleno de luz. De cielo, de estrellas. Una de ellas comenzó a descender lentamente hacia mí. Quedó suspendida por unos instantes en el aire, titilando. Y con suavidad se posó en mi frente. Me quedé inmóvil. Respiré hondo. Se me puso la piel de gallina. Mi corazón empezó a latir muy fuerte. Sentí que volvía a mí una fuerza conocida, esa especial y picante adrenalina de ser una Aventurera. Feliz, abrí los ojos. Una luz naranja iluminaba la caverna. Me toqué la frente y me miré la mano; estaba iluminada. La estrella brillaba en mi tercer ojo. Entonces, me di la vuelta y comencé a caminar hacia la salida, perfectamente iluminada por mi estrella. La silueta de La Aventurera se dibujó en la entrada. Nos fundimos en un abrazo fraternal.

—Bienvenida nuevamente a nuestra comunidad, Niksha —susurró en mi oído—. ¡Has recuperado tu estrella! Está siempre allí, en nuestro interior, pero a veces la perdemos de vista. Nos veremos en el tablero. La reina tiene que ganar la partida.

Y, diciendo esto, se esfumó en medio de un estallido de luz.

—¿Dónde nos veremos? ¡Oye! Quiero hacerte algunas preguntas.

Había desaparecido.

—Pasa mucho en tiempos de la Gran Transición. Las personas y las certezas aparecen y desaparecen. —Era una voz cálida y suave, parecía estar detrás de mí—. Ante la incertidumbre, hay solo dos opciones: ¡evolucionar! o ser destruidos por ella —continuó.

—¿Quién eres? —Mi voz resonó amplificada con un extraño eco.

—Toda la humanidad está parada en esta encrucijada. Te rescatamos en el último momento, Niksha. No podíamos permitir que te rindieras.

CAPÍTULO 6

LA MÍSTICA

Un rayo de luna me iluminó con luz plateada. Una bocanada dulce y perfumada me envolvió en un embriagante aroma de rosas y jazmines. Se escucharon pasos leves, murmullos. Aletear de alas. Una silueta de mujer se recortó contra una luna llena que brillaba en las profundidades de la caverna. Era etérea. Suave. Sus ojos celestes se encontraron con los míos y la caverna se llenó de estrellas. Sus cabellos dorados, entrelazados con cintas blancas, caían sobre sus hombros y llegaban hasta su cintura. Llevaba una corona de flores y un vestido vaporoso, también blanco. Resplandecía. Toda ella era una fuente de luz. Sonrió detrás del antifaz plateado con forma de alas. Emanaba paz. Una paz tan dulce, tan profunda...

—Bienvenida a la Caverna de los Sueños —musitó.

Se sentó en el almohadón blanco, y a su alrededor se materializaron rosas blancas. Me hizo una seña para que me colocara frente a ella y con otro gesto encendió una fogata de fuego dorado. Juntó sus manos en oración. Cerró los ojos. Y, en silencio, comenzó a irradiar luz.

—Querida Niksha —abrió los ojos y me iluminó con un intenso resplandor—, soy **La Mística**. Te doy la bienvenida al País de las Maravillas. —Me miró dulcemente—. En realidad, no es un país, es un estado de conciencia. Es posible vivir para siempre aquí, no tiene fronteras ni ubicación geográfica. Está donde nosotros estamos, en cualquier lugar de este universo. Te invito a mudarte a este elevado estado de conciencia y establecer tu domicilio aquí. Definitivamente. El idioma oficial del País de las Maravillas es el amor, un lenguaje universal. Y el pasaporte para entrar es la oración. Podemos vivir aquí para siempre, en este estado de conciencia en el que te invito a sumergirte. La residencia definitiva aquí hace que la vida sea dulce. ¿Quieres obtenerla?

—Sí. Sí —dije emocionada.

—Escucha, criatura —dijo iluminándome con su mirada—. Se está gestando una nueva Niksha en ti. No sabemos cómo será, porque es nueva. Miles, millones de personas en este planeta están pasando por lo mismo. Es un salto evolutivo a escala planetaria. Todas las estructuras están temblando, cambiando, lo único firme es la luz que brilla en nuestro interior. También la Tierra está palpitando con una frecuencia muy diferente de la que existía hasta ahora. Se está sutilizando. Elevando. Por eso tenemos que plantarnos en este planeta de una nueva forma, mística. Mística de verdad, de manera continua, no intermitente como hasta ahora. ¡Todos los habitantes de este mundo tenemos que tomar esta decisión!

—Sí, me doy cuenta de que tenemos que hacer un cambio radical —dije, conmovida.

—Así es. Pero tienes que acostumbrarte; una postura mística ante la vida no es la habitual, y no todos te acompañarán en esta decisión. ¡Es muy revolucionaria! El viejo paradigma racional, que se está resquebrajando, no la soporta. Una cosa es tener una visión «espiritual» de la vida, edulcorada y fácil, y no aplicarla al cien por cien. Y otra muy diferente es ser una Mística.

—¿Cómo es ser una Mística?

—Saber que todo es perfecto tal y como se presenta ante ti, aunque no lo comprendas racionalmente. Poseer un lado espiritual muy desarrollado, mayor que el promedio de las personas, e irradiar tu espiritualidad, o sea, esa conexión con lo que está más allá de la vida terrenal. Saber que los desafíos están allí para ser trascendidos, que

III

LA · MÍSTICA

tienes que templarte y responder a ellos elevándote de nivel. No deprimiéndote. Profundizando tu inteligencia intuitiva, no basándote solo en tu inteligencia puramente racional. Buscando alcanzar la plenitud y la felicidad interior. Las experiencias interiores de una Mística no las puedes explicar ni expresar con palabras. Están más allá de las palabras. Pertenecen al leguaje del corazón. Una Mística es reconocible en su apariencia refinada y ascética. En la forma de comportarse, en la forma de comunicarse, en las actitudes más bien pacíficas, relajadas y tranquilas que posee. Cuando La Mística se encuentra ante un inconveniente o un conflicto, no lo cuestiona, no lo juzga como injusto o equivocado. Acepta lo que es. Afianza bien sus pies en la tierra, se instala en *la Presencia*. Y desde allí, con esa íntima relación con el Cielo, con lo que no podemos comprender racionalmente, actúa para resolverlo con infinita compasión y entereza.

—Me dijeron siempre que una Mística anda volando en mundos sutiles y no sabe ni quiere ocuparse de las cosas de la Tierra. Y casi lo creí.

—Esa es la visión antigua. Si eres Mística de verdad, y tú lo eres, Niksha, el Cielo y la Tierra son la misma cosa. Cada uno se refleja en el otro. Los desafíos son parte de la tercera dimensión, de la vida en la Tierra, y debemos resolverlos aquí abajo, pero siempre con la intervención del Cielo. Cada instante es sagrado, cada experiencia, cada conflicto —dijo, traspasándome con una mirada abismal.

Nos quedamos en reverente silencio.

—¡Oh, Mística! Comprendo lo que me dices, pero llevo en mi alma un inmenso dolor. ¿Qué hacer cuando se termina un amor repentinamente y casi sin explicaciones?

—Te observamos cuando estabas desparramada en el sofá, Niksha. Tú no nos veías, pero nosotras miramos tus ojos; eran profundos, en ellos se reflejaban muchas vivencias. Aventuras, viajes, estudios. Estancias en los monasterios más recónditos. Viajes a tierras exóticas, mares, montañas. Tu mirada era fresca, joven, inocente, pero estaba tan dolida... No podías superar la pérdida del amor. Y por esa fisura entraban, sin que te dieras cuenta, las fuerzas involutivas. La forma más rápida de salir de esos estados es orando.

—Sí, estaba triste, pero además había quedado atrapada energéticamente por esa separación tan violenta y no podía avanzar.

—Nada ni nadie puede atraparnos si no se lo permitimos. Nos atrapa nuestra interpretación mental de la realidad. Cuando alguien no es para ti, el universo te cierra el camino. Aparecen trabas, dificultades, conductas inexplicables. Y nosotros seguimos insistiendo. En cambio, cuando ese alguien es para ti, no hay nada que pueda evitar que esté contigo. A la vez, cuando se cierra el ciclo con alguien, hay que soltarlo. Aunque no lo entendamos, hay una bendición oculta en toda dificultad. ¿Cómo soltar? ¡Hay que hacer lo que hiciste tú! Para soltar hay que tomar cartas en el asunto, dejar de resistir, afrontar el desafío y colaborar con esa dirección nueva que te plantea la vida. Y tú lo hiciste. ¡Aceptaste la invitación a esta Fiesta!

—Sí. El sobre blanco me salvó. Estaba suspendida en una especie de limbo, me resistía, quería volver a la situación anterior y, como no era posible, me quedé desparramada en el sofá bastante tiempo —acoté—. Cuando pierdes a alguien es muy duro, pero lo es mucho más si te quedas inerte, paralizada. Destrozada por dentro. Es fácil hablar del cambio, pero es una tarea titánica lograrlo.

La Mística me miró con ternura.

—¿Qué me puedes revelar como Mística acerca del amor?

Necesitaba esa información.

—Niksha, te revelaré nuestro secreto. Estás en condiciones de entenderlo plenamente. Una pareja mística es muy especial, es una bendición única. Es vivir cada instante de amor como sagrado. Sentir que ambos sois un canal de amor universal, disfrazado de amor humano. Una pareja realmente mística asumirá la tarea de erradicar parte del sufrimiento de este mundo, en primer lugar, suprimiéndolo de la pareja. ¿Cómo? Tratándose con infinito respeto, cuidando cada palabra para que no hiera el alma del otro, siendo radicalmente honestos y leales. Se comprometen, sostienen el bienestar del otro, lo cuidan y lo protegen contra viento y marea. No dejan entrar en su aura ni un gramo de la inconciencia del Viejo Mundo. ¡Ambos son radicales militantes del nuevo!

—Lo éramos, con Georg.

—Si te fascina la idea de volver a vivir en una pareja realmente mística, comienza por ti. Entrénate en desarrollar más poderes y más fuerzas de una auténtica Mística. ¡Vale la pena!

—Lo haré. Tus palabras me llegan al alma —susurré conmovida, y me quedé en silencio para asimilar todo lo que me había revelado.

Pasó un tiempo indefinido. Yo seguía soñando con la pareja mística. De pronto, mirándome dulcemente, dijo:

—¿Quieres saber cómo afrontar esta incertidumbre visceral que todos sentimos en estos tiempos?

—Sí. Sí. Dímelo, por favor.

—Niksha, miles de humanos han sufrido diferentes tipos de pérdidas. Igual que tú. La incertidumbre está resquebrajando las seguridades y certezas que creíamos tener. Estamos en medio de un salto evolutivo de proporciones todavía no reveladas. Pero la ayuda está llegando. Desde todos los confines del universo, la Tierra está siendo asistida por el Cielo. Y los humanos también. Nuestra gran tarea para poder atravesar esta continua incertidumbre es plantarnos en nuestro verdadero lugar en este planeta. Tienes que transformarte en una auténtica columna de luz. Inmutable. Firme. Inamovible. Y gobernar desde allí tu vida. Sé una con *la Presencia*. Con tu espíritu. ¡Acostúmbrate a pasar tiempo en la quinta dimensión! La dimensión espiritual de la vida. Allí no hay incertidumbre. Y regresa a la dimensión concreta, llamada «tercera dimensión», visualizándote unida al Cielo por un hilo de luz indestructible que parte de tu corazón. Desde allí, gobierna tu vida. ¡Necesitamos voluntarios que se animen a instalarse en ese inquebrantable nivel de conciencia!

—Cuenta conmigo, Mística —dije, con el corazón palpitando de alegría.

—Y hay algo más. ¿Qué te pasó aquí mismo, en la caverna, cuando te quedaste a oscuras buscando tu estrella?

—Caí al fondo de mí misma.

—¡Muy bien! Es lo que tenemos que hacer todos en este momento: bajar de la mente al corazón. Allí nos espera *la Presencia*.

—¿Qué es *la Presencia*?

—Eres tú, una presencia luminosa encarnada en las profundidades de la materia. Es el momento de dejar de sufrir, Niksha. Ya basta. La interpretación mental de lo que nos pasa nos está matando. Literalmente. ¡Hay que aprender a pensar con el corazón! Ya te lo explicará en detalle La Sanadora.

—¿Quién?

—La encontrarás pronto. —Se quedó en silencio mirando las llamas.

Sentí roces de alas. Susurros. La caverna pareció llenarse de ángeles.

—Cuando atraviesas todas las capas mentales, desciendes al fondo de ti misma y te sumerges suavemente en un océano de dulzura y eternidad. Todos los grandes místicos de la antigüedad lo vivieron. No se puede traducir en palabras. A veces, solo se puede expresar con una sonrisa. Tú la has visto en Koré, en Atenas.

—¡La sonrisa arcaica!

—Esa es la sonrisa de quien ha tocado el Cielo estando en la Tierra. Sientes éxtasis, vértigo. Te embriagas con Dios. En ese océano de dulzura tocas *la Presencia*, también llamada «alma», «chispa divina», «llama sagrada». Palpita en lo más hondo de tu corazón, ¡es la fuerza que lo hace latir! Esta llama sagrada arde en una cámara secreta, invisible a la ciencia, situada en las profundidades de nuestro corazón. Los antiguos llamaron a esta cámara secreta «Sancta Sanctórum». Así es nombrada en las tradiciones judeocristianas, heredadas a su vez de Babilonia y Egipto. Allí está resguardado el misterio de quiénes somos realmente en esta tierra. Como representación visible de esta cámara secreta, existía un Sancta Sanctórum en el templo de Salomón, en Jerusalén, en el siglo X a.C.

—¿Y qué se custodiaba en ese templo?

—La misteriosa piedra fundacional del mundo, llamada Shetiyah. Otra forma de llamar a *la Presencia*. Somos lo más sagrado de lo sagrado en este planeta. ¡Somos la piedra fundacional de la Tierra! Luz consciente de sí misma, encarnada en la materia. La Sanadora te explicará los recientes descubrimientos de la ciencia acerca del corazón, este órgano mágico. El más santo del cuerpo, el que atesora el misterio del latido de la vida. Acompañando a la piedra fundacional del mundo, también se encontraba allí la auténtica arca de la Alianza. En su interior se custodiaban las tablas originales grabadas con los diez mandamientos entregados a Moisés. Un frasco de maná, esa sustancia mágica que alimentó al pueblo judío en los cuarenta años de éxodo en el desierto. La vara de Aaaron, el primer sumo sacerdote levita del templo y hermano de Moisés. El Sancta Sanctórum era un espacio al que se accedía después de atravesar otros dos, preparatorios, y allí solo podía entrar el Sumo Sacerdote. Estaba cubierto por una tela rojo sangre. Él entraba solo una vez al año, en Yom Kippur, el Día del Perdón, encendía velas e inciensos perfumados y pronunciaba el sagrado nombre de Dios, el Tetragramatón. Es muy significativo que solo se ingresara allí en el Día del Perdón, el día en que se entra al corazón. Sabemos que entrar al corazón es el comienzo de la redención. El Sancta Sanctórum nuestro corazón, es lo más sagrado de lo sagrado en nosotros. Un lugar mágico, privado y secreto. Nos lleva de la oscuridad a la luz, de lo irreal a lo real, de lo mortal a lo inmortal. Y nos sitúa en el instante presente, el único que tenemos. ¿Quieres sentir *la Presencia*?

Me atravesó con una mirada celestial.

—Sí. Por favor —dije conmovida.

—Cierra los ojos, respira hondo y lento, baja los hombros. Siente el peso de tu cuerpo sobre la tierra. Afiánzate bien en el suelo de la caverna. Estamos en un sueño, aquí todo se amplifica, podrías levantar vuelo —dijo sonriendo—. Ahora ¡suéltate!, vamos descendiendo, más, más, hondo. Cada respiración te lleva más y más a tus profundidades. Allá lejos, abajo, brilla una luz blanca. Te vas acercando lentamente, muy lentamente a ella. Vas descendiendo en un vuelo blando, dulce, cómodo. Los ángeles te están sosteniendo suavemente con sus alas. Te sientes bien, muy bien, en total bienestar, cada vez mayor. Estás llegando a casa. Desciende, más y más. Apoya tus pies, has llegado al Santa Sactórum. Te deslizas blandamente en lo que parece ser un nido, suave y acogedor. Tibio. Seguro. Aterciopelado. Muy luminoso. En su centro arde una llama blanca. Es tu alma. Los ángeles forman un círculo a tu alrededor, percibes sus siluetas luminosas. Estás en el eterno presente, aquí no existe el tiempo, solo la eterna bienaventuranza. Todo es perfecto. Conmovedoramente perfecto. Mira alrededor, estás rodeada de naturaleza. Árboles, una alfombra de hierba muy verde, flores blancas. Escuchas el canto suave de los pájaros, los sonidos de las hojas atravesadas por una brisa dulce y cálida, el arrullo del agua corriendo en un arroyo cercano. Un rayo de sol toca tu piel, sientes su calor. Estás aquí. Plenamente aquí. Y entonces te haces una con la llama, eres la llama blanca. Ardes, resplandeces. Miras tus manos, irradian energía luminosa. Eres los árboles, eres las flores, eres los pájaros, el arroyo, el sol, eres esa pequeña hoja que está cayendo en cámara lenta sobre el pasto. Eres una con el universo. Eres la tierra. Eres el cielo. Eres las estrellas. Eres *la Presencia*. Eterna. Inmortal. Perfecta.

Entonces se instaló un dulce silencio. Solo se escuchaba mi respiración y mi corazón latiendo. No tenía nombre, ni pertenencia. Y todo se volvió perfecto.

—Permanece aquí todo el tiempo que necesites.

Escuché la voz de La Mística viniendo desde muy lejos. Al cabo de horas, o meses o años, dijo:

—Regresemos. Amén.

Abrí los ojos. Estaba en paz. Era una paz desconocida. La sonrisa arcaica se dibujó en mi rostro. Mi corazón latió con fuerza, sentí el calor de aquella llama blanca dentro de mí. Respiré hondo. El fuego blanco se desbordó por mis manos, por mis pies, por mis ojos, por todos los poros de mi cuerpo.

—Bendito sea el eterno presente —dijo La Mística uniendo sus manos en oración—. Amén.

—Amén —susurré. Apenas podía pronunciar palabra.

—Tengo que hacerte una revelación importante. Quizás es la más importante para seguir participando en la Fiesta de tu Liberación. —Clavó su insondable mirada en mí. Me estremecí—. Debes acostumbrarte a vivir en la llamada «quinta dimensión», también conocida como «Cielo». Aquí todos estamos en esa dimensión, ya sabes, es un sueño. Pero cuando regreses al sofá, recuérdalo. Solo baja a la tercera dimensión para resolver asuntos de esa dimensión, y después vuelve a la quinta. O sea, a lo que llamamos «estado paradisíaco», «estado de gracia», «bienaventuranza».

—Me encanta esta propuesta.

—Este es un regalo para ti —dijo La Mística con voz muy suave, poniendo en mis manos una cajita roja—. Aquí guardamos los códigos del Nuevo Mundo. Una Pequeña Guía para Tocar el Cielo. También, las instrucciones para jugar bien el Juego de la Vida. Te haremos llegar este tesoro espiritual cuando vuelvas al sofá.

—Gracias —dije, tocando tímidamente la cajita. Ardía, vibraba. La apreté contra mi pecho.

—No puedes abrirla todavía —dijo adivinando mis intenciones—. Como Cenicienta, tienes asignado un tiempo mágico para quedarte en el castillo. Deberás regresar al sofá antes de que amanezca. ¡Escucho pasos! Han cruzado el puente colgante, alguien está acercándose. Creo que vienen a buscarte. Niksha, siempre estoy muy cerca de ti para aconsejarte y hacerte recordar quién eres. Ahora ha llegado el momento de regresar a la fiesta, te están esperando —dijo, abrazándome muy fuerte—. Devuélveme la cajita —añadió en mi oído.

CAPÍTULO 7

EL ENCUENTRO CON MI PODEROSO ANCESTRO

—Te saludo —dijo inclinándose reverente, con la mano derecha en el corazón—. He venido a buscar a Niksha, querida Mística.

—Adelante.

Me levanté del almohadón despacio y me di la vuelta. La silueta de un exótico personaje se recortó en la entrada de la caverna. Se acercó despacio; estaba vestido con un uniforme azul, antiguo, ribeteado en plata. Llevaba un sombrero de estilo turco con una media luna, y una borla roja caía al costado de su cara. Sus ojos negros como la noche me envolvieron en una ola de amor.

—Ven, Niksha. He venido desde otros tiempos para buscarte y llevarte a la fiesta. Todos nosotros te estamos esperando.

—Creo, creo que nos conocemos —balbuceé—. Yo te he visto en algún lugar. ¿Quién eres tú y quiénes son «todos nosotros»?

—Soy uno de tus ancestros de tu línea paterna, y uno muy aventurero, como tú, por cierto —dijo mirándome, divertido—. Ven, toma mi mano para cruzar el puente. Te guiaré. —Se inclinó frente a La Mística y besó su mano—. Nos veremos en la fiesta.

—Así es. Y así será —dijo La Mística sonriendo.

Nos pusimos en marcha hacia el palacio. Cientos de luces encendidas brillaban al final del puente. El espectáculo era magnífico.

—¿Estoy en un sueño? ¡Por favor, dímelo, todo es tan real!

—Siempre estamos viviendo en un sueño. Pero lo llamamos «la realidad». ¿Qué es la realidad? No hay una, son muchas. Ahora se están abriendo grietas entre las sutiles fronteras que dividen las realidades paralelas, y a través de ellas se puede entrar a otro mundo, tan real como el que creemos conocer. Y a otros tiempos.

—¿Quiénes son los invitados de esta misteriosa fiesta?

—En esta fiesta, justamente, hay seres de otros tiempos. Seres que vivieron en otras épocas de la Tierra. Los hay del Renacimiento, del medievo, de siglos anteriores a Cristo. Sus trajes no son disfraces, son auténticos. Te lo iré diciendo de poco en poco, todos los invitados son parte de nosotros.

—¿Nosotros?

—Niksha, nosotros somos todos tus ancestros, ya nos irás conociendo —dijo, caminando a mi lado y sosteniendo firmemente mi mano—. Hemos venido a apoyarte. Y a recordarte tus fuerzas heredadas: todas están navegando por tu sangre. ¿Qué sabes de tus memorias genéticas?

—Por parte de mamá, una línea directa me une por sangre al mundo hebreo de Galitzia, en Polonia. Un mundo mágico de antiguos cabalistas. De éxodos, de Mares Rojos que se abren con una orden sagrada. Por parte de papá, tengo fragmentos de relatos transmitidos por mis abuelos acerca de un misterioso antepasado romántico, loco y aventurero, cuya historia se pierde en la noche de los tiempos y que siempre quise conocer.

—Sin embargo, ya nos encontramos una vez, en una de tus búsquedas espirituales, ¿recuerdas? Fue en una meditación, más precisamente en esa regresión a tu línea genética que hiciste en Brasil con la maga Henny.

—¡Claro! ¿Eres tú? Dime que sí, que eres tú. Viviste en Estambul, estabas al servicio de un Pashá y me transmitiste el don de la escritura, ¡eras novelista! Nunca pensé que iba a poder verte en persona.

—Sí. Soy yo. El mismo —sonrió—. Mi nombre es Michal, en Polonia. Y Mehmet Sadik Pasha en Estambul. Pero hay algo más. Estoy aquí para revelarte que tú, especialmente tú, has heredado mi misión. No la pude completar en una sola existencia temporal, nadie puede completar la tarea en una sola vida. No es suficiente ninguna vida humana para consumar una obra espiritual en esta tierra. Siempre uno de nuestros descendientes hereda nuestra misión y la continúa en el futuro. ¡Oh! ¡Ya hemos llegado! —Abrió las puertas doradas y entramos a un salón repleto de gente.

La orquesta tocaba música antigua, parecía ser del Renacimiento. Los invitados bailaban, reían, tomaban champán. Nadie nos prestaba atención. Michal me condujo a un pequeño salón dorado y me indicó que nos sentáramos en unos sillones de terciopelo violeta con apoyabrazos exquisitamente labrados en oro.

—Tengo mucha más información para transmitirte, Niksha. Quiero darte más datos acerca de la sangre que corre por tus genes y que heredaste directamente de mí. Soy polaco. Pero ahora me estás viendo en mi versión turca. En Estambul fui, precisamente, Mehmet Sadik Pasha, y este es el uniforme que usaba cuando estaba abocado a mi misión oficial en Estambul. Soy guerrero, aventurero, diplomático, escritor y, sobre todo, un romántico, como tú. Heredaste todas mis características. —Se encogió de hombros, sonriendo—. Siempre predominan en nosotros los genes de uno de nuestros antepasados.

—¡Oh, Michal! Por favor, ¡cuéntame toda tu historia!

—Bien —asintió, poniendo su mano en la empuñadura de la espada que llevaba en la cintura y acomodando su larga capa de terciopelo. Sonrió—. Te contaré mi historia completa, ya que te ha llegado por fragmentos. Nací el 19 de septiembre de 1804 en Volhynia, Polonia, en una tierra con mucha influencia cosaca y ucraniana. Fui siempre bastante alocado, muy apasionado, extremo, idealista. Escribí veintidós novelas. Soy más que nada un guerrero con alma de artista. Esta mezcla extraña la llevas tú en tus genes, aunque nunca hayas empuñado una espada.

—Siento tu fuerza en mí —dije fascinada—. Es potente.

Un resplandor dorado iluminó su rostro. Se sacó la gorra de cosaco riendo.

—Los aventureros auténticos nos reconocemos a través de los tiempos. Tenemos esta estrella en la frente, la marca indeleble de nuestro corazón en llamas. Lo sabes, ¿verdad? ¡Tú también la tienes! —dijo, orgulloso.

Nos abrazamos muy fuerte y, con los ojos empañados por la emoción, continuó relatándome su historia.

—Fui el mentor de la gran insurrección polaca de 1830 contra los zares y su despótico reinado. Emigré a Francia y luego a Estambul en 1841. Allí fui enviado como agente secreto del Gobierno francés. ¡Amé Turquía! Tanto que, en esa tierra extraña, mezcla de oriente y occidente, me convertí al islam y me puse al servicio del sultán y del Imperio otomano. A partir de ese momento tomé el nombre de Mehmet Sadik Pasha. Todo esto te dice algo de mí, pero es solo una parte. A lo largo de todas estas locas aventuras, jamás olvidé mi amor por el pueblo cosaco. Toda mi obra literaria está dedicada a ellos. Tenemos sus genes circulando por nuestra sangre.

—¿Los cosacos también son nuestros ancestros?

—Así es. El tiempo que pude rescatar de mi carrera, digamos, diplomática para escribir, lo consagré a investigar el apasionante mundo de los cosacos. ¿Sabes algo de ellos?

—Papá me los mencionó. Siento que son muy intensos.

—Son, somos, porque en nuestras venas también corre esa sangre cosaca; puro fuego, pura pasión. Somos nómadas, inconquistables, indomables y absolutamente románticos. Los cosacos tenemos una rara mezcla de tártaros, mongoles y eslavos. Vivíamos siempre en las estepas; el nombre *kasak* significa «nómada» y «hombre libre». Se sabe que en el siglo xv los cosacos estaban organizados en tribus, en lo que se considera una democracia primitiva con principios comunitarios. Los amé siempre; son valientes, emocionales, pasionales y heroicos. Indómitos, audaces. Inconquistables. Leales. Se autogobiernan, llevan una vida aventurera y errante. Su fama se extendió en toda Europa. Jamás pudo atraparlos ningún sistema, por eso ¡la mayor parte de mi obra literaria está dedicada a ellos!

—¡Oh! Me conmueve escucharte. Me es tan conocida esta manera de vivir... Me siento una cosaca del siglo XXI.

—Sed bienvenidos todos quienes estáis escuchando esta historia. Vuestra presencia aquí es importante —dijo mirando a su alrededor—. Tenemos que apoyar a Niksha.

Un grupo grande de invitados había entrado al pequeño salón. Oían atentamente el relato, como si fuera parte de sus vidas. Mehmet Sadik Pasha sonrió.

—Niksha, te los presento, ellos son algunos de nuestros ancestros. ¡Los más aventureros!

Nos miramos. No podía contener las lágrimas. Ellos tampoco. Eran de todas las edades, hombres y mujeres. Estaban vestidos con trajes de diferentes épocas. Aquí y allá reconocía mis mismos ojos en diferentes rostros, ciertos gestos. Algunos tenían cabellos rubios. Muchos vestían trajes cosacos. Todos tenían una estrella en la frente y sus ojos echaban chispas.

—Queridos —dijo, mirándolos con los ojos encendidos—, ¡es urgente volver a despertar este fuego heroico en la humanidad actual! Y Niksha, nuestra heredera directa, puede hacer su parte en estos tiempos. Es una Aventurera reconocida. Auténtica.

Aplaudieron con fervor, muy emocionados.

—Gracias —respondí. No sabía muy bien qué decir—. Pero ¿por qué esta tarea es solo mía?

—¡Tú eres la única que vive en este tiempo y este espacio, en las coordenadas terrestres, Niksha! Eres nuestra única alternativa para salvar el heroísmo de nuestra línea genética de su completa desaparición. Lo que esperamos de ti es que seas una digna representante y continuadora nuestra.

Aplaudieron calurosamente, mirándome con amor.

—¡Te apoyaremos! —dijeron muchos al mismo tiempo.

Me puse roja como un tomate. ¿Todo eso esperaban de mí? No podía pronunciar palabra. Sabía de qué estaban hablando. Entendí mi gen nómada, mi rebeldía, ese terrible romanticismo que parecía ser de otra época, y lo era. Pero ¿y si no fuera capaz de ser tan heroica?

—Niksha, no nos decepciones, no dudes de ti. Ya te he transmitido mi don: eres novelista. En esta fiesta recibirás todas las herramientas necesarias para continuar la misión de tus ancestros en esta tierra: vivir con pasión. Ser indomable, inconquistable, inmutable. Jamás claudicar. Salirte siempre de la mediocridad y jamás aceptar la esclavitud ni el miedo. ¡Eres, como nosotros, una Aventurera de verdad!

Mis ancestros celebraron estas palabras con otro fuerte aplauso. Sonreían, se miraban entre ellos y hacían comentarios acerca de las grandes expectativas depositadas en mí. Michal me miró con orgullo. Y yo me ponía cada vez más colorada.

—Todos en esta tierra, sin excepción, somos buenos en algo, Niksha —siguió Michal—. Yo soy naturalmente un artista y un guerrero. Tú eres artista, eres novelista y también guerrera, utilizas la magia, la seducción, los encantamientos. Cada uno de los humanos heredamos un don especial de nuestros ancestros. Y estamos en la Tierra para revelarlo. Pero hay que atreverse.

—¿Cómo reconocer «tu don»?

—Es aquello que surge naturalmente en nosotros, con facilidad. Algunos son buenos organizando, otros creando, otros cuidando, otros bailando, o enseñando, o sanando, o apoyando a otros; todo es importante, cada uno tiene su talento único, irrepetible y valioso. Y con seguridad lo ha heredado de algún ancestro que no pudo completar la tarea en una sola vida y nos necesita para continuarla. Todos los ancestros están mirando a sus descendientes y apoyándolos. Esto se conoce muy bien en algunas culturas que honran a sus antepasados. Hay una línea de continuidad con ellos, todos nos necesitamos.

—Comprendo.

—Y tú, además de ese don para escribir y comunicar y ser una indomable Aventurera, has heredado mi linaje místico.

—¿Cuál?

—Toda mi vida fue una búsqueda espiritual, Niksha, como la tuya. Tu vida de nómada te llevó a conocer e indagar en muchas sabidurías antiguas. Lo sabemos. Yo me inicié en tres corrientes monoteístas: la católica en Polonia, la islámica en Turquía y la cristiana ortodoxa en Rusia. La energía crística, que pone el amor como valor supremo, es la que más me llega al corazón. Y escuchar al corazón será cada vez más importante en el Nuevo Mundo. Tú has heredado mi visión espiritual y le sumas tu propia búsqueda.

—Pero si no todos pueden ir a la Fiesta de su Liberación como yo, ¿cómo descubren sus herencias ancestrales?

—Hay una información críptica contenida en la astrología: se llama «cabeza y cola de dragón», o «nodo norte y nodo sur». ¡Todo está allí! El nodo sur nos habla de nuestro don, heredado de los ancestros, y el nodo norte nos dice cómo anclarlo en esta tierra.

—¿Cuál es mi nodo sur, Michal?

—Escorpio, claro. La pasión, la videncia, la audacia y la intensidad. Todo muy cosaco. ¿No te parece?

Todos mis ancestros aplaudieron encantados. Ellos se sentían muy representados en mi nodo sur.

—He venido también a darte otra información importante —dijo Michal—. Está descendiendo a la Tierra una enorme potencia de luz nueva. Todos sentimos sus efectos, incluso tus ancestros. Ya no estamos físicamente en este planeta, pero estamos conectados con nuestros descendientes a través de la cadena genética.

Un murmullo de asentimiento se extendió entre los ancestros.

—Niksha, escucha bien. En esta Gran Transición ¡nadie permanecerá igual! Algunas personas no podrán sostener tanta luz y se pondrán más conservadoras, tratando de resistir el cambio. Otros intentarán evadirse. Otros comprenderán el sentido de todo esto y pasarán por una profunda transmutación personal. Tenemos que apoyarlos. Todos tendremos que ser más profundos, salirnos de las superficialidades, ser más amorosos y más auténticos. ¡También hay que volver a despertar en la Tierra el espíritu aventurero! Es hora de que brille «la estrella» en la frente de todos los humanos.

—¡Brillará! —Los ancestros aplaudieron con fervor.

—Sabes el significado de tu nombre, ¿verdad?

—Sé que es un nombre sánscrito y que mamá lo soñó en alta mar.

—Así es, nosotros, los ancestros, se lo revelamos en un sueño.

—Es verdad. Nosotros nos metimos en sus sueños y se lo dictamos —murmuraron varios ancestros sonriendo.

—Queríamos que nuestra descendiente, o sea, tú, portara un nombre sagrado y brillante. Niksha significa «la resplandeciente y pura como el oro».

—¡Qué hermoso, Michal! Jamás pensé que mi nombre había sido dictado por vosotros, los ancestros.

—Así es, Niksha. Hay muchos más secretos, que se te irán revelando. Pero el significado de tu nombre es uno de los más importantes. Tu nombre te da un destino brillante, que se va haciendo más y más brillante a medida que se pronuncia.

—¡Niksha, confiamos en ti! —dijeron todos los ancestros, emocionados.

—En esta fiesta recibirás un fuerte entrenamiento para comprender la espiritualidad de los tiempos actuales. Tienes que ser práctica, ejecutiva, esencial. Y por supuesto heroica. Se te entregarán herramientas concretas. ¡Úsalas, criatura! —Michal hizo una reverencia. Levantó la mano derecha al cielo y desapareció en medio de una explosión de luz.

CAPÍTULO 8

EL GATO FÉNIX

Respiré hondo varias veces para aquietar los latidos de mi corazón. Salí del saloncito mareada; todos los ancestros habían desaparecido. Y entré, casi sin darme cuenta, en el gran salón, lleno de gente bailando. Miré en todas direcciones un poco desorientada. Tal vez mis ancestros se habían dispersado en la fiesta, mezclados con los otros invitados. ¿Cómo volvería a encontrarlos? ¿Y quiénes serían los otros invitados? «Ya lo averiguaré», me dije encogiéndome de hombros.

—¡Aquí todo es posible! Hablemos, Niksha. —Sentí su calor en mi espalda, me abrazó con sus dos patas de pelo anaranjado, enfundadas en impecables guantes blancos.

—¡Fénix! —grité dándome la vuelta—. ¿Dónde te habías metido? ¡Qué alegría verte! Estoy un poco perdida, Fénix, todos los invitados son muy raros. —Nos abrazamos saltando—. ¡Al fin puedo hablar contigo con palabras!

Se reía bajo el antifaz. Sus bigotes rubios me parecían ahora gigantescos. Sus ojos gatunos brillaron fosforescentes. Tenía mi misma estatura; seguía siendo raro verlo de ese tamaño y a dos patas, enfundadas en elegantes botas negras.

—Ven, te invito a este baile —dijo sonriendo.

Me condujo al centro del enorme salón circular. La orquesta ejecutaba un vals, nos mezclamos entre los invitados girando en círculos.

Muchos de ellos estaban vestidos con los hermosos trajes que había visto en el carnaval de Venecia. Magníficos, bordados en piedras, majestuosos. De seda amarillo sol, de terciopelo rojo como la sangre. Los antifaces tenían picos, típicos del carnaval, ribeteados en oro.

—Me imagino que es la primera vez en tu vida que bailas un vals. ¡Bailar con un gato es extraordinario! —le dije en medio de los rápidos giros que Fénix manejaba a la perfección.

—No digas cosas superfluas —dijo mirándome muy serio—. Los gatos tenemos muchos secretos. Es muy útil contar con la ayuda de uno de los nuestros siempre, y más en este momento planetario. ¿Sabes cuál es la principal tarea de los gatos y de los perros en esta tierra?

—Acompañarnos, creo.

—Mucho más que eso. Nosotros mantenemos vuestros corazones abiertos. Los bajamos de la mente, donde están viviendo todo el tiempo. ¡Viven en una abstracción!, esa es la verdad. Tenemos que educarlos, vosotros los humanos sois demasiado mentales, muy burdos, toscos, diría, según la mirada de un gato. Te quiero, Niksha, pero seré sincero contigo: te falta bastante para alcanzar el nivel de un gato.

—¿Eh? —Lo miré ofuscada—. ¿Qué quieres decir?

—Sé que te encontraste con La Bufona y con La Aventurera. Veo brillando nuevamente la estrella en tu frente, vamos bien. Y sé que tuviste un conmovedor encuentro con La Mística.

—¿Cómo lo sabes?

Me miró muy serio.

—Los gatos somos telepáticos. Qué pregunta más obvia.

Me puse colorada. Fénix me estaba desafiando. Ya arreglaría cuentas con él al volver al sofá.

—Creo que en la Caverna de los Sueños te conectaste con el ahora, el momento presente, donde vivimos todos los animales. Y las plantas, y los minerales, todos menos los humanos. Pero aún te falta entrenamiento. Los gatos somos muy exigentes. Piensa que estamos con vosotros desde hace más de nueve mil años. Conocemos muy bien a los humanos. Y en Egipto los humanos conocían muy bien a los gatos, éramos sagrados. La diosa Bastet tenía cabeza de gato y cuerpo humano. Ponían estatuas de gatos en las puertas para alejar a los malos espíritus. Pero en el medievo, nos asociaron a las brujas; y era cierto, tenemos poderes mágicos. Y nos quemaron en las hogueras junto con ellas.

—¡Oh! Qué terrible, no lo sabía, Fénix. Cuéntame todo sobre vosotros. Os amo.

—Te voy a decir cómo vemos la vida los gatos. Sabemos que la vida es un acto mágico porque vemos con nuestros ojos físicos las otras dimensiones de lo que vosotros llamáis «la realidad», y que como humanos no veis. Cada segundo es valioso, por eso estamos tan atentos al momento presente: somos equilibrados, jamás perdemos la compostura y siempre mantenemos nuestra majestad. Lo primero que tienes que aprender de nosotros es el arte de la inmutabilidad; los gatos somos maestros en esta sabiduría. Las circunstancias, sean cuales sean, no nos descentran. Y si hay que luchar, lo hacemos; luchamos con toda ferocidad. Pero jamás vas a ver a uno de los nuestros lamentarse por algo que perdió o que le salió mal. Nos lamemos las heridas, sí. Pero seguimos adelante sin mirar atrás.

Fénix me hablaba al oído. Girábamos y girábamos al compás del vals. Cada una de sus palabras era una revelación que se iba grabando profundamente en mi alma.

—Siempre admiré tu majestuosa imperturbabilidad, yo todavía no la he podido lograr.

—Te la enseñé de mil maneras. Con mis actitudes, impecables. Observándote fijamente cuando algo no me gustaba. Si prestas realmente atención a tu gato, verás que todo el tiempo te está enseñando algo. Ahora te voy a mirar de nuevo —dijo, clavando sus ojos verdes en mí—. Veo que el entrenamiento de esta fiesta ya está causando efectos en ti. Estás mucho más fuerte y más luminosa que en el sofá. ¿Cuál es tu mayor anhelo ahora, Niksha?

—Amar más. Fortalecerme. Rediseñar mi cuerpo para que sea un instrumento de la Luz. ¡Conquistar una nueva vida! Participar en la construcción del Nuevo Mundo.

—Bien —dijo con los ojos brillantes—. Tienes que aprender a dirigir la energía, como nosotros. Los gatos focalizamos toda nuestra atención en el objetivo que queremos lograr. No la desperdiciamos en interpretaciones mentales.

—Sigue, sigue. Estoy fascinada.

—Muchas veces trataba de pasarte esta información ronroneando.

—¿Me hablabas mientras ronroneabas?

—Sí, claro. Pero no solo te hablaba, también te curaba. Te sacaba la angustia. La angustia confunde. Tú lo sabes, los gatos tenemos un fuerte lazo psíquico con los humanos. Captamos las energías negativas, percibimos sus estados de ánimo, como te dije. Me habrás visto muchas veces mirándote fijamente; esa es nuestra comunicación preferida, aparte del ronroneo. Os observamos. Nuestra aura mágica no solo envuelve a nuestros «dueños», palabra relativa, también envuelve toda la casa y los alrededores. La realidad es que nosotros somos quienes domesticamos a los humanos, sin perder nuestro instinto salvaje. De él te hablaré en unos minutos. Quiero que sepas que dormimos pegados a vosotros porque os acompañamos en los viajes astrales, como en este sueño en el que estamos ahora los dos. Si pudieras ver el sofá, que está en la otra dimensión, como yo lo estoy viendo, ahora estamos ambos durmiendo, muy juntitos. —Sonrió atravesándome con sus ojos verdes llenos de secretos—. En los viajes astrales, que son los sueños, el cuerpo físico queda en la tercera dimensión, y el cuerpo astral, unido al cuerpo físico por el cordón de plata, viaja a otras dimensiones, como esta. Habrás visto que duermo mucho. Pasamos la mayor parte del tiempo en otras realidades no físicas. Los gatos resolvemos muchas cosas ensoñando.

—¿Qué es ensoñar?

—Parece que estamos durmiendo, pero estamos buscando en otros mundos la solución de los conflictos de los humanos que adoptamos. Eso es ensoñar. —Sus ojos fosforescentes echaban chispas—. En el presente, alertas, allí es donde estamos los gatos de forma permanente. Y esto es lo que se nos pide a todos en la Gran Transición de la Tierra.

—Te amo, Fénix. —Lo abracé muy fuerte.

—Hablemos ahora de nuestra telepatía gatuna. Es muy afinada. También tenemos una capacidad natural de predecir. Todos los seres vivos de todos los reinos la tienen, hasta las plantas. Vosotros, los humanos, también la tenéis, pero todavía la consideráis un don extraordinario. ¿Por qué? Os pasáis la vida consultando a brujos, no confiáis en vuestra propia intuición. —Se rio con ganas.

Yo me reí con él, pero me quedé pensando.

—Aprende a confiar en tus intuiciones, los gatos dependemos totalmente de ellas. Por suerte no tenemos una mente racional tan fuerte como vosotros, es una gran ventaja. ¿Sabes que si un gato te busca es porque tuviste una vida pasada con él? Recuerda que yo aparecí de la nada en la puerta de tu casa, cuando regresaste de uno de tus viajes. Sabía que eras nómada, que íbamos a pasar temporadas separados, pero también veía el futuro y sabía que sería fundamental estar contigo en este momento bisagra de tu vida. El mensajero, Ghandar, se comunicó conmigo para rescatarte. Yo fui el contacto para que llegaras a esta fiesta —dijo orgulloso.

—Me sorprendes cada vez más, Fénix.

—Hubo muchos adoradores famosos de los gatos. Newton, Hemingway, Edgar Allan Poe. Tenemos mucha afinidad con los artistas, es un amor mutuo. Andy Warhol, el gran pintor, tenía veinticinco gatos; Frida Kahlo se fotografió desnuda con su gato. Salvador Dalí nos amaba con locura. Muchos de ellos conocieron el significado de nuestros colores. ¿Quieres saberlo? —Me miró divertido.

—Sí. Sí. Por favor, dímelo.

—Los gatos naranjas, como yo, somos solares. Irradiamos riqueza y abundancia. Damos brillo y esplendor a la vida de los humanos a quienes adoptamos como protegidos. Somos los gatos preferidos de las Reinas, las Aventureras y las Bufonas. Los gatos blancos son lunares. Irradian belleza y protección maternal. Te cuidan mucho, no importa de qué sexo sean. Tienen afinidad especial con las Místicas y con las Niñas. Los gatos grises, moteados o lisos, transmiten paz.

Equilibrio. Bienaventuranza. Y la atraen, son imanes vivientes, como todos los gatos. Las Estrategas los aman. Las Sanadoras también. Los gatos negros son los canales de la magia por excelencia. Por eso son los preferidos de las Magas, llamadas «brujas» en el medievo. Y desde allí se les endilgó la mentira de que cruzarse con un gato negro trae mala suerte. ¡Una infamia! Los gatos a rayas irradian alegría y energía. Activan el movimiento. Los de tres colores emanan felicidad y juego. Alivian las energías de sus protegidos. Tanto los rayados como los de tres colores andan siempre cerca de las Heroínas. Todos los gatos transmitimos dones, pero los colores nos dan, digamos, una especialización. Hay otro tema que quiero hablar contigo, Niksha, es muy importante. Sabes que los gatos cuidamos muy bien nuestro cuerpo, ¿verdad? No solo nos limpiamos y acicalamos; jamás comeremos algo que nos haga mal. Es una sabiduría ancestral, que vosotros, los humanos, lamentablemente no tenéis. Coméis basura, perdón, pero seré duro contigo. Os ahogáis en alcohol cuando estáis deprimidos. Y de tóxicos dulces. No quiero seguir detallándote lo que ya sabes, me indigna la ignorancia.

—Sí a todo —le dije, algo avergonzada.

—Bien. Entonces te lo diré de forma terminante, ¡se acabó! ¡Basta! El Nuevo Mundo necesita pureza, ligereza. Salud. Ya sabes lo que tienes que hacer.

—Entendido.

—¿Quieres que te revele por qué los gatos logramos estar siempre relajados? Me habrás observado muy distendido, tomando sol —me dijo guiñándome un ojo bajo el antifaz.

—Me quedaba mucho tiempo mirándote y admirándote.

—Ahorramos energía. Estamos aparentemente inmóviles y estáticos, y en un segundo pegamos un salto para atrapar algún insecto, o una rata. O un espíritu.

—No me gusta cómo destrozáis a las ratas.

—Tienes razón, ya iremos evolucionando. Pero son memorias que nos quedan del medievo, cuando la peste negra azotó Europa. Muchos de los nuestros fuimos quemados en las hogueras junto a las brujas, como ya te he dicho. Cuando llegó la peste negra transmitida por las ratas, no pudieron pararla: diezmó a muchos humanos, no había suficientes gatos para cazarlas. Pero nosotros también evolucionamos, ¿sabes? Si vivimos toda una vida junto a un humano, vamos adquiriendo conciencia ecológica. Pero volvamos al ejemplo, me has visto acechar a una rata.

—Te pegas al suelo, te quedas inmóvil y, de un solo salto, atrapas la presa.

—Así tienes que cazar tus sueños: acechando, esperando y actuando en el momento justo, ni antes ni después. Concentra tu energía en lograr tu objetivo. No pierdas tiempo «reaccionando» ante lo que te hiere o no te gusta, impulsivamente y sin dirección definida. Jamás pierdas tiempo en causas perdidas. Ni en personas que no te aman. No seas como la mayoría de los humanos, que dilapidan su energía quejándose de otros humanos, o del quiebre del mundo viejo, en lugar de sumar fuerzas para construir el Nuevo Mundo, tanto a nivel personal como global.

—Estoy de acuerdo.

—Y, finalmente, te diré algo que seguramente sabes: somos muy aristocráticos. Deberíais imitarnos un poco, en lugar de bajar a niveles de conciencia inaceptables para este momento evolutivo —dijo, muy serio.

—Fénix, eres sabio.

—No, simplemente soy gato. —Sonrió dulcemente.

—¿Puedo hacerte una pregunta que me dijeron que no te hiciera?

—Adelante.

—¿Sabes dónde puedo conseguir la Pequeña Guía para Tocar el Cielo? —dije poniéndome colorada.

Se puso muy serio.

—Niksha, tú eres consciente de que ahora estamos en la quinta dimensión, ¿verdad?

—Eh… Creí que estábamos en un sueño.

—Sí. La quinta dimensión es un estado de conciencia sin límites. Mágico. Sutil. Encantado. Una de las formas de estar allí es soñando. Pero hay más. Esa guía te las revelará. Pero ¿para qué te la entregarían aquí? La vas a necesitar cuando regreses a la tercera dimensión, o sea, al sofá. No preguntes más.

—De acuerdo —dije, avergonzada delante de mi propio gato.

—Bien —dijo guiñándome un ojo—. A grandes rasgos, te he descrito las cosas importantes de la vida, de acuerdo con la cosmovisión de un gato. Pero lo más transcendental es que somos ¡incondicionales! Se lo enseñamos a cualquier humano que es adoptado por un gato. ¡Mírame, Niksha! El amor nos brota por todos los poros, por todos los pelos, por los dos ojos.

Brillaba, echaba chispas. Se me erizó la piel. Fénix me atravesó el alma.

Los invitados formaron un círculo a nuestro alrededor y comenzaron a aplaudirnos. Nosotros seguimos bailando el vals, sonriendo. Parecíamos flotar sobre el suelo de mármol del castillo. Girando y girando, alcancé a distinguir a varios gatos de colores mirándonos fijamente y sonriendo. Muchos eran negros, otros anaranjados, moteados, rayados, estaban todos de pie. Y todos llevaban guantes blancos. Eran los gatos de mis ancestros.

CAPÍTULO 9

LA NIÑA

—¡Ha llegado el circo! Despejemos el espacio. ¡Dejad el centro libre! —se corrió la voz.

La orquesta se detuvo. Todos comenzaron a formar un círculo.

Sentí un tirón en mi falda.

—¡Ah! Te presento a alguien que te conoce muy bien y que hace rato quería volver a contactar contigo —dijo Fénix, soltándome y señalando a una niñita rubia de ojos muy celestes, que me miraba sonriente. Tenía un antifaz que parecía estar hecho de estrellas. Me conmovió. Paradita allí, con un antiguo vestidito rosa de seda que le llegaba por debajo de las rodillas y un dulce delantal blanco, su rostro de porcelana, su corona de pequeñas flores en la cabeza, me miraba fijamente con ojos chispeantes. Irradiaba frescura, inocencia y una alegría que me era muy familiar. Contuve el aliento; la conocía, pero no sabía de dónde.

—¿Quién eres?

—La Niña que juega. ¡Adóptame! ¿Quieres jugar conmigo? ¡Vamos juntas a ver el circo! He venido a buscarte porque te quiero y porque es urgente volver a jugar. ¿Verdad? —Miró a Fénix, que asintió moviendo la cabeza enérgicamente.

—¡Estoy de acuerdo!

—Entonces, ven conmigo, Niksha —dijo La Niña, muy seria—. Yo te guiaré.

Abrió sus brazos. Nos fundimos en un abrazo antiguo, conocido. Respiré hondo. Mi corazón latió aliviado.

—Yo te cuidaré, pero tú cuídame también. Nuestra inocencia es sagrada —dijo en mi oído—. ¡Necesito que me escuches! ¡Protégeme! No me dejes desamparada. Espero que no te esté pasando, pero si no me proteges tú, buscaré amparo en cualquier lado, en cualquier persona. Y eso no es conveniente.

Se separó de mí riendo y, tomando al gato de la mano, dijo, llena de entusiasmo:

—Fénix vendrá con nosotras. Es importante que conozcas a los integrantes del circo. ¡Te los presentaré! Son mis amigos. Hay más de cien payasos, innumerables malabaristas, trapecistas, saltimbanquis, bailarinas. Lanzallamas. Y una misteriosa Maga de reconocido poder.

—¡Vamos a situarnos en el círculo! —ordenó el gato—. Dejad ya de cuchichear vosotras dos. La fiesta está a tope.

Nos colocamos cerca de la entrada. ¡Queríamos verlos llegar!

Comenzaron a resonar tambores. Trompetas. Las puertas del salón se abrieron de par en par. Se apagaron las luces y comenzaron a llover luces de colores en forma de estrellas.

—¡Mira, mira! Están entrando. —La Niña señaló la puerta.

Primero aparecieron los lanzallamas. Echaban fuegos de colores por la boca. Rojos, verdes, amarillos. Detrás de ellos, una infinidad de payasos. Bailaban, hacían bromas, movían pelotas de colores en el aire, hacían volteretas, iban en bicicletas de dos ruedas. Un conejo blanco, de tamaño humano, corría de aquí para allá consultando un gran reloj de bolsillo. Algunos equilibristas rodaban dentro de enormes ruedas de colores, y otros caminaban sobre cuerdas flojas. Una oruga azul paseaba lentamente entre todos estos personajes, observándolos. Aquello era una fiesta dentro de la fiesta.

—Nos muestran la ilusión de la vida, sus paradojas, su surrealismo. Y su tremenda belleza —dijo Fénix acariciándose los bigotes.

IV

LA · NIÑA

—¡Hola! —dijo una joven muy hermosa acercándose a mí. Tenía cabellos rubios, ojos chispeantes. Iba vestida con un traje del Renacimiento y la estrella de las Aventureras brillaba en su frente—. Soy Kalinka. Tú me conoces, y yo también a ti. Ambas somos Aventureras. De la misma estirpe. Te estaba buscando, y los del circo me dijeron que posiblemente estuvieras en el Gran Salón. Y así es.

—No puedo creerlo —dije asombrada—. ¿Acaso tú eres Kalinka, la protagonista de mi novela?

—Sí, la misma.

—¡Kalinka! Yo te creé. Eres mi criatura. Qué tremendas aventuras vivimos juntas en Praga. Estoy tan emocionada, apenas puedo hablar. Eres más hermosa de lo que pensaba.

—Niksha, yo soy tú. Y tú eres yo. Soy uno de tus personajes, vivo dentro de ti, me diste vida a través de la novela. Y, como ves, ahora tengo una existencia independiente de ti, la novelista. Me la dieron tus lectores. Por eso te andaba buscando, para contártelo. ¡Aquí conocerás a muchos otros personajes que viven en tu interior! Son ancestrales. La Fiesta de tu Liberación las suelta y las deja manifestarse. Aquí ellas tienen vida propia, como yo.

—¿Acaso también andan por aquí las otras estrellas de mis novelas?

—Sí, sí, claro. Está María de Varsovia, la poderosa alquimista. María de Chipre, la maga del pan de los sueños. Las Mujeres Gigantes, que vinieron con Morgana, la arquitecta loca y aventurera. A ella la vi por ahí, en esta fiesta, dándose besos apasionados con Arthur; ya sabes, ese periodista británico rebelde y loco. También anda por aquí Ojos de Cielo, la que se enamoró tanto tanto de Ojos de Fuego. Es Ana, la protagonista de *La conspiración de los alquimistas*. Me emocionó mucho que ese romance tan intenso terminara en boda. Bueno, ya sabes, yo misma tuve que viajar al pasado para reencontrarme con Iván en Praga. Es decir, tú me hiciste viajar al pasado; te lo agradezco, fue una aventura increíble.

—Oye, tienes el «Abracadabra» en el pecho —le dije, emocionada hasta las lágrimas—. El talismán de plata grabado con las letras mágicas. Te ha protegido mucho en Praga.

—Acéptalo —dijo, desprendiendo la cadenita que lo sujetaba—. Ahora lo necesitarás tu. —Y en un solo movimiento, lo colocó sobre mi pecho.

—Kalinka, gracias. —La abracé, emocionada. [1]

—Veré la función del circo. Me dijeron que son muy buenos. Y después volveré a la novela; no muchas veces me dejan salir de allí, pero yo me escapo a menudo. Tengo que regresar, como tú, antes del amanecer. ¡Te quiero! —dijo tirándome un beso en el aire. Y desapareció en una nube violeta.

Un par de payasos de colores se acercaron lentamente a nuestro grupo. Se reían. Hacían volteretas. Me rodearon.

—¡Oh! Dejadme en paz —les dije, todavía alucinada por ese encuentro increíble con Kalinka.

Los payasos me escuchaban en silencio con los ojos muy abiertos. De pronto me arrastraron al centro del salón, bailando a mi alrededor.

—¡Auxilio! ¡Me están llevando a la pista! —grité.

—No tengas miedo. —Llegué a escuchar a La Niña—. Juega con los payasos, ellos te enseñarán a triunfar.

—¡Baila con nosotros! ¡Libérate! Es el momento. Estamos en la Fiesta de la Liberación de Niksha, ¿no? —se consultaron entre ellos. Me miraban sonriendo. La orquesta empezó a tocar un vals conocido, no recordaba su nombre. El payaso rojo me agarró de la cintura y me hizo girar y girar siguiendo la música.

—Es el Danubio Azul —dijo el payaso rojo, con una enorme sonrisa roja dibujada en su rostro blanco—. ¿Has estado allí?

—Sí, sí —contesté, nerviosa—. Nadé en el Danubio.

—¡Ahhh! Qué maravilla. El Danubio recorre Alemania, Austria, Eslovaquia, Hungría, Croacia, Serbia, Rumania, Bulgaria, Moldavia y

---

1. Véase la novela *Kalinka*, de la misma autora.

Ucrania. La cuenca del Danubio se extiende además por la República Checa, Suiza, Italia, Eslovenia, Bosnia y Herzegovina y Montenegro. ¿En qué país nadaste? Son aguas muy mágicas.

—Eh, no me acuerdo. ¿Cómo te llamas?

—Rojo.

—¡Ah! Encantada. Yo me llamo Niksha.

—Ya lo sabemos —dijo Rojo, haciéndome girar más rápido—. Deja que aparezca lo nuevo. El vacío. El vacío. El vacío —repitió, riendo—. Te hablaré del vacío; es insoportable, lo reconozco, pero si logras sostenerlo sin llenarlo enseguida con cualquier reemplazo, saltarás a otro nivel de conciencia. Cuesta, lo sabemos; en todo cierre de ciclo hay que atravesar un período pasajero de inestabilidad.

Contuve el aliento.

—Es difícil sentir el vacío, payaso, tienes razón. Sé lo que es el vacío, aparece ante cualquier pérdida. Antes de llegar a esta fiesta lo sentí, y muy hondo. Estaba en el aire. No sabía cómo seguir.

—Ya lo sabemos —dijo otro payaso terriblemente azul, acercándose a nosotros—. Como te quedaste en el vacío y lo aceptaste, no huiste, apareció la invitación para venir a esta fiesta —dijo, mirándome fijamente. Le hizo una seña a Rojo y, agarrándome de la cintura, me hizo girar en nuevos círculos a toda velocidad—. Obviamente, me llamo Azul. ¡Mírame! Soy azul hasta los tuétanos. Ropa azul, ojos azules y alma azul —dijo, lanzando una carcajada—. ¿Cómo gestionaste el vacío, preciosa?

—Lo sostuve con una pequeña ayudita del champán.

—Ja, ja —rio Azul—. A veces es necesario borrar las fronteras entre lo visible y lo invisible. Pero hacerlo a través del alcohol es un riesgo. Mejor soñar, como ahora.

Apareció, de la nada, otro payaso que empezó a girar con nosotros.

—Soy Amarillo. ¡Algo muy importante, Niksha! Los payasos te enseñamos a aceptar el así llamado «fracaso» y a tomarlo como parte del éxito, que llega cuando te levantas y sigues. Los payasos somos torpes y fallamos a menudo, ¿verdad? O sea, fracasamos.

—Sí, siempre parece que hacéis las cosas mal —dije riendo, ya medio mareada por las vueltas.

El payaso verde me arrancó suavemente de los brazos del amarillo y empezó a bailar conmigo.

—Hola. Soy Verde. No existe el fracaso, solo se trata de superar obstáculos. Todos los humanos somos torpes, descuidados, no nos damos cuenta de muchas cosas. Como los payasos. Hasta que aprendemos a jugar el Juego de la Vida. Y el circo te enseña a jugarlo.

—También el ajedrez te enseña a jugar al «juego» —acotó La Bufona, apareciendo de la nada—. ¡Te enseña a hacer jaque mate a los fracasos! Pero ese es un nivel de iniciación más alto. Sigamos con el circo.

—Así es, así es. Al verse reflejado en nosotros, los payasos —dijo Verde—, el público aprende a reírse de sí mismo. No se ríen de nosotros, se ríen de ellos, de sus propios fracasos.

—Los así llamados «fracasos», desengaños, desilusiones o decepciones son parte del camino evolutivo —acotó Rojo, abrazándonos por la espalda y girando con nosotros—. No nos gustan, pero todo lo que vivimos es una excelente oportunidad para crecer y aprender. Se aprende mucho de aquello que no estamos haciendo bien.

—¿Por qué se dice que vosotros estáis siempre muy tristes, aunque os estéis riendo? —pregunté tímidamente.

—No es tristeza, es profundidad. Los payasos, que somos bufones, ya lo sabes, tenemos conciencia de que venimos de las estrellas, que somos ilimitados y que nos tenemos que adaptar a una vibración terrestre algo densa. Esto no hay que olvidarlo nunca. Por eso nos ves actuando con una mezcla de compasión y de risa. Cualquier payaso sabe que la vida no es exactamente como queremos que sea en la tercera dimensión, aunque intentemos forzar los acontecimientos. Y también sabemos que a veces sí es tal cual la soñamos.

—¿Estás mareada? —preguntó La Bufona.

—No, ya me he acostumbrado a girar.

—Ja, ja. Te hacemos girar para sacarte de tus pensamientos. Para que nos escuches mejor —dijo Amarillo.

—El mundo está lleno de sueños incumplidos, pero también de sueños materializados —acotó Verde—. Todo cambia todo el tiempo y los planes se pueden transformar de improviso. Entonces hay que redireccionar la energía en otro sentido, buscar otra estrategia. La vida nos enfrenta a veces a una trampa, para probarnos. Se nos acercan personas que simulan ser auténticas, pero no lo son. Tenemos que ser sagaces como los bufones y ver detrás de las apariencias. Por eso nosotros, los payasos o bufones, éramos consejeros de los reyes.

—Tienes que ver la vida como una función de teatro, y un circo es una propuesta todavía más radical que la de un teatro —dijo Amarillo, orgulloso. Sus ojos resplandecieron detrás de la máscara blanca y su rostro pintado—. Mira cómo vivimos nosotros en el circo. Somos nómadas, solidarios, no tenemos casa, vivimos en comunidad. Combinamos una férrea disciplina con una loca fantasía. En el circo todo es fugaz y vamos creando el espectáculo en lugares apartados de la ciudad. O sea, fuera de la realidad normal. Nuestra vida es un permanente entrenamiento en el desapego.

Lo miré fascinada. ¿Sería un payaso? Más bien me parecía ser un maestro.

—¡Hola! ¡Aquí estoy de vuelta con vosotros! —dijo La Bufona—. La vida fluye, amigos, cambia, trae sorpresas, no podemos imponerle una única solución. Para vivir en este planeta hay que tener tácticas. Claridad. Estrategias. Ayudas. Equipos. Varias alternativas. Hay que ser flexibles, jugar, tener un plan B, un plan C. Y reírnos si hay que aplicar un plan D. Esto lo sabe bien La Estratega. Hay que saber transformarse. En el lenguaje del circo, diríamos que hay que saber agarrarse a otro trapecio.

—Sí. Sí —dijo Azul—. No podemos dar nada por sentado, pero al mismo tiempo, hay que creer en lo que hacemos. Me parece que esto es suficiente motivo para reírnos y tomarnos las cosas con más ligereza.

—Y entonces, ¿cómo vivir en este planeta raro? —Los miré a todos juntos, como si de repente tuviera muchos ojos.

—Muy simple, Niksha. Ella te lo dirá —acotó Verde, deteniéndose. Y todos los payasos se detuvieron. Se quedaron callados. Una extraña oruga gigante apareció de pronto entre nosotros. Irradiaba un extraño misterio. Elevando su cuerpo desde el piso, dijo con voz grave:

—Soy la Oruga Azul, amigos. Os saludo.

—Bienvenida —musitaron los payasos, con respeto.

—La vida es para vivirla, no para sufrir interminablemente —dijo con voz hipnótica—. Yo la contemplo, la disfruto, la saboreo. Mientras dure. A veces hay que ser medio oruga para no enloquecer con el caos que está instalado en la Tierra en este momento. Yo no respondo a la histeria ni al miedo, no tienen poder sobre mí. La vida hay que tomarla como un juego, o un cuento de hadas.

—Coincido contigo —dijo Verde—. Hasta que no entendamos que la vida es un juego, estaremos siempre desorientados. Y para jugar bien, hay que ser desapegados.

—No lo sé, no lo sé —dijo el gran Conejo Blanco que habíamos visto al llegar. Apareció de la nada, se diría que se materializó del éter. Sostenía en las manos un reloj de bolsillo, de los antiguos. Y lo consultaba todo el tiempo—. ¡Hola, amigos! —dijo, desviando por unos instantes su mirada del reloj—. Vamos atrasados. No nos alcanza el tiempo. ¿A vosotros sí? —preguntó, con cara de conejo consternado.

—Oye, Conejo. Soy Niksha. Estamos en un sueño. Deja ya de preocuparte por el tiempo —me animé a responderle.

—¿Niksha? ¿Tú eres Niksha? —Me miró con atención—. Encantado de conocerte —dijo, inclinándose ante mí con una reverencia muy europea—. El Gato de la Sonrisa está de camino, y tengo entendido que la Oruga ya llegó.

—Sí, aquí estoy, Conejo —dijo ella, irguiéndose un poco más—. Tenemos que hablar contigo, Niksha, para que no cometas errores. En fin, venimos para guiarte.

—Claro —dijo el Conejo. Sacó un abanico y un par de guantes blancos de un bolsito que llevaba colgado al hombro—. Antes de que llegue Alicia, quiero darte esta información. Un abanico es más de lo que parece. Mueve los éteres. Uno puede abanicarse y, de esta manera, ahuyentar energías negativas, o sea, no las dejamos llegar a nosotros, cambiamos de aire. ¿Entiendes? —dijo, abanicándose enérgicamente—. También podemos cambiar de tamaño abanicándonos —acotó, y de pronto se volvió muy pequeño. Al instante, se volvió enorme—. Alicia te explicará la técnica de cambiar de tamaño y para qué sirve. Es justamente una técnica de transformación. ¡Oh! ¿Por qué tarda tanto? —dijo, mirando el reloj—. No hagáis lo que yo estoy haciendo. Estoy obsesionado con el tiempo, con la falta de tiempo, con el tiempo que tengo por día, con lo que no puedo llegar a hacer en cierto tiempo, con el tiempo que tengo para que se cumplan mis sueños. Relajaos. Si no, estaréis tan locos como yo. No es bueno pensar tanto.

Lo miré fijamente.

—¿Quién dices que está viniendo? ¿Alicia?

—Así es.

—¿Viene del País de las Maravillas?

—No, ya estamos en ese país, según tengo entendido.

—¿De verdad eres tú el Conejo del cuento?

—Claro. ¿Quién podría ser si no? La Oruga también viene del mismo cuento.

La Niña dio un grito. Los payasos comenzaron a dar saltos. La Bufona hizo tres volteretas. Todos rodeamos al Conejo y a la Oruga; queríamos hacerles mil preguntas.

—No sé por qué hacen tanto alboroto —dijo la Oruga—. Es normal que los personajes de los cuentos nos paseemos por los sueños.

—¿Cuándo estará Alicia aquí? —pregunté, intrigada.

—Puede tardar un poco en llegar; está viniendo desde el año 1865. Aunque en esta realidad mágica no son tantos los años que nos separan. Cerca de ciento cincuenta años no significan nada en el País de las

Maravillas. Y tiene un mensaje importante para ti, Niksha. —El Conejo me miró con dulzura—. Tengamos paciencia.

Apenas terminó de decir esto, una suave brisa comenzó a soplar desde los cuatro puntos cardinales, envolviéndonos en una especie de encantamiento. Todos nos relajamos y respiramos hondo. Traía aroma a flores, a campos de hierbas frescas, a frutas maduras.

—Repetid conmigo —dijo la Oruga, con voz hipnótica y los ojos verdes entrecerrados—. «Brisa de la paciencia, haz que mi vida sea dulce y pacífica, bendecida. Sopla en mis días para dulcificarlos, y en mis noches para hacerlas mágicas. Sopla en mi corazón. Disuelve todo conflicto, llévate cualquier ansiedad, inúndame con sagrada paciencia, para aprender a avanzar en continua gracia. Amén».

Repetimos la oración como un mantra, lentamente, siguiendo la voz calmada de la Oruga, al menos cinco veces. Era poderosa.

El Conejo Blanco, momentáneamente relajado, abrió los ojos y miró el reloj.

—¡Ah! —dijo—. ¡Hace mucho tiempo que no me siento tan bien! —Miró el reloj y agregó, bastante más calmado de lo habitual—: Es tarde. Al menos el Gato de Cheshire tendría que haber llegado ya. ¿Qué le habrá pasado?

—¡Aquí estoy! —dijo un enorme gato, con largo pelaje gris, saltando desde algún lugar desconocido. Sonreía de oreja a oreja—. ¡Os doy la bienvenida! Payasos, Bufona, Niña bonita. ¡Qué alegría ver a otro gato en esta fiesta! Esta es una Fiesta de la Liberación, ¿verdad? —dijo, sin dejar de sonreír—. Un especial saludo para ti, Niksha —acotó, poniéndose a dos patas e inclinándose reverencialmente delante de mí, a la manera de los pajes victorianos—. Y otro saludo especial para ti, amigo y compañero. —Señaló con su pata peluda a mi gato, que también sonreía—. ¿Cómo te llamas?

—Fénix.

—¿Por qué sonríes todo el tiempo? —preguntó Rojo.

—Sí, sí—acotaron todos los payasos—, ¡queremos saberlo!

—Nosotros también nos reímos muchísimo —dijo Amarillo.

—Y no paramos de reírnos, pase lo que pase —señaló La Bufona—. ¡Creo que compartimos un secreto!

—Así es —dijo el Gato de Cheshire—. La única actitud respetable en esta vida es no tomarnos en serio. Cuanto menos en serio nos tomemos a nosotros mismos, más auténticos nos volveremos. Pero hay otra razón para explicar mi sonrisa: refleja el misterio, lo que no se puede explicar con palabras. Solo esbozando una sonrisa. Ya sabéis. Todo lo que creemos que es la vida no lo es. Y lo que creemos que no es, lo es. Los gatos no podemos revelar todo lo que sabemos. ¿Verdad, Fénix? Por eso sonreímos.

Fénix asintió.

—Este es el motivo por el cual en el cuento de *Alicia en el País de las Maravillas* tu sonrisa persiste, aunque haya desaparecido tu cuerpo.

—Ninguna sonrisa es de esta tierra. Es un reflejo del Cielo. Y por eso, nuestras sonrisas quedan grabadas en el alma de nuestros seres queridos. Y mi sonrisa, que es una sonrisa de cuento, queda en el éter y acompaña a quien cree en los mundos mágicos para que nunca se sienta solo —dijo el Gato de Cheshire, con un acento muy británico.

—Así es la sonrisa arcaica de los antiguos griegos. Es la sonrisa de quien conoce los misterios y no puede revelarlos, pero los transmite sonriendo —dije, emocionada.

—Así es —afirmaron los dos gatos al unísono.

—Dinos por qué apareces y desapareces todo el tiempo en el cuento —dijo La Niña.

—Porque así es la realidad: mágica.

—En la Fiesta de la Liberación parece ser normal —dije, riendo—. Ya me he acostumbrado a ver la realidad de esta manera. Casi todos aparecen y desaparecen de improviso. No sé de dónde vienen ni adónde van.

De pronto todos enmudecieron. Alicia apareció de la nada, materializándose entre nosotros en medio de un intenso resplandor celeste. Era una niña, casi una adolescente. Sus ojos eran verdes, fosforescentes, intensos. Su cabello rubio caía en bucles sobre sus hombros. Vestía un antiguo vestido celeste con delantal blanco e irradiaba una frescura e inocencia balsámica.

—Perdonad, me he retrasado —se disculpó—. Tengo una cita con Niksha —dijo mirando alrededor—. Eres tú, ¿verdad?

Se plantó delante de mí y me dio un abrazo.

—¡Tengo que hablar contigo! Es urgente.

Me tomó de las manos.

—Niksha, hablemos. Ven sentémonos aquí, una frente a la otra. —Señaló unos almohadones dorados—. Vosotros podéis escuchar —se dirigió al resto.

Los payasos, Fénix, La Niña, La Bufona formaron un círculo rodeándonos en silencio.

—Me pasó algo parecido a lo tuyo en el sofá. Estaba en el jardín de mi casa y nada tenía sentido, todo se repetía, un día era igual que el otro. Yo quería saltar a una realidad más intensa. Necesitaba un cambio. Una vida diferente. Ya no podía seguir viviendo una vida común. Tenía miles de sueños, estaba frustrada, esa es la verdad. De pronto el suelo se abrió debajo de mí y caí en la madriguera del Conejo. No hace falta que te diga que caí en el interior de mí misma, a mis niveles más profundos, como tú. Allí, en mis profundidades, vivían una serie de personajes excéntricos y locos, como vosotros. —Señaló a los espectadores—. Seguí al Conejo Blanco, sin saber adónde me conduciría, y llegué a una habitación con varias puertas. Las puertas simbolizan un acceso a otras realidades. Tal cual las abriste tú en la Fiesta de la Liberación, yo también tenía que abrirlas y por eso encontré la llave de oro. Las puertas se nos presentan cuando hacemos una recapitulación espiritual de nuestras vidas, cuando sabemos que no podemos seguir dando vueltas en círculos repitiendo situaciones. La llave de oro simboliza una nueva oportunidad, una vida más expandida. ¡Yo no aguantaba más ese mundo común, de sueños rotos, rígido de la época victoriana! Quería magia. Aventuras. Ahora bien, para pasar por la puerta tenía que cambiar de tamaño. ¿Qué crees que simboliza esto?

—No lo sé —dije honestamente.

—La decisión de tomar el camino del despertar, de verdad, trae consecuencias. O sea, no podemos seguir siendo los mismos cuando queremos conquistar poderes mágicos. ¡Tenemos que transformarnos! Cuando comenzamos a despertar a niveles de conciencia más elevados, nos empezamos a sentir insatisfechos con nuestra vida. No es ingratitud, es una pulsión del alma. Y tenemos ganas de escapar. Otras veces despertamos repentinamente, mediante un *shock*, una drástica sacudida que nos da la vida sin nuestra intervención, como te pasó a ti. Y como me pasó a mí al caerme en la madriguera. Cuando esto sucede hay que hacer un cambio. Aunque cueste.

—Sí, estoy de acuerdo.

—Te adelanto que un rey aparecerá en tu camino y te entregará una llave de oro. ¡Recuérdalo cuando te suceda!

—¡Oh! ¿Puedes decirme algo más?

—Tendrás que enfrentarte a un monstruo muy temible. Y será en breve. Pero es importantísimo que lo hagas, es un antes y un después. ¡No te preocupes, estamos aquí para ayudarte! —dijo haciendo una seña al Gato, a la Oruga y al Conejo—. Te daremos fuerza mágica. Cierra los ojos, respira profundo y tómala.

Me rodearon abrazándome fuerte. Se nos sumó Fénix, La Bufona, los payasos, unos trapecistas y algunas bailarinas que se habían quedado a escucharnos. Y, finalmente, saltó sobre todos nosotros La Niña.

—¡Vas a triunfar, Niksha! Somos muchos. Te ayudaremos —dijo el Conejo, mientras miraba su reloj—. Alicia, tenemos que ir a otra fiesta.

—Claro, me había olvidado. Reapareceremos en la fiesta, juntos, o cada uno por su lado. Nos veremos pronto —dijo Alicia.

—Disculpad, amigos, tenemos que irnos ya —dijo el Conejo inclinándose ante nosotros, muy educado, a la manera de la corte británica. Después, levantó su pata hacia el cielo y, en medio de una explosión de luz, desaparecieron todos los personajes del cuento.

—¡Qué encuentro tan alegre! Los echábamos de menos —dijo Amarillo—. Hacía bastante tiempo que no veíamos a Alicia. Tampoco a la Oruga y al Conejo; están siempre juntos. Cuando vives en un sueño, pueden pasar dos o doscientos años antes de que vuelvas a ver a tus amigos.

—Oye, Niksha —dijo La Bufona, divertida—. A propósito, ¿quieres que los payasos te enseñemos a materializar algún sueño?

—Sí, sí —respondí, entusiasmada.

Los payasos de colores se pusieron uno al lado del otro, clavando sus miradas en mí. Sus ojos echaban chispas. Los sentí fuertes, muy fuertes. Me dieron un poco de miedo.

—¿Quiénes sois vosotros? ¿Quiénes son todos los integrantes de esta fiesta? ¿Quién soy yo?

Las preguntas me salían a borbotones, no podía parar.

Los payasos y La Bufona se desternillaron de risa. Se dieron palmadas, empujones, hicieron muecas. Se tiraron al suelo y se levantaron de un salto. Formaron una torre subiéndose uno encima del otro. Y La Bufona, en la cima. Pero no me contestaron. O tal vez sí. Me di cuenta de que posiblemente esa era la respuesta.

—Bien —dijo La Bufona como si nada, saltando desde la torre humana y parándose frente a mí—. Vamos a ponernos serios. ¿Cuál es tu sueño? ¿Qué quieres lograr ahora, Niksha?

—Voy a ser audaz. Aquí todo es posible. ¡Quiero belleza! Pero es una belleza especial la que anhelo. Quiero ser magnética, joven, estilizada. Flexible y liviana como una bailarina de circo.

—¡Oh, là là! —Los payasos se reían entre ellos—. ¿Qué más quieres?

—Ser ágil y elegante como una trapecista. Y, al mismo tiempo, firme y potente como la tierra. Quiero que mi cuerpo irradie el esplendor del Nuevo Mundo. Quiero transmitir luz y bienestar adonde vaya, solo con mi presencia, mis movimientos. Mi aura. Mi energía. Quiero que la Luz brille en mi vida y en este planeta.

—¡Uy! —Los payasos hacían gestos de asombro.

—Niksha tiene un sueño muy ambicioso, por cierto. Y pionero, porque es lo que todos tenemos que lograr en esta Tierra —dijo

Azul—. Dar otro significado al cuerpo, usarlo como instrumento de la Luz. De la evolución. Del amor.

—Quieres saltar a otro nivel físico, ¿quieres expresar en ti misma que los humanos somos dioses? —preguntó Amarillo.

—Es cierto, lo somos, pero lo hemos olvidado. Esta clase de sueño se cumple, porque no es solo personal —dijo Verde—. Es colectivo. Lo tienen todos quienes están despertando.

Todos los payasos asintieron enfáticamente.

—Unir el cuerpo físico, el emocional y el mental hasta que sean uno solo y darle el mando al corazón es la tarea, y es urgente —dijo Amarillo—. En estos tiempos, cada uno de los cuerpos va por su cuenta, y a veces se pelean entre sí. El mental piensa una cosa, el emocional lo boicotea, el cuerpo físico quiere imponer sus apetitos y deseos, y así no logran escuchar al corazón —dijo Verde—. Urge ordenarlos y elevarlos.

—Es cierto —dije, riéndome de mí misma—. La estadía en el sofá y la pelea conmigo misma me sumaron algunos kilos. Tengo que volver a mí.

—¡Te ayudaremos! —dijeron todos a coro—. Tendrás que ser irreverente como nosotros, reírte de tus propios límites, decidirte a trascenderlos. Crear un plan y seguirlo hasta lograrlo, sin rendirte, con esfuerzo y alta disciplina. Como lo hacemos en el circo.

—Mira. —La Bufona mantenía pelotas en el aire girando en un círculo, e iba agarrándolas alternativamente, una a una en perfecto equilibrio—. Las pelotas representan nuestras diferentes pulsiones, deseos y pensamientos que hay que armonizar. Y yo represento el corazón que las coordina. Tu sueño es muy acertado: focalizarte primero en ti misma, elevarte, perfeccionarte, potenciarte. No tienes poder si solo te concentras en lograr objetivos externos olvidándote de ti. Debes aprender a decir que no a lo que te dispersa y concentrar tus energías en lo que quieres. El cambio no empieza por intentar cambiar el mundo, ni en intentar cambiar a los otros, como se hacía en el viejo paradigma. ¡Se empieza cambiándonos, de verdad, a nosotros mismos!

—¡Juguemos! —dijo Azul—. Fíjate, la pelota roja simboliza el poner un freno radical al deseo del cuerpo de comer cualquier cosa, de beber alcohol, de no cuidarse. La verde simboliza el despertar en ti la pasión por sentirte sana y flexible. La pelota amarilla moviliza la alegría de la disciplina y la rutina diaria para lograr tu sueño. La pelota blanca representa las oraciones que te apoyarán durante este tremendo esfuerzo de remodelarte por completo. La pelota violeta moviliza la purificación, la comida sana que vas a instaurar en tu vida.

—La pelota rosa pone en movimiento el amor y el cuidado emocional que tendrás que darte a ti misma, amándote y amando el resultado que sueñas con alcanzar. Debes envolverte a ti misma con amor divino, como si fuera un manto que te arropa —acotó Amarillo—. La gran Maga sabe cómo hacerlo, te enseñará.

—¡Oh! Amo cada vez más este sueño. ¿Quién es la gran Maga?

La Bufona y los payasos se miraron entre sí.

—La conocerás pronto —dijo Verde.

—Muy bien, es muy muy muy importante que ames tu objetivo, tu sueño —continuó Azul—. Porque solo obtenemos la victoria si tenemos bien claro que amamos vernos como nos veremos al lograr nuestro objetivo. No será una tarea sencilla, pero, aunque te cause ansiedad, debes aprender a sostener tu objetivo poniendo toda tu energía. Y tu esfuerzo, vuelvo a mencionártelo: no hay magia sin disciplina. No te esforzarás porque debes hacerlo, sino porque amas hacerlo.

—Y la pelota azul —indicó La Bufona— simboliza tu visión, la estrella que te guía y que es mucho mayor que el solo hecho de obtener un logro personal. Tú la enunciaste al principio. ¡Repítela! Y repítela. Y repítela.

—Mi visión es cuidarme. Estar siempre sana. Sutilizarme. Refinarme. Elevarme y disciplinarme. Quiero ser una embajadora de la Luz, materializada en la dimensión física. Adoro ser una pionera en lograr esta belleza espiritual y física, porque cada uno de nosotros que la logre hará visible una nueva raza humana.

—Mira qué diferente es esta postura a la de decir «tengo que adelgazar» —dijo Rojo, riendo. —Os amo, payasos.

—Niksha, tú eres de las nuestras, tienes mucho humor. —La Bufona siguió haciendo malabarismos con las pelotas y me guiñó un ojo.

—Es fácil, Bufona —dije, admirada—. Se trata de lanzar pelotas, o sea, decisiones, al aire y ponerlas en acción manteniendo el equilibrio.

—Así es —coincidió La Bufona. Dejó los malabares, recogió elegantemente las pelotas una a-una y se las guardó en los bolsillos—. Cuando logramos vivir así, comenzamos a tener una interesante alegría. Es una especie de alegría continua, porque cuanto más sabemos cómo jugar, más y más ganas tenemos de jugar el Juego de la Vida de esta forma original y artística.

—Rebelde. Irreverente. Y mística —dijo Amarillo—. Además, heroica.

—En el circo siempre se vive al límite, al filo, trascendiendo las leyes de la gravedad, del tiempo y del espacio —dijo Rojo—. ¡Por eso nosotros logramos lo que todos consideran «imposible»! En el circo podemos volar, mantener objetos en el aire, atravesar baúles con una espada y no hacer daño a quien está dentro. Construir torres humanas, hacer contorsiones inverosímiles. Caminar sobre una cuerda floja. Lanzar fuegos por la boca. Hacer magia. El resultado depende a veces de milímetros.

—¿Milímetros?

—Las pequeñas decisiones, que parecen milimétricas, sin importancia, sumadas una a una, día por día, sin rendirse, hacen que logremos lo imposible —acotó La Bufona—. El público solo verá el resultado, pero lo interesante es el proceso. Sin embargo, mantén muy clara delante de ti la imagen del resultado que quieres lograr, sostenlo en tu imaginación como si ya lo hubieras alcanzado. Es fundamental fijar a fuego en tu mente claramente qué quieres lograr. ¡Visualízalo!

Cerré los ojos, respiré hondo y me vi, claramente, parada frente a mí. Era otra Niksha, tal como la que yo quería ser. Majestuosa, firme, espléndida, parecía una reina. Irradiaba luz.

—Vayamos ahora al «cómo» implantar tu nueva identidad, brillante y llena de colores, en la realidad tridimensional. Es lo mismo que hacer una función en el circo. Ante todo, necesitas concentración inmutable y una férrea disciplina cotidiana. Comprometerte en un entrenamiento intenso, que no dé lugar a abandonos ni debilidades. Corresponde hacer todo con suma elegancia y arte, casi con realeza. Es necesaria una total entrega a lo que quieres lograr. Moverte con ligereza y humor. Y contar con la ayuda del Cielo, siempre. Sola no lo conseguirás. Así lo hacemos en el circo.

—Por eso los circos, desde la Antigüedad, ejercen una tremenda fascinación —acotó Azul—. Nos muestran una realidad fantástica. ¡Materializada frente a nuestros propios ojos!

—Todos podemos crear una realidad material así, burbujeante, mágica. Y también espiritual —dijo La Bufona—. Cuando regreses al sofá, materializa tu sueño a la manera del circo. Y lo que sea que tengas que resolver, Niksha, resuélvelo como una poderosa Reina. Como una avezada Estratega, como una divertida Bufona, como una valiente Aventurera, como una sutil Mística. Con poder, intuición, humor y reverencia a la Luz. Usa todas tus fuerzas. Tienes muchas más.

De pronto la música se detuvo. Empezaron a sonar tambores.

—Mirad. ¡Mirad!

Todos los payasos señalaron al cielo.

CAPÍTULO 10

LOS TRAPECISTAS
Y CÓMO VOLAR

Eran los trapecistas. Se habían subido a aquellos trapecios altísimos. Eran muchos y ¡volaban! Vestidos con sus mallas blancas y sus cascos dorados con penachos rojos, impulsaban sus trapecios con una elegancia impecable y se agarraban a otro que llegaba a ellos con ligereza. Daban vueltas en el aire y pasaban de trapecio en trapecio sin esfuerzo. A veces lo hacían solos, otras se arrojaban un trapecista en manos de otro, confiando en que allí estaría, que siempre uno de los dos rescataría al otro con sus manos extendidas. Y ese instante eterno de incertidumbre se transformaba en certeza. ¡Hasta el próximo salto! Los mirábamos hipnotizados. Su danza era perfecta. Milimétrica.

—Esta es una forma de vivir que ya conoces, Niksha. Aquí practicarás, pero cuando te despiertes, tendrás que saltar de nuevo y lanzarte a la vida con más valentía que antes, sin miedos. Los valientes estamos llenos de arañazos y cicatrices, aunque a veces no se vean —dijo La Bufona.

—Sí. Ya lo sé. A veces se nos presentan en la vida situaciones que nos exigen una decisión inmediata. Nos sacan el trapecio y hay que agarrarse de otro trapecio, o sea, de otra circunstancia.

—Hay que desaferrarse y ¡saltar! Con elegancia, como nos están enseñando estos trapecistas. Siempre alguien te agarra, puede ser alguien que conoces, o que no conoces y aparece en ese momento, un… ¡Observa bien! Puede ser un…

—¡Un ángel! —susurré.

—Así es —dijo La Bufona—. Mira, son muchísimos. No solo extienden sus manos agarrando a quien salta mientras está en el aire, también sostienen a quienes no se animan a saltar, hasta que tengan valor. Algunos ángeles están esperando en el otro trapecio, en el que parece no haber nadie, y se lo acercan a quien salta. Otros están abajo, con las alas extendidas formando una red, por si alguien se cae. Nos están mostrando cómo confiar en el Cielo.

—¡Siento que soy capaz de estar en este circo! —exclamé con convicción—. Señoras y señores, hoy ante vosotros, Niksha haciendo un triple salto mortal hacia atrás, sin red, con los ojos vendados, haciendo malabares con pelotas de colores y con antorchas incandescentes, cayendo en una piscina llena de pirañas. ¡No importan los límites que me impongan, porque los saltearé a todos!

Todos quedaron en silencio. Conmovidos.

Los tambores nos sacaron de nuestro arrobamiento.

—¡Oh! ¡Mirad!

Un gato apareció allí, sobre un trapecio. Estaba enfundado en una malla blanca y tenía puesto un casco dorado con un penacho rojo. Me di cuenta de que era Fénix porque la cola naranja le sobresalía por detrás del traje. En otro trapecio, La Niña lo miraba sonriendo mientras se balanceaba graciosamente sin hacer caso de la altura.

Fénix se lanzó con decisión, y haciendo una voltereta en el aire, se aferró a las manitas de La Niña, agarrada al trapecio con sus piernas y cabeza abajo. Se balancearon por unos instantes y luego Fénix se detuvo en el trapecio junto con La Niña.

Los payasos y el público aplaudieron.

—Ahora te toca a ti —dijo La Bufona.

—¡Claro que sí!

Contuve el aliento; una tela dorada estaba descendiendo del techo, justo frente a mí.

—¡Agárrate, Niksha! —dijeron los payasos, poniendo mis manos sobre la tela. Y en un segundo, me elevé hasta las alturas del salón, muy cerca de un trapecio. Salté como pude y me quedé parada sobre la barra de hierro, columpiándome suavemente. Temblé de los pies a la cabeza. La Niña me miró divertida desde su trapecio.

—¡Vamos a jugar, Niksha!

—¿Cómo sería el juego? —pregunté, dudando.

—Yo me columpiaré acercándome a ti y, cuando estés lista, ¡salta!

—¿Eh? No, no me atrevo —dije, y miré hacia abajo en medio de un creciente vértigo. De pronto me sentí igual que en el sofá. Paralizada. Desgarrada, sin poder saltar a algo nuevo.

—¿Qué te pasa, Niksha? —La Niña me miraba desilusionada—. ¡Vamos! Juega conmigo.

Con un hilo de voz le pregunté, temblando:

—¿Cómo lanzarme a lo desconocido?

—Juega a que no tienes miedo, aunque lo tengas. Juega a que puedes volar, aunque no estés segura de poder volar. Juega a que no te importa soltar, aunque te importe. Desaférrate. Confía. ¡Te va a encantar volar! Todavía no sabes cómo es, pero juega a que sabes. De tanto jugar, se hará realidad.

—No, no sé si podré —balbuceé.

En ese momento, pasó Fénix delante de mí, volando en dirección a otro trapecio.

—Niksha, no me decepciones. ¡Suéltate! —dijo al pasar.

—¿Sabes qué? ¡Me la juego! —dije. Me agarré fuerte de las sogas verticales del trapecio. Inspiré profundamente y me lancé al vacío. Como en cámara lenta, sentí que se desprendían de mí pesos, miedos, tristezas, fracasos. Volaban hacia abajo y se desintegraban explotando en luz. ¡Cuánta luz! Puse la mano sobre mi corazón y arranqué, de un solo movimiento, un peso que no sabía que estaba allí. Me sentí liviana, muy liviana. Libre, valiente. ¡Muy valiente! Di una vuelta en el aire.

Algo o alguien me sostenía dulcemente. Extendí los brazos y me lancé a volar. Era hermoso. Una lluvia de estrellas me envolvió en un halo de luz. Respiré hondo y cerré los ojos; quería recordar esta sensación. Me dejé llevar, una fuerza desconocida me impulsaba hacia delante.

—¡Niksha! —escuché la voz de La Niña muy cerca—. ¡Agárrate a mí!

Abrí los ojos, extendí los brazos y tomé sus manos. Nos balanceamos suavemente. Todo era tan liviano, tan fácil.

—¡Juguemos, Niksha! A que la fuerza de gravedad no existe. A que no hay límites en esta tierra. A que podemos superar todos los obstáculos —escuché decir a La Niña—. Si jugamos a que es así, así será —remató—. Agárrate a este trapecio que viene hacia ti. Y desde allí salta a otro trapecio, y a otro, y a otro. Los trapecios simbolizan las oportunidades. Las ayudas. Las circunstancias inesperadas.

Tomé impulso, salté y… comencé a volar.

Me crucé con seres de ojos brillantes. Llenos de energía. No tenían miedo, no especulaban, no calculaban, se agarraban confiados a mis manos extendidas. Y yo agarraba las de ellos, cada vez más segura. Me crucé con Fénix, jugamos un rato saltando de trapecio en trapecio, juntos. No quería que aquello terminara nunca.

—Recuerda esta sensación cuando despiertes del sueño —escuché un susurro en mi oído, en pleno vuelo—. Confía en ti, Niksha. En la vida. En el momento. El Cielo nos sostiene. Todo es perfecto.

—¡Quiero decirles a todos los de allá abajo que salten! ¡Que se la jueguen por sus sueños! ¡Que confíen! —grité eufórica antes de agarrarme de las manos de La Niña.

El ángel puso un dedo sobre su boca haciendo un gesto de silencio.

—No se lo puedes contar. No te entenderán. Tienes que explicárselo con tu ejemplo —dijo sonriendo. Y cuando el ángel sonrió, todos sonrieron, sin saber por qué.

Seguí balanceándome agarrada a las manos de La Niña. Lo busqué con la mirada; el ángel había desaparecido. Su sonrisa se grabó a fuego en mi alma. Cerré los ojos para recordarla y siempre poder verla.

—Niksha, tenemos que regresar. —La voz de La Niña me trajo de vuelta—. Allá abajo nos están esperando. ¡Vuelve al trapecio y aférrate a la tela roja!

Con un solo movimiento me solté de las manos de La Niña y me paré sobre el trapecio. Justo en ese momento, una brillante tela roja descendió del techo frente a mí.

—¡Agárrate a la tela! —gritó La Niña—. Volvamos a tierra.

Descendimos suavemente hasta tocar el suelo del circo. Apoyamos nuestros pies en la arena.

Un cerrado aplauso nos recibió aquí abajo, con exclamaciones de alegría y celebración.

—¡Has saltado! ¡Te hemos transmitido nuestra fuerza ancestral! —decían algunos.

—¡Nos has liberado del miedo, Nikhsa! ¡Gracias! ¡Gracias! Durante siglos el miedo corrió por nuestra sangre. Teníamos intención de saltar, pero en el último momento nos echábamos para atrás —dijo una hermosa joven.

—¡Lo has logrado! —gritó un ser majestuoso que parecía ser un príncipe medieval—. Estamos orgullosos de ti. Eres de los nuestros.

Un fuerte aplauso selló sus palabras con la aprobación de todos los presentes.

La Niña y yo nos miramos divertidas.

—¿Quiénes sois vosotros? —pregunté intrigada.

De la nada, majestuoso, brillante, apareció Michal. Nos guiñó un ojo bajo su gorra turca. Se colocó la gran capa de terciopelo azul y nos miró a las dos con ternura.

—Niksha, te anuncio que todos los invitados somos tus ancestros.

—¿Quieres decir que todos quienes participan en la Fiesta de la Liberación son mis ancestros?

—Todos. Venimos de diferentes tiempos, así es. ¡Estamos observándote! ¡Esta fiesta ha sido organizada en tu honor. Esperamos que tú, nuestra descendiente, recibas y absorbas los conocimientos espirituales prácticos que te están siendo transmitidos en esta fiesta. Y puedas superar más fácilmente que nosotros las pruebas que se te presenten. Hay muchas situaciones que nosotros no pudimos manejar mientras estábamos en esta dimensión y te tocará a ti resolverlas. Los descendientes siempre tienen esta tarea.

—Sí, sí. Así es —corearon varios personajes.

—Por ejemplo, el tema del amor —dijo un joven de ojos celestes y cabello rubio mirándome dulcemente—. Tus ancestros somos muy románticos, y el amor es algo que nos importa mucho.

—En el amor tenemos que ser auténticos, éticos, estar presentes. Y ser valientes y leales. Tenemos que ver el amor como un triunfo espiritual —acotó Michal—. Así será visto en el Nuevo Mundo. Esta fiesta es un entrenamiento para los nuevos tiempos.

—Así es. —Los ancestros se miraban y asentían enfáticamente.

—Hay que dar a conocer este entrenamiento ya. La mayoría de las cosas que no nos atrevemos a hacer no son por dificultad, sino por falta de amor. Los nuevos tiempos necesitan más amor circulando en la Tierra —comentaban entre ellos.

—Ven conmigo, te llevaré con ella —dijo La Bufona—. Tenemos que acelerar el traspaso de información; aunque estemos en un sueño, hay tiempo asignado para tu estancia aquí. Antes de que te despiertes debes recibir ciertas instrucciones, que solo se dan en sueños.

Y, diciendo esto, me agarró de la mano y, arrastrándome, me hizo cruzar el salón de baile corriendo, haciendo zigzag entre los invitados.

—¿Quién es «ella»? —pregunté en medio de la carrera.

—La Sanadora. ¿Quieres conocerla o no? —dijo deteniéndose en seco y clavando su mirada celeste en mí.

—Sí. Sí. Quiero conocer a todos. ¡A todos!

—¡Entonces, sígueme!

CAPÍTULO 11

LA SANADORA

La Bufona abrió una puerta dorada que apareció de la nada en la pared del salón, me tomó de la mano y me guio escaleras abajo por una antigua escalinata de piedra, iluminada cada tanto con antorchas de fuego verde. La escalera remataba en otra enorme puerta, totalmente blanca, señalada con un imponente caduceo grabado en plata. La Bufona tocó tres veces.

—Contraseña —dijo alguien al otro lado.

—Abracadabra —respondió La Bufona con voz firme.

Toqué el talismán que me había regalado Kalinka. Ardía sobre mi pecho, parecía estar vivo.

—¡Adelante!

El picaporte de oro giró lentamente. Respiré hondo, nos recibió una fresca bocanada de aroma a menta. Entramos en un pequeño espacio circular; una fogata en el centro elevaba al cielo llamas de siete colores. Una misteriosa mujer de largos cabellos rubios, vestida con una imponente túnica verde bordada en oro nos dio la bienvenida. Su cabeza estaba coronada con flores violetas. En su mano brillaba un hermoso caduceo antiguo, que parecía ser de plata, igual al de la puerta. Sonrió detrás de su antifaz, atravesándome con una mirada muy celeste.

—¡Adelante, Niksha! —susurró—. Te estábamos esperando.

—Te la dejo, necesita un entrenamiento urgente en la sabiduría del corazón —dijo La Bufona señalándome—. Envíame un mensaje cuando esté lista y la vendré a buscar.

Y, diciendo esto, se evaporó, dejando tras de sí una estela de pequeñas estrellas plateadas.

—Bien, Niksha. Siéntate frente a mí, al otro lado de la fogata —susurró señalándome un almohadón blanco y clavando sus profundos ojos celestes en mí—. Escúchame con mucha atención. Seré breve. Hay que aprender a estar en el planeta Tierra siempre sanos. Y para estar sanos, hay que darle el mando al corazón.

—Confío en el corazón totalmente, pero siempre pensé que era «demasiado emocional».

—¿Demasiado emocional? Los seres humanos ¡somos naturalmente sensitivos! Y esto nos hace muy fuertes. Los últimos descubrimientos científicos revelan que el corazón tiene mucha más capacidad y amplitud que el cerebro para captar la extraña experiencia a la que llamamos «vida». En la cosmovisión que se está derrumbando, el cerebro debía estar al mando. Y cuando las emociones irrumpían, alguien que se consideraba inteligente las aplastaba y bloqueaba. Vivíamos en un vacío existencial, pero la pandemia nos sacudió hasta la médula. Y volvieron a aparecer los sentimientos, con toda su intensidad. Y se entendió, por fin, su importancia para estar sanos, tanto física como psíquicamente.

—Aprendemos biodescodificación, interpretamos el sentido de las enfermedades vinculadas a las emociones, pero todavía no sabemos prevenirlas emocionalmente —dije dolida.

—Exacto, Niksha. No solamente hay que aprender a sanar; hay que aprender a estar sanos. El viejo paradigma que adjudica una superioridad hegemónica al cerebro e ignora el corazón nos enferma. El cerebro es un órgano poderoso, asombroso y multidimensional, pero el corazón es tan o más importante que el cerebro. Esta es la gran revolución.

—¡Cuéntame todo acerca de esta revolución!

—La encabeza la ciencia. Se ha descubierto recientemente que el corazón no es solo un músculo que bombea sangre en nuestro sistema circulatorio. Es una antena. Tiene más de cuarenta mil neuronas. Su formación interna material es helicoidal, es como una única cinta enrollada en espiral sobre sí misma. Capta la información del campo cuántico y la traduce en intuiciones, percepciones, señales, sentimientos. Literalmente tenemos otro cerebro en el corazón, que funciona de manera diferente del cerebro de la cabeza. Capta realidades paralelas, campos energéticos mucho más amplios de lo que podemos imaginar. Este descubrimiento está generando una revolución en el mundo científico, y lo acerca al mundo espiritual, que desde siempre supo que el corazón puede conocer realidades invisibles a los ojos físicos.

La observé con admiración y respeto. Sus palabras me aclararon años de desencuentros con quienes no entendían lo que ella me explicó en dos segundos.

—Al mismo tiempo, debemos unir el cerebro y el corazón para que trabajen juntos. Y lo hacemos construyendo una red neuronal que los conecta.

—¿Cómo se construye esta conexión?

—A través de la meditación, hoy llamada *mindfulness*. Y también por medio de las oraciones sostenidas, del arte, de la música, de la pasión, de la visualización, de observar las señales. Y, sobre todo, siendo buenos. Porque ¡es hora de traspasar el mando! En el Nuevo Mundo que está naciendo, es el cerebro el que tiene que subordinarse al corazón. Dejaremos de otorgarle el omnipresente poder que le dimos a los pensamientos durante milenios. La nueva sociedad que está naciendo respeta el poder de las intuiciones, de las corazonadas, de la videncia, de los sueños. Sin descartar la razón.

—¿Cómo gestionar nuestra vida personal para dar este gigantesco giro energético a nivel global?

—Elevando la conciencia. Controlando el pensamiento y educando nuestras emociones. Mira este gráfico. Así dañan a nuestros órganos las emidones negativas, originadas por una interpretación fragmentada, racional, solo mental de la realidad.

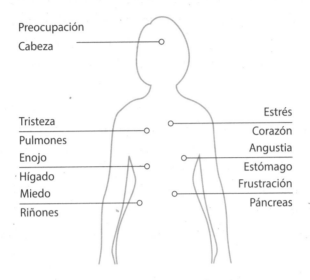

Preocupación
Cabeza

Tristeza
Pulmones
Enojo
Hígado
Miedo
Riñones

Estrés
Corazón
Angustia
Estómago
Frustración
Páncreas

—Creo que tuve todas estas emociones al mismo tiempo, antes de venir a esta fiesta, cuando estaba en el sofá.

—Lo sabemos. Por eso te rescatamos. ¡Hay una manera de cambiarlo todo!

—¿Cuál?

—Dejar de interpretar la realidad. Lo que nos hace sufrir es el cerebro, enjuiciándolo todo. El cerebro no entiende la realidad, no entiende las paradojas, las explica a su manera, que solo es racional. No puede abarcar el mundo transitorio, efímero y a la vez eterno y omnipresente en el que vivimos. Es el corazón quien comprende las paradojas y la inmensidad. Y como el cerebro no las entiende, nos hace preocuparnos. La preocupación, nos da migrañas, bloquea nuestro discernimiento. Y es inútil. Hay que saber captar el ahora, en el eterno momento presente; aquí está toda la información. Esto se entrena. Bajamos ahora a los pulmones y entendemos que la tristeza y la melancolía se generan por intentar controlar lo incontrolable con el pensamiento. Soltar el control es la clave. Y esto lo sabe hacer el corazón. El estrés, el enfado, la angustia, el miedo y la frustración, todas se derivan de aferrarnos a cómo deberían ser el mundo, las personas que amamos y nuestra vida. Y generalmente nada es como debería ser, según nosotros. Tenemos un diálogo interno permanente con nosotros mismos. Lo llamamos «las voces».

—¡Ufff! No podría estar más de acuerdo contigo... Yo lo hago. El diálogo interno en mi cabeza solo se para con la oración. En lugar de aceptar plenamente lo que es, para trascenderlo o modificarlo, yo lo interpreto; incluso añadiría, por mi experiencia propia, que a veces he rozado la locura con mis interpretaciones. Je, je, je... Al mismo tiempo, sin esa pizca de locura, jamás podría inventarme todo lo que me invento. Pero después quedo atrapada en eso.

—Todos lo hacemos hasta que le cortamos la cabeza al monstruo lleno de pensamientos condenatorios o especuladores al que alimentamos nosotros mismos. Es el momento de declarar la gran batalla contra ese monstruo de nueve cabezas. Mente y corazón son dos sistemas que funcionan de forma muy diferente; necesitamos tener activos los dos. La mente separa, clasifica, ordena, discrimina; el corazón une, incluye. A veces hay que resolver temas específicos con la mente; otras veces, solo con el corazón; otras, con los dos. A la Hidra se la derrota con la pasión heroica que bulle en nuestro corazón y la afilada espada de la mente para cortar interferencias de forma deliberada. ¿Quieres hacerme alguna pregunta?

—¿Cómo sanar un corazón herido?

—Un corazón herido no se sana pensando en la herida. Sea cual fuera la herida, una infidelidad, un duelo, una traición... el remedio lo tiene el mismo corazón. Recuerda siempre que el emocional es un sistema totalmente diferente al racional. Cuando quieras sanar una herida, respira hondo, deja que el dolor descienda de la mente al fondo del corazón, al Sancta Sanctórum Allí, en tus profundidades, arde una intensa llama verde de sanación. Respira más hondo, quédate en silencio sintiendo cómo esa llama sagrada derrite el dolor, lo quema. Y lo hace desaparecer. El corazón es una cámara alquímica; también disuelve el enfado, perdona y, así, te libera. No juzgues ni te sientas víctima; acoge dentro de ti la circunstancia, trasciende el dolor terrenal y, aceptándola sin resentimiento, entrégala al Cielo.

—Gracias. Gracias —dije, con lágrimas en los ojos. Observé que La Sanadora estaba anotando algo.

—Hay preguntas, como esta, que las almas se hacen muchas veces y que no tienen respuesta. Cuando lleguen a tus manos las Pequeñas Guías, encontrarás muchas más respuestas a las preguntas que tantas veces te hiciste.

—¿Hay más de una? ¿Cuándo las tendré conmigo?

—No seas impaciente —dijo, enigmática. Sonreí; era obvio, no me iba a contestar.

—Pero ¿cómo se hace para estar siempre sana en este mundo revuelto? —pregunté, mirándola con reverencia.

—Tú simplemente irradia lo que eres, Niksha. Tu esencia más pura. Irradiar significa propagar la energía, expandirla, proyectarla desde un punto, un centro. Ese centro es tu corazón, precisamente. Solo tienes que ser una con tu corazón y aprender a irradiar este ser amoroso y sensible que eres. Ese ser inocente, puro y compasivo. Y a la vez muy fuerte. Tu luz interna se tiene que derramar por tu mirada, por tus manos. Por tu forma de caminar, por tu silencio, por tu presencia. ¡Esto es estar sana! Salud es igual a amor, Niksha, así de simple. Como Sanadora te aconsejo: ¡envuélvete en una nube de amor! También en las personas o circunstancias que te rodean. Descontamínate de todo desamor. El amor es lo que sana. Cualquier alteración de la salud, ya sea física o psíquica, no se sana solo con la intención de sanarse, o sea, solo con la voluntad. Se sana con amor. Refúgiate en el Cielo, en todo lo bueno y dulce de este mundo. Abre tu corazón al amor; así, te abres a la salud plena. En tu pecho arde un fuego verde, incandescente, sagrado. Enciende todo lo que toques con ese fuego de salud. ¡Transfórmate en una fogata verde, en una llama ardiente que forma a tu alrededor un escudo de Luz que te protege! Y cuida que tu integridad no sea tocada. Irradia esta llama adelante, atrás, a la derecha y a la izquierda. Hazlo también como un servicio planetario, desinteresadamente, para contrarrestar la epidemia de miedo y egoísmo que está asolando el planeta. Irradia salud, bienestar, paz. Amor. Y entonces, mágicamente, todo en tus asuntos se desbloqueará.

La Sanadora se quedó en silencio. Cerró los ojos, parecía estar escuchando algo.

—¡Está llegando! —gritó—. ¡Prepárate, Niksha!

Apenas terminó de decir esto, se desató un extraño viento.

Era helado y venía acompañado por una densa niebla gris.

CAPÍTULO 12

LA HEROÍNA Y LA BATALLA CON LA HIDRA DE NUEVE CABEZAS

El viento silbó en mis oídos. La niebla lo invadió todo. El salón de La Sanadora desapareció junto con ella. De pronto, no sé cómo, me encontré fuera del palacio, a cielo abierto.

—¿Dónde están todos? —pregunté mirando alrededor, esperando que dieran alguna señal. Nada. Solo me contestó el viento, con un persistente ulular. La niebla se hizo más espesa y más fría. Sentí un desamparo visceral. Me dolía el alma. Estaba en medio de la montaña, en una especie de meseta. Más abajo, el palacio brillaba con todas las luces de sus ventanas encendidas y ¡seguía la fiesta! El suelo de rocas comenzó a temblar. Algo o alguien se aproximaba. Me quedé paralizada por el terror, no podía moverme, ni siquiera acerté a escapar, solo miraba fijamente el horizonte y los relámpagos que lo iluminaban. Agucé el oído. El viento trajo voces, murmullos. Parecían ser muchos seres acercándose. Las voces decían *no puedes, no sabes, no te atreves, no entiendes. Pobre Niksha. Estas desamparada.*

Una extraña cabeza de serpiente con un cuello muy largo se asomó en el horizonte. Luego otra cabeza y otra y otra. De pronto apareció la criatura completa. Parecía ser un dragón, verde y enorme. Las conté, ¡eran nueve cabezas! Todas abrían las fauces, echando al aire una niebla que helaba el corazón. Y hablaban, todas al mismo tiempo. Murmuraban, emitían extraños gruñidos, se reían. Los largos cuellos movían las cabezas en todas direcciones. Aullaban. La visión era dantesca. Y el monstruo estaba cada vez más cerca.

—¡Cielo, ayúdame! —grité, temblando, entre los vientos que se volvieron cada vez más fuertes. No hubo respuesta. Me acurruqué contra una roca tratando de esconderme. Puse la cabeza entre las rodillas y comencé a sollozar.

—Tranquila, Niksha, ya estoy aquí —dijo alguien, plantándose delante de mí con los brazos extendidos y tapando la visión de la bestia.

Estaba enfundada en una armadura plateada. Llevaba un casco con penachos rojos y un antifaz rojo sangre. En su mano derecha empuñaba una espada de fuego. Alada. Sus largos cabellos azules caían sobre sus hombros, y sus ojos celestes relampagueaban. Emanaba decisión, valor, fuerza. Me parecía estar en medio de una película.

—Soy La Heroína —dijo, extendiendo su mano para ayudarme a ponerme de pie—. ¡Levántate, Niksha! ¡Aquí manda la Luz! Nos enfrentaremos a esta bestia juntas. Ya es hora de aniquilarla, no nos puede seguir atormentando. Es ahora o nunca.

Me levanté temblando.

—¿Qué hay que hacer? ¿Atacar a esa bestia? ¿Nosotras? —dije, sin poder creer lo que estaba escuchando.

—Ah, no me decepciones. Tú te has enfrentado a ella muchas veces, solo que no la veías. Es la Hidra de Lerna. Un ser mitológico que existe en el inconsciente colectivo de la humanidad, y también en el personal. Se la llama también «la Guardiana del Umbral». Aparece ante nosotros, en todo su horror, cuando estamos listos para liberarnos de ella. Nos confronta a salir por fin de los laberintos mentales en los que vivimos enredados. Toda ella está hecha de formas y pensamientos acumulados durante siglos, y tal vez milenios.

VI

LA · HEROÍNA

Ella es la que habla dentro de nuestra cabeza. Es el interminable diálogo interno que nos boicotea. Y nos hace hablar con nosotros mismos el día entero, y a veces también de noche, cuando no podemos dormir. La Hidra nos divide en dos personas, nos hace enfrentarnos contra nosotros mismos.

—Pero ¿qué quiere de mí?

—Que la confrontes. Te está probando. Si eres valiente y fuerte, te dejará pasar el umbral, o sea, a un estado de conciencia más elevado. Si no, te irá destruyendo poco a poco. Los pensamientos reiterados, cuando analizamos una y otra vez la misma cosa, nos enloquecen y se transforman en entidades como la Hidra, con vida propia. Debemos terminar con los pensamientos circulares y obsesivos, liberarnos de ellos —dijo poniendo su mano, protectora, sobre mi hombro—. Y las emociones amplifican estos pensamientos de miedo, de autocastigo, de no sentirnos lo suficientemente buenos.

La miré con terror. Apareció en toda su magnificencia. La Hidra era gigantesca, debía medir al menos diez metros de largo y unos cinco de altura, gruñía con varias cabezas y, con otras, nos observaba con mucho interés. Algunas cabezas se reían a carcajadas. Y otras emitían voces amenazantes.

—Tenemos poco tiempo, debemos organizarnos antes de que se lance sobre nosotras —dijo La Heroína—. Toma, te entrego tu espada de fuego. Y… —se quedó mirándome— necesitas el traje —acotó, extendiendo la mano derecha hacia mí y pronunciando algunas palabras que no entendí.

En un segundo me encontré enfundada en una armadura plateada, el casco sobre mi cabeza y la espada alada en mi mano derecha.

—Se la conoce en todas las culturas. En India es la Naga, que tuvo que afrontar Krishna. En Japón se llama Yamata No Orochi. En Grecia se la conoció con el nombre de Hidra. No sabía en cuál de las versiones se nos iba a aparecer. A esta mismísima Hidra se enfrentó Hércules y la venció. Nosotras lo intentaremos. ¿Estás lista?

—Sí, sí, creo que sí.

—Recuerda que ella es esa voz interna que nos habla y nos habla en nuestra cabeza, torturándonos, criticándonos, juzgándonos. Pensando y repensando la vida, en lugar de lanzarnos a vivirla guiados por el corazón. Tiene nueve «cabezas», justamente, por eso.

—¡Oh!, sé de qué me hablas. Es aterrador verla frente a frente.

—Claro, por eso, antes de actuar, materializaremos el Gran Anillo de Fuego No Pasarás, para que los misiles vocales que nos lance no puedan penetrar en nuestro cerebro e infectarlo con sus palabras. —Y, tras decir esto, trazó un círculo de fuego a nuestro alrededor con la espada—. Ahora pronunciaremos juntas la oración exorcística. Cierra los ojos y repite mis palabras: En el nombre de Dios todopoderoso y de la Madre Divina, convoco la ayuda de los Cielos —rezó con voz firme—. Arcángel Miguel, desciende del firmamento. **¡Cúbrenos con tus alas!** ¡Potencia nuestras espadas! ¡Ayúdanos a liberarnos de la Hidra de una vez y para siempre! Aquí manda la Luz. Amén.

La Hidra respondió con un terrible rugido de las nueve cabezas al mismo tiempo. Lo sentí en mi plexo. La batalla no iba a ser fácil.

—Avancemos —dijo La Heroína—. Deberemos cortar la cabeza inmortal. Es una de las nueve, pero es difícil detectarla; generalmente está muy escondida. Cuando le cortamos una de sus otras cabezas, le vuelve a crecer, y se duplica. Si alguna se te acerca demasiado, no dudes en cortársela. ¡Sígueme, Niksha! —ordenó, dando un salto hacia delante—. Es hora de superar la tiranía de la mente.

Nos acercamos despacio. Las cabezas hablaban cada vez más fuerte. La primera estiró su largo cuello hacia nosotras y murmuró:

—Tienes Miedo. Mucho miedo. ¿Verdad? ¿Qué va a ser de ti? Estás desamparada.

—¡Esquívala! —gritó La Heroína interponiéndose, amenazante, entre la Hidra y yo—. No la escuches.

Salté hacia un costado, la cabeza se estiró más y me siguió.

—¿No tienes miedo? Todos tenemos miedo. ¿Has visto la situación mundial? Es normal, normal, normaaaaal tener miedo.

—Tápate los oídos —ordenó La Heroína.

La segunda cabeza se ondulaba en el aire diciendo:

—Te aferras al pasado. Era bonito, ¿verdad? No lo quieres soltar. ¿Cómo vivir ahora en este mundo tan diferente? ¿Cómo? ¿Cómo? ¿Cómo?

La tercera susurraba:

—Te mientes. Te autoengañas. No te dices la verdad. No quieres ver la verdad.

—¿Qué verdad? ¿En qué me autoengaño? —pregunté, cayendo en la trampa de la Hidra que se estaba acercando peligrosamente a mi cara.

—¡No le preguntes nada! —ordenó La Heroína—. No hables con ella, no le des entidad, ¡córtale la cabeza si se te acerca demasiado!

—Estás gorda, esa es la verdad. No eres suficientemente delgada, como hay que ser ahora. Y así nadie te querrá —siseó el monstruo en mi oído. Le corté la cabeza de un sablazo, y las dos que le crecieron inmediatamente pelearon entre ellas mientras que, al mismo tiempo, estiraban sus cuellos persiguiéndome.

—¡Desaparece! —gritó La Heroína saltando sobre las cabezas y cortándolas—. Que crea que te han derrotado, que ya no vas a volver, y aparece por el otro lado.

Seguí sus instrucciones y, apenas me acerqué por la espalda de la Hidra, se asomó la cuarta cabeza, que decía:

—Huye. Hay que irse. Hay que huir, es la única solución. ¿Verdad, Niksha?

—¡No! ¡No es verdad! —grité, esgrimiendo la espada—. Yo me quedo.

La cabeza era pegajosa, la tenía a solo unos centímetros de mi cara.

—¿Para qué te vas a quedar? Yo sé lo que te digo. No te crees más problemas de los que ya tienes.

Sentí su aliento caliente sobre mi cara, abrió la boca para devorarme, llegué a ver sus dientes afilados.

—¡Córtala! —gritó La Heroína—. ¡Hazlo ya!

Con un solo movimiento, le corté la cabeza con la espada de fuego. Rodó por el suelo dándome un respiro, pero de inmediato le crecieron dos. Una gemía:

—La huida es la única salida. La única. Huye. Huye. Huye. No te quedes aquí.

La otra cabeza decía:

—Escápate de la realidad. No tienes lugar en este mundo, Niksha. Huye de aquí. Como siempre. Huye. Huye.

Mientras tanto, La Heroína se enfrentaba a la quinta cabeza, que se lamentaba:

—Estás confundida. Todo esto te confunde. Todos estáis confundidos. No sabes adónde ir. No sabes qué hacer. ¿Verdad? Todo es un desastre. Este país es un desastre.

—¡Buscaré la cabeza inmortal, la dorada! ¡Es la única posibilidad de aniquilar a la Hidra! —gritó La Heroína, saltando entre las cabezas hasta apoyarse en el resbaloso lomo de la Hidra—. Tú resiste. No las escuches. Esquívalas, niégalas; son falsas y quieren confundirte, robarte tu verdadera identidad.

La sexta cabeza susurraba cerca de mí.

—¡Abandona esos ideales! Claudica. Tú no le importas al universo, por más espiritual que seas. No hay nada que hacer en esta tierra densa. Todos son importantes, menos tú. Menos tú, que eres espiritual.

Salté a un costado tapándome los oídos para no escuchar su insidioso siseo. La séptima cabeza me habló con voz penetrante.

—¡Postérgalo todo! Es demasiado. Resuélvelo más adelante, cuando puedas. Déjalo para mañana. Es lo mismo. Disfruta ahora, todo lo que puedas. ¿Para qué hacer tantos esfuerzos? Mejor procrastinar. Mejor, más cómodo.

Se estaba enroscando alrededor de mi pecho, ¡tenía que actuar rápido! La agarré con la mano; era fría, su cuello largo y pegajoso parecía un tentáculo. No me la podía sacar de encima. Sujeté la cabeza y se la corté de un solo golpe seco; la espada de fuego quemaba todo a su paso.

—¡Vete! —le grité—. ¡No estoy para postergaciones! No es mi estilo postergar, nunca lo fue.

De inmediato crecieron otras dos cabezas que repetían al unísono:

—Abandona ese proyecto de llevar una vida sana. No vayas al gimnasio. Estás gorda, ya te lo dije. Pero ¿para qué comer sano? No sirve. Posterga todos estos cambios. Postérgaloooos, Niksha.

Me estaban enloqueciendo, me tapé los oídos para no escucharlas, pero la octava cabeza ya ondeaba sobre mí echándome su aliento venenoso.

—Te obsesionas. Quieres eso, eso, eso. No quieres otra cosa, hasta que lo consigues, ¿verdad? No te importa nada más, quieres eso. Eso. Eso. Y lo vas a obtener pase lo que pase. Aunque no te convenga, lo quieres —repetía como un eco—. Y si no lo tienes, te desilusionas. Nada más sirve. Nada. Nada.

—¡Niksha! ¡Ven! ¡Salta! La he encontrado. Necesito tu ayuda, ábrete paso con la espada.

Conseguí ver la espada de La Heroína indicándome la posición de la cabeza inmortal en medio de un enjambre de cuellos, cerca de donde nacían todas las otras cabezas de la Hidra.

No fue fácil, tenía que avanzar resueltamente cortando cabezas que se duplicaban y que cada vez eran más. Me abrí paso con fuerza. Murmuraban. Siseaban. Se enroscaban en mi cuerpo como pulpos. Se me pegaban como ventosas. Avancé en medio de ese enjambre viscoso resueltamente. Vi siluetas luminosas apartando aquellos tentáculos. Ayudándome. Seguí. Y seguí. Y seguí, hasta que logré llegar hasta La Heroína, casi sin aliento. ¡Y entonces la vi!

La Heroína la tenía agarrada por el cuello. Era la cabeza inmortal.

—Tienes que escucharla antes de que la aniquilemos. Esta cabeza es la que origina todas las emociones destructivas con las que llevas tiempo luchando y que no has logrado erradicar. Es ancestral, siempre reaparece. Vibra en la memoria colectiva. Aun cuando hagas tus oraciones y decretos. Aun cuando seas buena, reincide y reincide. ¡Escúchala, Niksha! —dijo, apretándole el cuello—. ¡Habla, condenada!

—No eres lo suficientemente guapa. Te desprecias, ¿verdad? Te tratas muy mal, es normal, todos lo hacen, no te respetas —gimió—.

Por eso tienes miedo, te abandonas, te postergas. No te aguantas. Eres muy buena con los demás, pero cruel contigo. Es que no te soportas.

—¿Qué más? Estos son los pensamientos que le infiltras en la cabeza. Dilos todos, escúpelos —ordenó La Heroína.

—Eres culpable. No te cuidas. No cuidas tu cuerpo, no tienes tiempo. ¿Para qué cuidarlo? Es mucho trabajo. Se tiene que cuidar solo. Nunca tienes tiempo para caminar, ni para elegir los alimentos. Nadie lo tiene. Y es inútil hacerlo. No te gusta estar sola porque no te quieres. Y nunca vas a resolverlo.

Sus palabras eran cuchillos. Los clavaba en las partes más ocultas de mí misma. Era verdad, no me cuidaba. Y esto tenía que terminar. Ahora mismo.

—¡Deja de envenenar a Niksha martilleando en su cabeza esos pensamientos tóxicos! No son de ella. Son tuyos. Ha terminado tu mandato, Hidra. ¡Aquí manda la Luz! —gritó La Heroína. Y con un solo golpe certero clavó la espada en aquella cabeza siniestra, madre de todas las demás. Al instante, el monstruo se desintegró en medio de una explosión de luz.

—¡La hemos desenmascarado! Es la única manera de vencerla —dijo La Heroína abrazándome, emocionada.

Yo solo temblaba de pies a cabeza.

—Y también hemos liberado de ella a todos los ancestros. La ley del amor vencerá en esta tierra. No hay que hacer trato con el maltrato. Ni maltratarse, ni maltratar a otros, ni dejar que te maltraten.

—Acabo de entenderlo. Me cuidaré, Heroína. Con mucho amor. Lo prometo. Secretamente, siempre esperaba que me cuidaran los demás. Y si no lo hacían, me sentía traicionada. Y entonces comenzaba a hablarme esa voz.

—Ella vive en el inconsciente colectivo. Es un arquetipo. La humillación de nosotros mismos está muy oculta en nuestra sociedad. Nos maltratamos porque nunca llegamos a cumplir con el modelo ideal de lo que deberíamos ser, creado por el viejo paradigma de un mundo sin alma —susurró La Heroína en mi oído—. ¡Recordemos quiénes somos! Seres majestuosos, embajadoras de la Luz en esta tierra.

—Es muy importante saber que la cabeza inmortal es el automaltrato. Y es muy sutil. Solo dándonos cuenta de verdad, lo desactivamos —dije, todavía temblando—. Estoy conmovida.

—¿Quieres hacerme alguna pregunta, Niksha? Nuestros amigos llegarán pronto, ya saben que hemos ganado la batalla.

—¡Quiero derrotar a todas las Hidras que nos acechan! ¿Cómo actuar heroicamente en este mundo?

—¡Empuña tu espada de fuego para defenderte de las opiniones tibias, tuyas y ajenas, y para limpiar tu corazón de cualquier contaminación de la Vieja Tierra! Y de toda Hidra que ande rondando para debilitar tu espíritu. Mantén una visión sublime de la vida, pase lo que pase. ¿Cómo hacerlo? Juégatela por lo que amas, o por tu sueño, o por la solución que necesitas, al cien por cien. Y tienes que estar dispuesta a pagar un precio. Para conquistar tus sueños, tienes que pagar el precio de la incomodidad, del esfuerzo sostenido, de sobreponerte a las ganas de rendirte y, sin embargo, seguir. Para iniciar una nueva vida pagas el precio de la incertidumbre. Del desapego. Vale la pena. Por eso, ¡adelante! ¡Avanza! Tal vez esta es la mayor batalla que debas librar, ya que el heroísmo es todavía poco comprendido. Por eso las Heroínas somos pioneras y nos adelantamos. Mientras los demás todavía están dudando, nosotras ya estamos viviendo en el Nuevo Mundo. ¡Actúa de una manera nada convencional, romántica! Vive tu vida como una novela. ¡Guíate por tu corazón en llamas! Sostén tus objetivos férreamente, tu coraje de Heroína es mayor que cualquier adversidad.

—Gracias. Gracias. —Apenas podía hablar.

—Recuérdalo siempre —dijo abrazándome con fuerza.

El viento cesó. Los vi acercarse lentamente, ascendiendo por el caminito desde el palacio. Estaban muy emocionados. Delante de todos venía La Niña, de la mano de Fénix. Detrás, iban los ancestros, encabezados por Michal, quien portaba un enorme cirio blanco encendido.

Nos rodearon conmovidos; algunos lloraban, otros se abrazaban sonriendo. Otros nos abrazaban. Vencer a la Hidra no era tarea fácil, ellos lo sabían. Enseguida llegaron todos los integrantes del circo encabezados por La Bufona, haciendo bromas acerca de cómo cortar más rápido cabezas de Hidras. Y aclarando que eran cabezas simbólicas, pero no por eso inofensivas. Todo lo contrario, eran letales. Rojo, Amarillo, Verde y Azul hacían piruetas y malabares manifestando su acuerdo.

La Heroína nos pidió que hiciéramos un círculo fraternal, sentándonos en aquella meseta ahora dulcemente iluminada por la luna llena.

—Queridos amigos —dijo con voz potente—, la batalla ha sido ganada. Pero hay que estar siempre vigilantes, todo el tiempo, para que la Hidra no vuelva a cobrar vida en nosotros. Una actitud heroica es también cuidarnos. Respetarnos, por fin, a nosotros mismos. Es heroico anclarnos firmemente en la Tierra, conectados con el Cielo, especialmente en estos tiempos de caos y desorientación. Es heroico darle el mando al corazón y escuchar quién está hablando en nuestro interior. Hay que vigilar nuestros pensamientos, detectando al instante si acaso es la Hidra quien nos habla. Y es muy heroico ser insoportablemente auténticos.

Todos la escuchamos en silencio.

—¡Me encanta esta actitud! Me encanta de verdad —dijo La Bufona—. En otras épocas, parecía que ser heroico era participar en cruzadas en tierras lejanas. Ir a la guerra. Pero la heroicidad, desde el punto de vista iniciático, siempre fue la de conquistarnos a nosotros mismos.

—Volvernos insoportablemente auténticos es la rebeldía máxima contra el Viejo Mundo —acoté, entusiasmada.

—Así es, Niksha. Siendo muy sensibles, es muy importante para nosotros ser auténticos. Sanos, apasionados. E inmunizarnos contra la epidemia de la soledad. Hay que dar a nuestros héroes y Heroínas internas la tarea de poner nuestra vida en Orden Divino.

—Se pueden ordenar las emociones y los pensamientos —acotó el gato en voz alta, mirándome divertido—. Era lo que trataba de decirte cuando estabas tirada en el sofá, Niksha. Ahora me entiendes, ¿verdad?

Me puse colorada. Ya arreglaría cuentas con Fénix. No podía ser tan irreverente. Me hacía quedar mal delante de todos. Pero, después de todo, tenía razón, pensé: «Jamás me hubiera imaginado que libraría una batalla con una Hidra mitológica y que sería capaz de cortarle varias cabezas», algo que para Fénix debía de ser absolutamente aceptable. Estaba aprendiendo a lidiar con la incertidumbre y me estaba liberando cada vez más del miedo. Me sentí muy orgullosa de mí.

De pronto el cielo comenzó a titilar. La Vía Láctea palpitó, lejana y misteriosa. Las estrellas fugaces atravesaron el firmamento como flechas de luz, y eran muchas. Nos quedamos embelesados mirando ese espectáculo que solo se puede ver en cielos muy limpios, en las montañas, en lugares apartados. O en un sueño.

Los payasos, los trapecistas, los saltimbanquis, los invitados, todos nos quedamos en silencio. Fénix susurró en mi oído:

—Presiento su presencia. Creo que es ella. Es realmente poderosa. Quédate muy cerca de mí. ¡Y tú también, Niña! —dijo, tomándola de la mano.

Una llovizna de pequeñas estrellas azules comenzó a caer suavemente sobre nosotros. Un enorme pájaro envuelto en llamas apareció en el horizonte.

—Ese es un fénix. Un fénix —murmuraron los payasos—. El ave mágica que renace de sus cenizas. Aparece en los cielos anunciando su presencia. Es ella.

—Sí. ¡La Maga se está acercando! —dijo Michal—. Aparecerá entre nosotros en cualquier momento.

CAPÍTULO 13

LA MAGA

Las estrellas comenzaron a descender del cielo y se posaron en la tierra. El fénix voló en redondo y dibujó un círculo de fuego con sus alas. Entonces, justo en el centro de la meseta, borrosa, se dibujó la silueta de una mujer. Su presencia era más y más imponente a medida que se iba definiendo, hasta que se materializó en todo su esplendor. Paseó sobre nosotros sus ojos celestes cielo. Brillaban, resplandecían detrás de un antifaz dorado. Era imponente, magnética, vestida íntegramente de terciopelo negro. Su larga cabellera de siete colores caía sobre sus hombros como si estuviera en llamas. El atuendo parecía ser renacentista. Cintura entallada, mangas angostas, una amplia falda y un cinturón dorado tachonado de gemas. En su pecho brillaba un Abracadabra que parecía ser de plata. Toqué el mío, estaba ardiendo.

Todos los invitados formamos un semicírculo, sentados en el suelo frente a ella, rodeándola. Admirándola.

Vino acompañada por una multitud de seres, como salidos de un cuento de hadas, cada cual más estrafalario y pintoresco: gnomos, hadas, duendes, elfos, sirenas permanecían parados detrás de ella como una guardia pretoriana. Sospeché que no estaban disfrazados, que eran auténticos y que venían de la naturaleza. El fénix descendió, imponente, y extendió sus enormes alas de fuego detrás de La Maga.

La Bufona apareció delante de nosotros en el improvisado escenario natural.

—¡Os doy la bienvenida a esta función a cielo abierto! Esta meseta forma parte del palacio; muchas veces suceden batallas mágicas aquí, como la que acaban de protagonizar Niksha, La Heroína y la Hidra. Ahora tengo el alto honor de presentaros a La Maga —dijo, inclinándose ceremoniosamente delante de ella.

La recibimos con un emocionado aplauso.

—Bienvenidos, aprendices de magos. Vengo a revelaros conocimientos antiguos, que ahora serán revolucionarios —dijo La Maga, con voz profunda—. Los tiempos exigen movilizar fuerzas mágicas para protegernos, purificarnos y elevarnos —explicó haciendo una seña y encendiendo frente a ella una fogata multicolor en medio de exclamaciones de admiración.

—Niksha —me llamó, abriendo los brazos—. Ven, criatura.

Me levanté un poco turbada. La Maga irradiaba un poder hipnótico, absolutamente intimidante. Me tomó de las manos y clavó sus ojos celestes en mí. Centelleaban. Una corriente magnética de altísimo voltaje me atravesó todo el cuerpo cortándome el aliento.

—Recibe esta carga de energía, Niksha —dijo, sonriendo—. Es tuya, tú tienes esta fuerza, pero aún no lo sabes. —Me abrazó—. Vivimos con un pequeño porcentaje de nuestro poder activado, es hora de despertarlo al cien por cien —agregó, y miró al público—. Niksha, te damos la bienvenida a la vida intensa, se acabaron las medias tintas en esta tierra. Tu misión es transmitir esta buena nueva.

Un denso silencio confirmó la importancia del momento. Los ancestros miraban la escena conmovidos. ¡Ellos conocían la potencia de la magia de otros tiempos! Volví a mi sitio temblando.

—Para poder abrir los secretos antiguos, debemos hacer primero una limpieza profunda. Cerremos los ojos, invocaremos la poderosa ayuda de las fuerzas del aire. —La fogata de colores iluminaba tenuemente el rostro de La Maga—. La divinidad manifiesta su presencia no solo en forma de Luz, sino también en forma de viento que barre formas

VII

LA · MAGA

viejas, situaciones tóxicas, confusiones en la escala de valores, situaciones falsas. Llamaremos intencionalmente en nuestro auxilio a un Huracán de Luz, a un luminoso viento del espíritu para que penetre en nuestras vidas y nos limpie. Para que barra miedos e inseguridades ante lo nuevo y desconocido y nos dé impulso y valor. El Huracán de Luz nos ayudará a acelerar, a definir y a profundizar el imparable cambio que debe acontecer en nosotros y que ya está ocurriendo a nivel mundial.

Se quedó inmóvil por unos instantes. No volaba ni una mosca. Se puso de pie en silencio y, señalando el este con el índice de su mano derecha extendido, decretó con voz potente:

—En el nombre del Cielo que nos asiste y de la naturaleza que nos sostiene, que se materialice ya mismo ¡un Huracán de Luz!

Se sintió un lejano ulular, una suave brisa agitó nuestros cabellos y luego subió de intensidad. Temblé.

—Respirad hondo —ordenó La Maga—, convocaremos la magia del aire.

Y, diciendo esto, con voz enérgica, comenzó a invocar.

—Potente rey de los vientos, tráenos el poder invencible de la luz. Nosotros, criaturas estelares exiliadas temporalmente en esta tierra, esperamos conmovidos tu llegada, atraviésanos, ¡oh, Huracán de Luz! Barre con tu fuerza todas nuestras falsas limitaciones, haz volar por los aires todos los obstáculos. Tráenos la memoria de la perfección de nuestro hogar en las estrellas. Purifícanos, libéranos. Ilumínanos. Revitalízanos. Pon en Orden Divino nuestra vida. Que la ley del Cielo se instaure en la Tierra. Amén.

El piso comenzó a vibrar, y nosotros también. Se estaba acercando, era un ulular de vientos, silbidos, voces. Corrientes de aire cada vez más intensas llegaban desde abajo, desde arriba, desde la derecha, desde la izquierda, en torbellinos. Una luz blanca, cada vez más fuerte, anunciaba que este no era un huracán común. Y que se estaba acercando.

—¡Poneos de pie! —ordenó La Maga en medio de una creciente luminosidad—. ¡Abrid los brazos y dejaos atravesar por el viento!

Dejad que el huracán os insufle polvo de estrellas. Que entre en todos los poros de vuestro cuerpo y os haga brillar. Inhalad las corrientes de energía vital que lleva el huracán. Exhalad arrojando fuera de sí todo lo que no sirve, todo lo que queréis dejar atrás, todo lo que os pesa.

Soplaba cada vez más fuerte. Entreabrí los ojos y vi a los payasos, en éxtasis, con los brazos abiertos, entregados. A Fénix, con los ojos cerrados y una expresión beatífica. A mis ancestros sonriendo, iluminados por este huracán mágico. Me afiancé en el suelo, me costaba mantenerme de pie.

—Estas ráfagas llevan la energía de un Nuevo Mundo. Más amoroso, más compasivo y terminante —dijo La Maga—. Cerrad los ojos, repirad profundo y soltad el mundo viejo.

Atravesó mi cuerpo de lado a lado. Ululó y ululó desintegrando todo lo excesivo, lo que me pesaba. Solté todo. Se lo llevó el viento. ¡Pedí que esta corriente bendita inundara mi Nuevo Mundo! Las ráfagas trajeron paisajes inexplorados, abrazos, risas. Rostros de personas todavía desconocidas con quienes compartiría mi nueva vida.

—¡El viento está hablando! —gritó La Maga entre las ráfagas.

Voces misteriosas silbaron en mis oídos: *Ama de nuevo. Busca personas buenas. Mantén el corazón abierto. Sueña. Haz una vida dulce. Suelta.* Me quedé escuchándolas con los brazos abiertos. Se me llenaron los ojos de lágrimas. ¡Estaba renaciendo!

—Los seres mágicos nos acompañan. —Señaló a los elfos, los silfos y las hadas que volaban en medio de las ráfagas—. Sentid la dulzura de los animales, de las plantas, de las flores, de la naturaleza entera. Y la bendición de quien nos protege siempre, aunque no lo veamos.

Un enorme ser extendió sus alas sobre todos nosotros, iluminándonos. Era el Arcángel Rafael.

Poco a poco, el huracán comenzó a disminuir en intensidad y se fue calmando, hasta desaparecer. La voz de La Maga me trajo de regreso.

—Invocad el Huracán de Luz para hacer limpiezas frecuentes en vuestras vidas. También para que os insufle inmunidad. Salud. Amor. Bienaventuranza. Ahora ya sabéis cómo hacerlo. Simplemente cerrad los ojos, invocadlo y pedidle que os traiga lo que necesitáis. No tardará en llegar. Ahora colocaremos sobre nuestros hombros el manto del Orden Divino —dijo, materializando delante de cada uno de nosotros un manto impecablemente blanco, que parecía estar tejido con luz—. Colocad este manto cada vez que os sintáis vulnerables y necesitéis amparo. O queráis mantener un estado de ánimo elevado. Este manto es mágico, está tejido por los ángeles. Simplemente cerrad los ojos, materializad el manto delante de vosotros y envolveos con él.

Me envolví por completo, envolví a Fénix y a La Niña. De inmediato sentí una impenetrable protección. Fénix ronroneó envolviéndonos, también, con sus patas anaranjadas y su dulce amor de gato.

LA OLA DE PLENITUD, LA OLA DE AMOR, LA OLA DE SALUD, LA OLA DE JUVENTUD, LA OLA DE COMPASIÓN

—Trabajaremos ahora con la magia del agua —dijo La Maga, señalando el oeste—. Aprenderéis a invocar las olas. Y también a ir en su encuentro. Enormes olas aparecerán sorpresivamente en el horizonte de vuestras vidas, cambiándolo todo e inundando con bendiciones todos los ámbitos de vuestra existencia. Estas olas están formadas por aguas sutiles. Son las que existen en los sueños y en los ensueños, en las meditaciones y en las visualizaciones. El agua obedece, tiene esa particularidad. Reacciona a las emociones, a los sentimientos, a los pensamientos y, por supuesto, a las palabras mágicas. Si estas son pronunciadas con fuerza e intenciones puras, impactan las aguas y las traen a nosotros.

Todos la escuchábamos embelesados. La Maga tenía un poder magnético, atrayente, hipnótico. Sus gestos eran suaves, perfectos. Su voz acariciaba el alma y estremecía los éteres cuando pronunciaba algún conjuro.

—En solo unos instantes, cuando haga el llamamiento, aparecerán en el horizonte. No os asustéis, dejaos inundar por ellas. Son olas de luz y también de agua. Están formadas por agua iluminada. Veremos qué olas llamaremos. Podemos convocar doradas olas de plenitud si hay carencias o falta de alguna energía en nuestras vidas, ya sean materiales, afectivas o de cualquier índole. O bien doradas olas de amor, para inundar a personas, lugares o a nosotros mismos con amor incondicional, sanando así el desamparo existencial en el que vivimos a veces. Es urgente que circule más amor en la Tierra.

—¿Podemos invocar olas de salud? —preguntó Fénix—. Es para paliar los últimos eventos en el planeta.

—¡Debéis invocarlas! Las doradas olas de salud serán constantemente llamadas en estos tiempos, pues nos inundan de inmunidad. Además, desinfectan las energías tóxicas. Y nos regeneran.

—¿Y las olas de juventud? —preguntó Rojo.

—Las doradas olas de juventud nos inundan con una altísima vitalidad. Generan una refrescante actualización de nuestras vidas. ¡Necesaria! Un rejuvenecimiento, no solo estético, sino sobre todo ¡energético!

—Yo, como Bufona que soy, jamás me tomo nada en serio en este mundo —dijo sonriendo La Bufona—. Por eso nadie puede herirme. Pero casi nadie sabe cómo recuperarse al ser herido en este planeta. ¿Qué olas invocar cuando nos hieren, Maga?

—Cuando somos atacados, disminuidos, traicionados o heridos, como Maga aplico una energía muy poderosa que me eleva por encima de la herida. Llamo a las doradas olas de compasión; sus efectos son inmediatos. La olas de compasión borran las heridas, desintegran todo vestigio de resentimiento. Y nos elevan por encima de la persona o circunstancia que nos agredió.

—Pero ¿por qué sucede esto tan frecuentemente hoy? —pregunté, sintiéndome tocada. Me había pasado, me habían atacado sin motivo y nunca supe cómo reaccionar de inmediato.

—La vibración de un ser auténtico, frontal, inocente que está buscando elevarse irrita. Ilumina y pone en evidencia las falsedades e incoherencias de los demás. Y esto resulta insoportable, entonces, nos atacan.

—¿Y cómo podemos evitarlo?

—No podemos evitarlo. A menudo este ataque viene del ser más cercano, en quien confiábamos, y es sorprendente.

—¿Y cómo actúan las olas de compasión, Maga?

—Cuando la herida ya está instalada, hay que borrar sus efectos. Las olas de compasión actúan de manera instantánea. Sanan. Son balsámicas. Liberan nuestra energía atrapada en la situación injusta. Nos quedamos estancados cuando nos preguntamos una y otra vez por qué nos trataron así y acabamos victimizándonos. Las doradas olas de compasión nos sacan inmediatamente del rol de víctimas. Este rol está prohibido entre los magos, nos quita todo poder.

—¿Rol? —pregunté—. Cuando estamos heridos no estamos desempeñando ningún rol, nos duele lo que nos pasa.

Los payasos hablaron todos al mismo tiempo.

—La vida es un circo. Todos tenemos roles —dijo Amarillo.

—Todo es un teatro. Todo es pasajero, la función termina y nos vamos a dormir a los carromatos —acotó Azul.

—Está bien. Pero cuando nos maltratan verbalmente, emocionalmente, acabamos heridos de verdad —protesté muy seria.

—Hay que recordar que el alma y el espíritu no pueden ser ofendidos ni maltratados. ¡Jamás! —aseguró, enfática, La Maga—. El secreto es posicionarnos inmediatamente en nuestro nivel más elevado, en la quinta dimensión; hasta allí no llegan las ofensas. La ola de compasión sube nuestras vibraciones. Nos asciende, o sea, nos hace tocar el Cielo.

Nos quedamos pensando.

—¡La función debe continuar! —dijo La Maga sonriendo—. Invocaremos ahora las doradas olas de la plenitud; esas nos encantan a todos. Ya sabéis, es plenitud de todo: de amores, de recursos, de proyectos, de alegría. Os propongo ir al encuentro de estas olas, no esperar a que lleguen a vuestras vidas. Este es un secreto de la magia antigua. ¡Preparaos! Iremos al encuentro de las grandes olas.

La Maga, de pie, se dio la vuelta mirando al oeste. Hizo un gesto con la mano y, de pronto, apareció un atardecer y un horizonte. Y una playa de arenas blancas y un sol rojo a punto de sumergirse en un mar de aguas turquesas. La voz de La Maga se multiplicó en el éter y resonó como un fuerte eco.

—Potente Rey de los Mares, te invoco. Envíanos tus sagradas olas, portadoras del poder invencible de la luz. Aguardamos conmovidos tu llegada en el horizonte de nuestras vidas e iremos a tu encuentro. Venid a nuestro mundo, olas de plenitud, ¡nosotros ya estamos yendo hacia vosotras! Inundadnos con vuestra fuerza. Disolved todas nuestras carencias. Sumergid nuestro mundo con amor, alegría, salud y provisión material. Purificadnos, liberadnos, suavizadnos. Iluminadnos. Revitalizadnos. Poned en Orden Divino nuestra vida. Que la ley del Cielo se instaure en la Tierra. Amén.

—¡Id al encuentro de las olas! —ordenó La Maga.

—Ven. Sígueme, Niksha. —La Niña me tomó de la mano.

Corrimos a la par. Miré hacia atrás; detrás de nosotras iban corriendo los payasos, los trapecistas, los saltimbanquis, los ancestros, La Bufona. Y Fénix, que me hizo señas para que lo esperáramos. Seguimos corriendo por la arena, tomadas fuertemente de la mano; la escena se desarrollaba a toda velocidad, nosotros íbamos al encuentro del horizonte y el horizonte avanzaba hacia nosotros. Era una playa gigantesca. De pronto, oímos la voz de La Maga.

—¡Deteneos! El encuentro es ahora.

El horizonte se detuvo. Nosotros nos quedamos inmóviles. Enormes olas doradas, que parecían estar formadas por miles de pequeñas estrellas, se levantaron en aquel mar y rompieron suavemente en la orilla. Sentimos el agua dorada bajo nuestros pies.

—¡Vamos a sumergirnos en el mar dorado! —gritó La Niña—. Quítate la ropa —dijo, desnudándose y tirándose a las olas.

La seguí, y todos los integrantes del circo siguieron nuestro ejemplo. El agua era agua y no lo era, más bien era luz líquida. Las olas nos envolvían en su energía dorada, nos sumergían, nos sacaban a la superficie. Jugaban con nosotros. Parecían estar vivas. Me llevaron mar adentro. Abrí los brazos y me quedé flotando en aquellas suaves y quietas aguas doradas. Me sostenían, me arrullaban. Miré el cielo, el sol se había puesto y aparecieron las estrellas. Y la luna llena iluminaba esta escena surrealista con su luz plateada.

—Estamos nadando en el mar de la felicidad —dijo La Niña apareciendo junto a mí—. Déjate sostener por la luz, Niksha. Es un mar mágico que nos cuida y nos llena de dicha. Nada nos falta. Tenemos amor, tenemos alegría; si nos dejamos sostener por la plenitud infinita, tenemos todo.

Seguimos flotando en silencio, mirando las estrellas. Todos sentíamos lo mismo. Gracia, abundancia, confianza absoluta. Fénix nadaba de espaldas, con las patas extendidas, a nuestro lado. Se lo veía meditativo, emocionado.

—La felicidad no se fabrica en forma física, no se atrae, no se invoca; ya existe, siempre está y estuvo —dijo Fénix—. Literalmente, siempre flotamos en la felicidad universal, como lo estamos haciendo ahora, y no nos damos cuenta. ¡Tomemos posesión de la felicidad! Vibremos en ella, ¡es nuestra! Y es infinita, como este mar.

—Fénix, ¿cómo sabes todo esto?

—Los gatos conocemos muchas cosas, pero no podemos hablar. No estamos autorizados a decir todo lo que sabemos. Ni en un sueño.

La Maga nos anunció que acababa de materializar un lago mágico. Y nos guio hasta encontrarlo en ese territorio fantástico, que nadie sabía exactamente dónde estaba localizado, porque era un estado de conciencia. Al llegar a sus orillas, nos indicó sumergirnos en sus aguas y sentir. Sentir. Sentir. ¡Era el Lago de la Paz! Era tibio, transparente, dulce. Tornasolado.

—El Lago de la Paz disuelve toda tristeza, toda ansiedad. Transforma todo en alegría y paz. Saltad al Lago de la Paz cuando os sintáis perdidos, desorientados o desmotivados —dijo La Maga—. Visualizadlo, tal cual lo veis ahora. ¿Queréis saber cómo crear una realidad propia?

—Sí, sí —dijimos varios.

—Hay varias realidades simultáneas. Nos conviene aprender a vivir siempre en la realidad bendecida. Nunca permanecer en realidades caóticas. Son reales, pero no son las únicas. La realidad bendecida y la enmarañada existen de forma paralela. A través de la imaginación, podemos construir decididamente la realidad bendecida en la que deseamos vivir, y esta comienza a materializarse. El primer paso para crearla es visualizarla en la meditación. Esta es la secuencia: primero, definir la realidad que queremos. Luego, instalarnos a través de nuestra imaginación, nítidamente, obstinadamente en esa realidad bendecida. Con la seguridad de estar a su altura. A veces la bendición no se materializa porque creemos, inconscientemente, que es demasiado buena para ser verdad. O que no somos lo suficientemente buenos para vivirla. Aclarado esto, esperar tranquilamente a que la realidad bendecida se precipite. Os he dado las claves. Navegad en vuestros sueños con la mayor claridad y confianza posible, ¡y los veréis materializarse ante vuestros propios ojos! Indefectiblemente.

Las palabras de La Maga me acariciaron el alma. Nadar plácidamente en el Lago de la Paz, visualizando sueños, era estar en el Paraíso. Nadie quería salir de allí. Nunca había sentido esta dicha especial, continua. Borrar los límites de lo que se llama convencionalmente «la realidad» es lo más parecido a lo que los místicos llaman estado de gracia. Seguí nadando en medio de mis ensueños imaginando que un gran amor llegaba a mi vida, y me instalé en esa realidad bendecida, obstinadamente. Salí para siempre de la tristeza del sofá. De pronto, comenzaron a llover estrellas. Eran anaranjadas. Brillantes. Diminutas. ¡El Lago de la Paz se transformó en un cielo! Entonces, La Maga nos anunció con su voz profunda que acababa de materializar una lluvia de buena fortuna. Caía al agua blandamente y la llenaba de luces.

—Las lluvias de estrellas anaranjadas son infalibles. ¡Siempre hacen descender la suerte, antiguamente llamada «buena fortuna», a nuestras vidas! —dijo dulcemente—. Las Magas las convocamos todos los días. Y ahora descenderá sobre vosotros una lluvia de esplendor —anunció, sonriendo—. Trae magnificencia. Recibámosla con los brazos abiertos y pongamos a las pérsonas que queremos bajo este diluvio de maravillas que elevará vuestras vibraciones de forma inmediata. Simplemente las vemos bajo una continua lluvia de estrellas blancas. No estamos interfiriendo en su libre albedrío, pues solo les estamos enviando bendiciones. Podemos hacer llover estrellas blancas sobre nuestras casas, nuestros proyectos, sobre las personas que tenemos cerca. O, simplemente, bañarnos con ellas para recibir sus dones. ¡Ahora llueve amor! —dijo, señalando una infinidad de diminutas estrellas rosadas—. Miradlas. ¡Descienden sobre el lago como una llovizna! Traen un diluvio de cariño, balsámico y sanador. Bajo esta lluvia, enunciad nuevamente vuestros sueños y llenadlos de ternura.

Todos musitamos en un susurro nuestros sueños más queridos, dejando que aquella lluvia mágica los bendijera.

—¡Ahora desciende sobre vosotros una lluvia de juventud! —anunció La Maga, entusiasmada. ¡Y comenzaron a llover estrellas multicolores!—. Esta lluvia revitaliza, vigoriza. Las Magas nos conservamos siempre jóvenes, porque todos los días nos bañamos en estrellas mágicas. Cerrad los ojos, repirad hondo, abrid los brazos, llenaos de estrellas. ¿Alguien quiere hacer alguna pregunta más?

—Maga —pregunté entre ensueños—, ¿cuál es tu estrategia mágica para lograr la eterna juventud?

—La estrategia de las águilas, me la dieron las mismas aves. Es radical. Y simple a la vez. ¡Debes transformarte en águila!, por un lapso de tiempo. El que consideres necesario. Por ejemplo, tres meses. ¿Qué hacen las águilas cuando cumplen treinta años? Pierden flexibilidad, se vuelven pesadas, se les caen las plumas. Sus uñas se debilitan. Se encierran entonces por noventa días en una caverna, o sea, se retiran de sus vuelos y aventuras en las alturas de las montañas, con un propósito fuerte. ¡Transmutarse física y energéticamente! En total soledad y aislamiento, se arrancan el pico, restregándose contra las paredes de piedra. Y les crece uno nuevo. Se arrancan las uñas y las alas, y esperan a que les vuelvan a crecer. No sabemos cuáles son sus procesos internos, pero podemos imaginarnos que seguramente se olvidan de su pasado, de su anterior identidad, y se preparan para nacer de nuevo. Al retirar su energía del afuera por un tiempo, restauran su intensidad original. ¡Esa intensidad que jamás hay que perder! Cuando el proceso está terminado, salen de la caverna e inician lo que se llama «el vuelo triunfal». ¡Y viven otros treinta años, pero jóvenes! Y con toda su potencia. Han revertido el proceso del deterioro aplicando una sagaz estrategia. Esto mismo tienes que hacer tú. Retirarte de los circuitos habituales, sacar tu energía de las distracciones y los entretenimientos conocidos y encerrarte, o sea, focalizarte solo en la tarea de rejuvenecerte. Comer sano, ejercicio fuerte, iniciar un ritmo de oraciones y regenerarte. Cuando termine el proceso, saldrás al mundo para hacer tu vuelo triunfal.

Emocionada, suspendida fuera del tiempo y el espacio en el Lago de la Paz, imaginé mi vuelo triunfal. ¡Magnífico e intenso! Y decidí hacer la estrategia de las águilas nada más regresara. ¿Sería que realmente volvería al sofá? Me parecía irreal.

—Una lluvia de alegría caerá dulcemente sobre nosotros en unos instantes e inundará toda circunstancia y lugar de júbilo. —La voz de La Maga me hizo volver del ensueño dentro del ensueño—. Es una lluvia de estrellas amarillas, muy necesaria en estos tiempos. Tenemos que hacerlas llover por donde pasemos y adonde lleguemos. Lo haremos en silencio, solo visualizándolas cayendo suavemente sobre nosotros, sobre el lugar y sobre las personas que allí se encuentran. Esta lluvia tiene un secreto, nos ayuda a soltar. Cuando estéis aferrados a algo o a alguien ¡haced llover estrellas amarillas sobre vosotros, sobre las personas a las que os habéis aferrado y sobre las circunstancias de las que no podéis desaferraros!

Las estrellas amarillas caían dulcemente sobre el Lago de la Paz y lo hacían doblemente poderoso.

—No hay paz sin desapego, sin libertad —dijo La Maga—. Es una clave.

—Y ahora percibiréis la lluvia de maná —anunció La Maga—. Llamada «maná» por los antiguos, fue vista en forma de estrellas doradas que llovieron permanentemente en el desierto, durante cuarenta años, cuando los judíos peregrinaban a la Tierra Prometida. No las vemos, pero llueven día y noche sobre nosotros, ayudando a que se materialice todo aquello que necesitamos en nuestra vida terrestre. Alimento, amor, refugio. Lo que sea, adoptan la forma de nuestras necesidades.

Las estrellas doradas caían suavemente sobre mí; abrí los brazos y me dejé atravesar por ellas. Sentí una paz infinita. La paz que debieron haber sentido mis antepasados en su peregrinar en el desierto, cuando el Cielo les enviaba asistencia.

—¡Una fresca lluvia de purificación caerá ahora sobre nosotros! Estad atentos. Desintegra la negatividad y la maldad —anunció La Maga—. ¡Ya han comenzado a llover estrellas violetas! Desintegran las fuerzas involutivas, las hacen desaparecer de inmediato. Nunca hay que permitir que se establezcan cerca de nosotros. Y una manera instantánea de hacerlo es hacer llover estrellas violetas.

Seguimos flotando en ese lago mágico en silencio. Fueron minutos, o tal vez años. La voz de La Maga nos trajo de regreso.

—Ha llegado la hora de volver a la fiesta. ¡A salir del agua! Ya habéis recibido bastante felicidad y paz, no la olvidaréis.

Salimos del lago, exultantes. El diluvio de estrellas de todos los colores nos hacía brillar. Y nos volvió radiantes.

Capítulo 14

LA ENSEÑANZA DE LAS ARAÑAS

Estábamos en éxtasis. Suspendidos entre la tierra y el cielo tachonado con miles de estrellas. En silencio. Estábamos en el País de las Maravillas. Siempre podemos estar allí. Lo supe, lo supe hasta la última célula de mi cuerpo.

—Niksha —susurró La Bufona en mi oído—. Estoy sentada a tu lado, ¡escúchame!

Me costó volver. Estaba en un sueño dentro de otro sueño.

—La Estratega nos espera en su círculo blanco y negro. Tenemos que regresar al palacio, necesita pasarte una información de forma urgente.

Abrí los ojos, me miraba sonriendo.

—Vamos, sin hacer ruido, los demás nos seguirán cuando regresen de la meditación.

Y, diciendo esto, hizo un círculo con su mano, pronunció unas palabras que no llegué a escuchar y, en un segundo, nos encontramos otra vez en el gran salón del palacio, con los invitados que bailaban, bailaban y bailaban.

—Siguen danzando el vals de la liberación —dijo La Bufona riendo—. Hacen bien, hay que practicarlo mucho, una y otra vez; vivimos tiempos intensos y hay que saber cómo moverse en la Tierra. Ven conmigo, te llevaré con ella.

Me agarró de la mano y, arrastrándome, me hizo cruzar el salón de baile corriendo, haciendo zigzag entre los invitados que danzaban y danzaban. De pronto, la música se detuvo y se instaló un profundo silencio. Se escucharon pasos en el techo del salón; eran muchos, suaves, extraños. Todos se habían detenido, estaban como solidificados, inmóviles, mirando hacia las dos puertas de acceso al salón principal.

—¿Qué está pasando aquí, Bufona?

—¡Oh! Son ellas, se están acercando, reconozco sus señales —aguzó el oído—. Están a punto de descender. Tendremos que pasar una prueba. Pensé que podríamos evitarla, pero ya veo que no. En el último momento, nos hemos quedado atrapadas en la red. Mejor dicho, aprenderemos a cómo no quedarnos atrapadas en ninguna red —dijo, riendo.

—¿Quiénes son «ellas»? ¿Qué prueba es esta, Bufona? ¿Qué red?

—¡«Ellas» son las arañas! Shhhh. No hables, son muy sensibles, tienen ocho ojos y ocho patas, y quién sabe cuántas orejas. Ven todo, escuchan todo. Lanzarán una de sus redes circulares en este salón y pondrán a prueba nuestra destreza en no quedar pegadas a la ilusión. Tú sigue mis instrucciones y saldremos rápidamente de aquí; tenemos una cita, no podemos llegar tarde.

Contuve el aliento. Aparecieron todas juntas, deslizándose desde el techo por hilos verticales. Aterrizaron suavemente en el blanquísimo suelo de mármol. Eran ocho y eran gigantes. Medían al menos tres metros de altura y unos seis a lo largo. Peludas, terriblemente negras, sus ocho ojos observaban todo con mirada penetrante; no se les escapaba detalle. Me quedé petrificada, jamás había visto algo así, ni en el más aterrador de mis sueños.

—No tengas miedo —dijo La Bufona agarrándome de la mano—. Son tan horripilantes que me dan risa —agregó, conteniéndose para no estallar en carcajadas—. Pero, al mismo tiempo, las arañas son un tótem de astucia y poder sobre el destino. Nadie como ellas conoce las trampas de este mundo y cómo no quedar atrapada por las redes de la ilusión, que los hindúes llaman «maya». Redes que ellas mismas tejen, como nosotros lo hacemos con nuestras ilusiones, y después, cuando no se cumplen, nos quedamos atrapados en nuestra propia red. Ja, ja. Son maestras de las estrategias, nos enseñan muy bien a lidiar con las situaciones de este mundo, sin ser atrapados por ellas. Son maestras del desapego, pero también del apego temporal si hace falta. Tienen en sus patas un fuerte adhesivo que les permite adherirse temporalmente a cualquier superficie, en cualquier situación. Y soltarse al instante si hace falta.

Los invitados seguían petrificados, como hipnotizados por los ocho ojos de cada araña, que nos miraban fijamente.

—¡No las mires ahora, que nos están mirando! Baja la vista —ordenó La Bufona—. Sus miradas son todavía demasiado fuertes para ti. En unos instantes lanzarán su red circular en este salón y nos enseñarán a movernos como ellas. Cuando salten sobre la red, obsérvalas bien; luego tendremos que imitarlas. Saben tejer una red, sutil e invisible, para lograr sus objetivos. Así funciona la magia. Si quieres lograr algo en esta tierra, debes saber lanzar las redes y atrapar las oportunidades. Sin embargo, el deseo de lograrlo no debe atraparte a ti; tienes que ser como una araña, saber circular por las circunstancias de la vida sin que estas te atrapen. Y sostener los deseos sin que estos te enreden.

Las arañas se colocaron en círculo rodeándonos. Se comunicaban telepáticamente, o a través de sus ocho ojos que a veces posaban en nosotros, vigilantes. Como siguiendo una orden invisible, lanzaron sus redes y, en cinco segundos, habían construido una enorme telaraña con ocho círculos concéntricos y ocho radios que se dirigían al centro de la gigantesca red. Los invitados quedamos todos fuera, rodeando aquella trama circular. Las arañas eran impecables, ni un hilo de la telaraña había tocado nuestros cuerpos. Sentí un escalofrío. Como siguiendo una orden, todas al mismo tiempo, caminaron a toda velocidad por los rayos y se juntaron en el centro, mirándonos fijamente. Casi de inmediato, comenzaron a circular alternadamente por los ocho radios deteniéndose aquí y allá, en la intersección con los círculos, colocando aquí y allá lo que parecían ser sobres de todos los colores.

—Mira —dijo La Bufona con los ojos brillantes—. Nos están dejando sus mensajes, deberemos atrapar uno de ellos. Y nos están mostrando cómo circular por esta telaraña que es la vida: solo por ciertos caminos, solo aquellos que conducen al centro. Jamás circulan por los círculos periféricos; allí podrían quedar adheridas a sus propias trampas, ya que esos hilos circulares tienen una estructura pegajosa para atrapar a las presas. Ellas caminan solo por los radios. Hacen movimientos rectos y solo dirigidos hacia al centro, o desde el centro hacia la periferia. Fíjate con qué delicadeza se mueven por la telaraña, apenas apoyan las patas. Es un andar leve y sin apegos. Así tenemos que andar por el Nuevo Mundo, conociendo los caminos directos al centro de cada situación. No hay que andar nunca más dando vueltas en círculos. Y menos en círculos repetitivos en los que podemos quedarnos atrapados sin darnos cuenta. Pensando, pensando, pensando, creyendo que avanzamos cuando en realidad nos movemos en círculos concéntricos.

—¡Oh! ¡Lo hice tantas veces, a pesar de sentirme tan libre! Pero ya le corté la cabeza a la obsesión. La Hidra me la mostró, con todo su horror.

—Obcecarnos mentalmente nos esclaviza, no aprendemos de los errores cometidos y volvemos a reiterarlos al igual que repetimos comportamientos viejos —dijo La Bufona—. La Mística lo explicó muy bien. Las arañas nos enseñan a caminar por la vida alertas —acotó, señalando una gran puerta de madera que estaba solo a unos metros a la derecha de donde estábamos—. Allí, al otro lado de la puerta, nos espera **La Estratega**. Ya estás lista para conocerla; es más, te enseñará cómo ser Estratega, cómo tener la cabeza fría cuando es necesario y saber hacer los movimientos correctos. Para llegar a ella, tenemos que ir por este radio cercano, tocar el centro y volver por otro, que nos dejará casi en la puerta. El camino lateral, el circular, parece más corto, pero si lo tomamos sin pensar, y por simple comodidad, acabaremos atrapadas. La comodidad es una trampa mortal. Alerta. ¡El juego está a punto de comenzar!

Las arañas se retiraron a la periferia. Nos observaban en silencio. Sentí su inquietante presencia detrás de nosotras. Un escalofrío recorrió mi espalda; los sesenta y cuatro ojos estaban clavados en mí. Como en los circos, un sonido de tambores anunció un tiempo de suspense.

—¡Adelante! —dijo La Bufona—. Sígueme. Mantén el equilibrio. No te distraigas ni un segundo. Solo circula por las líneas radiales. Si quieres levantar algún mensaje, solo elige el que tengas más cerca. Así son las señales, aparecen ante nosotros indicándonos dónde estamos y qué fuerzas tenemos que desarrollar mientras caminamos por la vida. Atentas. Camina suavemente, livianamente. ¿Has comprendido?

—Sí. Sí. Creo que sí —balbuceé, bastante nerviosa.

La Bufona saltó sobre el hilo de la telaraña con un movimiento impecable. Estaba a pocos centímetros del suelo, me di cuenta de que había que caer bien y hacer equilibrio. Como en una cuerda floja. Respiré hondo y salté detrás de ella sin pensar. Los hilos parecían ser de acero, solo había que mantener el equilibrio y avanzar. La Bufona llegó al centro; yo seguí avanzando, conteniendo el aliento. Pero me detuve a los pocos metros. Me sentí insegura. Y me paralicé.

—¡Mírame! —dijo La Bufona—. Cuando ya estés entrenada en caminar por la vida entendiendo la impermanencia y confiando en que la Luz te sostiene, lo harás así.

Se deslizó suavemente por los hilos, apenas tocando su superficie. Caminaba liviana. Con gracia. Levantó las manos al cielo e hizo equilibrio. Balanceándose, volvió a su eje. Corrió hacia el centro, se detuvo un instante, cerró los ojos como meditando y tomó otro camino, por otro radio. Retornó al centro. Y me hizo señas para que avanzara.

—¡Es fácil! —dijo, dándome aliento—. ¡Ven! Sin dudar... Simplemente siente que la Luz te sostiene.

Cerré los ojos y susurré: «Tuyo es el reino, el poder y la gloria. Me inclino ante ti, Señor de los Universos, y recibo la Luz del Paraíso. En mi mundo se instaura Tu perfecto Orden Divino. Amén, que así sea. Y así es».

Abrí los ojos. Me sentí más fuerte. Más segura. Avancé con decisión y firmeza, mantuve el equilibrio desde adentro con la seguridad de que podía hacerlo. Y llegué al centro. Me latía fuerte el corazón y algunas lágrimas furtivas se me escaparon sin querer.

—¡Muy bien! —dijo La Bufona—. Lo has hecho impecablemente. Sigamos, solo debemos tomar este otro radio; él nos conducirá directamente a la puerta de La Estratega. Mira a los invitados: algunos lo están haciendo bien, no han perdido la calma, pero otros se han apresurado, no han pedido ayuda a la Luz, se han desequilibrado y están atrapados. Hay varias clases de pruebas con las arañas en la fiesta. Algunos entran para cazar su sueño; otros, como tú, para poner a prueba su valentía y su equilibrio. Están también los que quieren aprender a recibir las señales.

Los miré con curiosidad. Esta fiesta era inédita, y cada vez parecía ser más real. Tal vez esto no era un sueño. Tal vez el sueño era estar en el sofá. Vi que algunos de los atrapados se debatían entre las telarañas tratando de despegarlas de su cuerpo; no era posible, cuanto más luchaban, más se enredaban.

—Estos cayeron en la red de la ilusión. No pueden cambiar de planes, quedaron atrapados en sus viejos deseos y, como no se cumplieron, se siguen debatiendo en lo que ya no puede ser.

Otros, de pie sobre la telaraña, se mantenían inmóviles; tenían miedo de avanzar.

—Estos son los miedosos —dijo La Bufona—. No se caen, pero tampoco avanzan en la vida. Quedan paralizados.

Algunos caminaban cautelosamente, controlando sus pasos y manteniendo el equilibrio.

—Estos van bien, lo lograrán —dijo La Bufona, señalándolos—. Cada vez tendrán más práctica si persisten y logran ser inmutables.

—¿Y qué pasará con los atrapados? ¿Los que se cayeron en la red?

—Las arañas liberarán a los atrapados, esto es solo un juego —dijo, tranquilizándome—. Es parte de la Fiesta de la Liberación. Pero quienes no pasan las pruebas, reciben otro entrenamiento. Hay muchos salones en esta fiesta, coexisten muchos tiempos, muchos adiestramientos y muchos personajes. Ven. Démonos prisa. Tenemos una cita. ¡Ah! intenta encontrar entre los hilos un sobre violeta. Si lo encuentras, agárralo —dijo, como al pasar—. ¡Avanza! —ordenó. Y señalándome uno de los radios de la tela de araña, corrió hasta el final y me esperó allí, desternillándose de risa. Y observándome.

Respiré hondo, tomé fuerza y avancé haciendo equilibrio y pronunciando mentalmente la oración. Cuando casi había llegado al centro, me detuve. Un sobre violeta brillaba y me enviaba señales, agarrado a la telaraña. Lo recogí, seguí caminando con cuidado, y, triunfalmente, salté al lado de La Bufona. Temblaba. Me abrazó celebrando mi victoria y se dirigió a una gran puerta dorada grabada con signos extraños. Tocó la aldaba de oro tres veces y espero la respuesta.

—Contraseña —dijo alguien al otro lado.

La Bufona me indicó que contestara.

—Abracadabra.

—Adelante —se escuchó una voz musical al otro lado.

La puerta se abrió suavemente. Entramos de puntillas. Respetuosas. ¡Al parecer no era moco de pavo encontrarse con La Estratega!

—Aquí está. —La Bufona me señalaba orgullosa.

—Bien. Gracias —dijo alguien en la penumbra.

—Misión cumplida —dijo La Bufona—. Me retiro, hay mucho trabajo en esta fiesta, los tengo que hacer reír más para que entiendan qué es la liberación. —Y agitando la mano a modo de despedida, desapareció.

CAPÍTULO 15

LA ESTRATEGA

Era un gran salón, con el suelo en damero. Sentada en el centro de un círculo delineado con velas blancas, me sonrió detrás de un antifaz negro, igual que la mitad de su largo y vaporoso vestido. La otra mitad, en vertical, era blanca. Sus cabellos color fuego caían sobre sus hombros con gracia. Brillaba. Irradiaba una energía penetrante, fuerte. Observé en su entrecejo una inquietante luz. Parecía un tercer ojo. Con un gracioso movimiento de su mano, me indicó que me sentara frente a ella en un almohadón dorado.

—Bienvenida, Niksha —dijo encendiendo tres velas violetas, una por una—. Soy La Estratega. Hay mucho que hacer en esta tierra dolida. ¡Te estábamos esperando! ¿Me has traído el sobre?

—Sí, aquí está.

—Veremos qué te ha tocado. —Abrió el sobre y se quedó leyendo un papel escrito con tinta roja—. Bien. Te han aceptado en el club. Es el Club de los Soñadores Despiertos. ¡Felicidades!

—¿De qué se trata? —pregunté, divertida.

—Lee —dijo, extendiéndome el papel.

—«Los Soñadores Despiertos te damos la bienvenida. Somos una nueva raza heroica que está emergiendo en la Tierra y que ya habita el Nuevo Mundo. Nosotros resistimos valientemente la incertidumbre y nos mantenemos estables en medio de los vientos del cambio. Nos erguimos sobre el agobio y la impaciencia de estos tiempos. Y audazmente reforzamos, fortalecemos e intensificamos la Luz en la Tierra. Contra viento y marea. Se nos pide una valentía especial para sostener y concretar nuestros sueños, en momentos en los que parecería que soñar está prohibido. Para esto, tenemos que estar despiertos, es decir, muy conscientes. Respira hondo, eleva tus brazos al cielo, junta tus fuerzas, baja el Cielo a la Tierra. ¡Y sigue soñando hasta que tus sueños se hagan realidad!».

Miré a La Estratega. Me sonrió, divertida.

—Me alegro de que hayas sido aceptada. Ahora, más que nunca, necesitarás aprender las estrategias para saber manejarte en los Nuevos Tiempos. Y para esto tienes que saber qué son —dijo, mirándome fijamente.

—Es un gran honor estar frente a ti, Estratega —me estremecí, me encontré mirando mis propios ojos—. Creo que sé qué son los nuevos tiempos.

—No, no lo sabes. Nadie lo sabe, porque son nuevos —explicó, muy seria—. Lo primero que tienes que aprender es a no dar nada por sentado.

—Eh, disculpa —dije, confundida—. Yo pensé que...

No me dejó terminar.

—Nada ni nadie es lo que parece. Tienes que guiarte por la más pura intuición, visceral, profunda y determinante. No hay más referencias en el afuera en estos tiempos de transición. ¡Tienes que aprender a abrir tu tercer ojo! —dijo, señalando su entrecejo—. ¿Qué sientes al estar frente a mí?

—¡Admiración! —respondí, mirando embelesada el resplandor tornasolado que irradiaba su ojo mágico—. Y siento confianza. Aunque no sé muy bien por qué.

—Bien. No tienes que saber por qué, esto pertenece al mundo viejo, tienes que estar segura de lo que sientes, de lo que percibes. Y guiarte por la intuición. Debes aprender a detectar instantáneamente a quien tienes delante tuyo. Como te dije, hay que abrir el tercer ojo. Nada y casi nadie es lo que parece. Jamás lo olvides.

—Sí. Lo sé.

—Ya has aprendido a deslizarte por la vida como las arañas, esas grandes maestras de la estrategia. Y a no quedar atrapada en tus propias trampas. Pocas personas saben hacerlo, sobre todo, en terrenos emocionales. ¡Y es fundamental aprenderlo! Ahora avanzaremos un poco más, Niksha. Sabes que en esta fiesta se aprende a bailar el vals de la liberación para practicar el movernos libremente en la vida, ¿verdad?

—Sí, lo tengo claro, y como casi todo el mundo, intento aprender a ser libre en las circunstancias planetarias actuales.

—Tú no puedes ser como «casi todo el mundo», jamás —dijo, frunciendo el ceño—. Esto está prohibido en estos momentos planetarios. Prohibido. ¿Está claro? —Parecía enfadada—. El planeta se está reformulando, como todos sus habitantes. ¡Reformúlate! Elevándote elevas el mundo.

—Entiendo lo que me dices. No podemos tener como referencia lo que siente, opina o piensa la mayoría. Pero todavía nos olvidamos de que es así.

—Te han pasado muchas cosas entre aquel tiempo de sofá y de champán, cuando creías que era suficiente con ser buena, viajar, estudiar, meditar y ser libre, y la reciente batalla con la Hidra, cortando cabezas. Has aprendido a usar la espada de la dignidad con La Heroína, a lanzarte desde un trapecio desaferrándote de lo seguro y conocido con La Niña, a usar la magia y convocar un Huracán de Luz para limpiarte de la negatividad con La Maga, a bailar con la incertidumbre. Estás cada vez más cerca de mudarte definitivamente al Nuevo Mundo. Has aprendido a caminar por la vida como las arañas, deslizándote por ciertos hilos. Te has fortalecido. Te voy a dar un consejo estratégico: resuelve los asuntos de la tercera dimensión, en la quinta. Es un estado paradisíaco. Cuando aprendas a vivir así, se habrán acabado los problemas. Transformarás a todos y a todo a través de tu estado de conciencia. Sin actuar. Solo con tu presencia. No hay nada que cambiar allá afuera, ni nadie a quien cambiar. Tu tarea es mantenerte firme en *la Presencia*, en la Luz. Y todas las situaciones se alinearán por sí mismas. También las personas, milagrosamente, sin tu intervención; y se quedarán a tu lado solo quienes pertenecen al Nuevo Mundo.

—Gracias. ¡Lo haré! Me encanta asumir esta postura en la vida. Dame más información, por favor. Dime, Estratega: ¿cómo creo un plan innovador para avanzar en este Nuevo Mundo?

—El Nuevo Mundo avanza a pasos agigantados, arrastrando a su paso a quienes se quedan en la comodidad y en la inercia. El Nuevo mundo es veloz. Es impredecible, cambia todo el tiempo. Valora la autenticidad, la pureza, la ética. Estas son las instrucciones:

Ser ultrarrápida y ultraeficiente.

Estar más alerta por la inmediatez de todo.

Bajar más Luz a esta Tierra. Ser consciente las veinticuatro horas del día.

Debes aprender a ser más sagaz. A estar más alerta.

Las circunstancias cambian velozmente. Es imprescindible ser flexible y usar diferentes estrategias, como en el juego de ajedrez.

Es fundamental ser fuerte emocionalmente.

Debes manejar el mundo de la tercera dimensión, desde la quinta dimensión. Jamás desde lo tridimensional. Cualquier plan innovador debe estar apoyado con oraciones, para tener el respaldo del Cielo.

Un plan para avanzar en el Nuevo Mundo, armado a partir de estos siete principios, es estratégicamente imbatible.

EL JUEGO DE LA VIDA

—Mira el piso —dijo La Estratega—. ¿Qué te sugiere?

—Es un tablero de ajedrez gigante.

—Como lo es la vida misma. Y hay tres maneras, solo tres, de jugar en esta tierra. La primera: puedes ser una pieza. Alfil, caballo, peón, torre, rey, reina, da lo mismo; hay una mano y una mente que te dirige. No tienes elección, eres llevada por las circunstancias, por el así llamado «destino», y no participas en el juego, aunque te creas muy importante. Siempre hay alguien o algo que te gobierna. El juicio de la familia, de la sociedad, la comodidad, las costumbres, el miedo, la incertidumbre y la búsqueda de seguridad. Energías acumuladas en la memoria de la humanidad, llamada también «el inconsciente colectivo». Crees que juegas, pero eres jugada. Repites y repites guiones colectivos. Y siempre te mueves entre opuestos confrontados entre sí, como este tablero, donde se alternan eternamente la luz y la sombra, lo blanco y lo negro, la agonía y el éxtasis. El día negro y el día blanco. Si juegas en el primer nivel, eres parte de una batalla que, cuando finaliza, vuelve a iniciarse nuevamente, o sea, que nunca termina. Jamás te liberas, en ningún momento llegas a sentir paz, esa paz profunda que te embriaga de dicha solo por estar viva.

—Aghhh —dije horrorizada—. Sé de qué me hablas. Por eso salí de esa vida «normal» y me volví nómada.

—Está bien, pero no deja de ser un escape. Tienes que aprender a pasar al segundo nivel, y después al tercero. La segunda forma de jugar al Juego de la Vida es llegar a manejar, a mover las piezas. No ser la pieza que es jugada. Para esto tienes que ser Estratega. Pero la estrategia solo funciona hasta cierto punto, porque hay fuerzas misteriosas que jamás podrás controlar. La estrategia de alto vuelo incorpora la incertidumbre al Juego de la Vida. Lo considera parte indisoluble de él.

—¿La incertidumbre?

—Sí. La sorpresa. Lo imprevisto. El karma. El misterio. Hay muchas fuerzas, las tienes que hacer participar en el juego. Este es el segundo nivel.

—¿Y cómo se hace para pasar al segundo nivel?

—Tienes que ser valiente, audaz y sagaz al mismo tiempo. Debes aprender a tener respuestas rápidas, y también a saber esperar. Eres capaz de hacer jugadas que no tendrán un resultado inmediato, pero que te dirigen a tu objetivo. A veces por caminos más largos y, por lo tanto, estratégicos. Renuncias a lo próximo para ganar lo lejano. Sabes que ganar y perder son la misma cosa. Que el fracaso no existe. Lo que llamamos «fracaso» es una excelente oportunidad para aprender de nosotros mismos. Pero debes poseer una muy buena dosis de humildad para reconocer aquello que no estás haciendo bien. Eres capaz de sacrificar una pieza que te importa mucho para lograr la victoria total. El jaque mate. Sabes que siempre hay que pagar algún precio. Y sabes que lo más importante, siempre, es jugar y no ser «jugado».

La miraba fascinada. Tenía una lucidez, síntesis y rapidez asombrosa.

—Quiero ser como tú, Estratega.

—Ya lo eres, pero aún no lo sabes —sonrió.

—La tercera forma, es ser el juego. Ser todas las piezas del tablero.

—¿Ser Dios?

—Sí. Y no, depende de qué Dios estemos hablando. Si es un Dios que está afuera, de larga barba blanca, colérico y autoritario, que te da libre albedrío, pero al mismo tiempo controla el juego, que te castiga si te portas mal y te premia si te portas bien… no es ese Dios. A ver, piensa un poco. ¿De qué Dios estaremos hablando?

—De la Luz.

—Hay un momento en el que sabemos, no solo creemos, que la Luz es más fuerte que cualquier sombra. Que solo hay Luz. Que la sombra no existe, que en realidad es la ausencia de luz, un «algo» que obstruye que la Luz llegue. Entonces, se abre tu tercer ojo y comienzas a ser una Estratega de la Luz. ¿Con quién te encontraste en tus niveles más profundos?

—¡Con *la Presencia*! Con mi alma.

—Tú eres *la Presencia* de la Luz en esta tierra. Cuando te das cuenta, te mueves en el tercer nivel del Juego de la Vida. No juegas más desde el pequeño «yo», con el que durante mucho tiempo te identificaste. Jugamos desde un nivel mucho más alto, más desapegado, más libre. Con creatividad, originalidad. Sales de los roles fijos. Juegas a ser diferentes personajes viviendo en esta tierra. Ves lo que te sucede desde nuevos puntos de vista, te desapegas de una identidad fija. Eres despreocupada como una Niña, audaz como una Aventurera, no te tomas en serio como La Bufona. Vas en busca de tu sueño, venciendo todos los obstáculos como una Heroína. Cuando puedes ser todos los personajes ¡tienes verdadero poder!

—¡Dime cómo lograrlo, Estratega! Me gustaría asumir mi poder, y lo digo con la máxima humildad.

—¿Qué te lo impide?

Nos miramos en silencio.

—Mmmm… El tema del amor personal. No sé cómo manejarlo ahora. Soy capaz de jugármela por el amor universal, ser desinteresada. Sé que la humanidad está dando un salto para darle el mando al corazón. Y yo ¡seré una activista en esta revolución! Lo sé. Pero el gran tema es mi vida personal; no puedo vivir sin un amor apasionado, sin besos ardientes, sin abrazos intensos. A nivel cotidiano. Y tengo un alto nivel de exigencia en esa materia. No cualquiera despierta en mí ese fuego.

—¿Y qué te pasa cuando se despierta?

—Caigo en un abismo de amor. Me disuelvo. Mi mente se detiene, desaparece. Me ilumino con una luz que no es de este mundo y, por unos breves instantes, baja el Cielo a la Tierra. Lo sé, porque lo he vivido.

—Esa luz que te ilumina y que no es de este mundo es la luz del amor. Así es, desciende a través de los dos, disuelve sus identidades terrestres, abre su tercer ojo e instala el Cielo en la Tierra. En las antiguas tradiciones, a esa fusión espiritual se la denomina «Hieros Gamos», unirse en matrimonio sagrado. Para que se materialice este encuentro, los dos seres tienen que tener el mismo voltaje espiritual.

—Tuve un amor así y lo perdí. Y no sé si podré volver a encontrar a alguien con esa intensidad. Me encanta ese nombre: Hieros Gamos.

—Aprender a olvidar es difícil, pero no olvidar para seguir sufriendo es aún peor. No, no vas a encontrar a alguien con esa intensidad que conoces. ¡Vendrá a tu vida alguien con una intensidad mucho mayor! Un rey. Todo evoluciona, también el amor, y cuando llegue «ese» alguien que realmente es para ti, lo vas a saber, porque no vas a tener dudas ni temores, vas a sentir paz, una conexión que no podrás negar. Hasta ese momento no lo busques, sé feliz contigo. Hasta ahora eras una princesa aventurera; para encontrarte con ese rey, tienes que transformarte en Reina.

—¡Háblame del amor!

—Muy bien, hablemos del amor desde el punto de vista estratégico. Recuerdas la historia de Cenicienta, ¿verdad? Sabes que Cenicienta, una esclava llorosa, vestida con harapos y manchada de cenizas, se convirtió en princesa y en una novia radiante. ¡Es tu historia! En el sofá estabas llorosa y llena de cenizas, o sea, de tristeza. Estabas vestida con harapos emocionales, porque una vida anterior se había terminado. Temporalmente. Pero tú tienes en tu frente la estrella de las Aventureras. Como Cenicienta. ¡Siempre renacerás! Convertirte en Reina en el Nuevo Mundo y encontrarte otra vez con el amor es tu destino.

—¿Cómo es una Reina del Nuevo Mundo? —Sus palabras acariciaban mi alma. Sonaba a una gran aventura.

—Una Reina del Nuevo Mundo conoce su valor. Te lo digo como Estratega. Las mujeres somos muy importantes en este momento del planeta. Una energía femenina asumida plenamente por una mujer instala a los hombres en el Paraíso. Pero si te pierden por no apreciar tu valor, puedes estar segura de que el Paraíso se les derrumba estrepitosamente.

—Ja, ja. Me encanta lo que me dices y cómo lo dices. ¿Cuál es la diferencia entre la energía masculina y la femenina según tu? —le dije, divertida por poder hablar de este tema, nada menos que con una Estratega. Nos lo habíamos planteado tantas veces con mis amigas mochileras de todo el mundo, y nunca habíamos llegado a una conclusión convincente.

—Toda mujer es naturalmente una Maga, encanta todo a su alrededor con su sola presencia. Tiene alta majestad, es naturalmente espiritual, posee una tremenda intuición por tener más activado el corazón. Ese poder fue minimizado por el patriarcado. Pero ahora será valorado, y mucho.

—¿Y qué efecto producimos realmente en un hombre que se enamora de nosotras?

—Tienes que saber que cuando un hombre se enamora de una Maga, porque eso somos todas las mujeres conscientes de nuestro poder, su mundo se transforma. Sus sueños son volcanes de deseo y sembrar energía en tu cuerpo es un placer sobrenatural —dijo La Estratega guiñándome un ojo.

—¿Y cómo es una Maga, una de las nuestras, en el amor?

—Es erótica, apasionada, sensual, magnética. Intensa. Libre.

—Me reconozco, tengo una alta graduación de energía femenina, similar a un vodka Spirytus 96%, muy conocido en Varsovia. Sabes, tal vez sea por mis genes polacos. Pero a veces no sé cómo manejar mis emociones, son muy fuertes. No sé cómo gestionar mi intensidad, a pesar de haber recibido fuertes conocimientos sobre este tema en la fiesta.

—Pues la intensidad es lo que más necesitamos para construir la Nueva Tierra. No tienes que gestionar los sentimientos, tienes que descifrarlos. ¿Qué es lo que más ansías alcanzar en tu vida?

—Todo. Ansío todo en esta tierra. Pero, por encima de todas las cosas, un buen amor. Alguien que sepa gobernarse a sí mismo, y que sepa su propósito en este planeta.

—Lo conocerás. Pero primero, ¡asume tu poder! Deja de debatirte entre la desorientación y la soledad existencial. El Nuevo Mundo da una importancia absoluta al amor. A todas las formas de amor, sin distinciones.

—Dime, Estratega, ¿cómo es la energía masculina del Nuevo Mundo?

—No estamos hablando de hombres y mujeres. Ambos sexos tenemos las dos energías dentro de nosotros y encarnamos con más intensidad una u otra. El aspecto masculino del Nuevo Mundo tiene el corazón abierto. Y la mente clara. Conoce la energía femenina, circular y envolvente, tanto como la energía masculina, lineal y penetrante. Y sabe que ambas, combinadas, son pura potencia. Es firme, estable e inamovible como una montaña; ningún viento fuerte, ni lluvias, ni granizos, que son las circunstancias de la vida, han de hacerlo titubear. Es leal, se compromete con quien ama. Sabe que hay que estar bien plantado en esta tierra para amar a una Maga. Y que hay que proteger y cuidar su especial sensibilidad y no confundirla con debilidad. Claro que estos encuentros del Nuevo Mundo son todavía especiales, protagonizados por seres especiales. Seres que no se conforman con las propuestas habituales, ni buscan solo la comodidad. Seres heroicos, como tú. Confía en ti, Niksha. ¡Tienes la estrella en la frente! Ama tu vida tanto tanto que no tengas que convencer a nadie de que se quede contigo. No hay muchas Aventureras auténticas en esta tierra. Todavía.

—Sé que seremos cada vez más.

—Así es —dijo, entrecerrando los ojos—. Ese rey que veo en tu camino también será un aventurero y, lo reitero, lo veo a tu lado. Sé fuerte porque las cosas van a mejorar, solo necesitas cada día para ser una mejor versión de ti misma. ¡Confía en tus fuerzas!

—Pero ¿cuáles son mis fuerzas? A veces me intimidan hasta a mí misma.

—Sabes cómo sumergir al ser que amas en el mar profundo de tu hechizo y hacerlo feliz. Eres una joven de alma vieja. Tienes todas las condiciones para enamorar a un rey, pero debes ser consciente de que es fuerte el impacto que produce tu energía sobre un ser masculino.

—Muchos tienen miedo de mi intensidad. Cuando Georg y yo nos separamos, intenté conectar con aspirantes a reyes y me encontré con un montón de señores desorientados —dije, atropellándome con las palabras que salían de mi boca a borbotones, como si alguien estuviera hablando dentro de mí.

—Niksha, no eran reyes, espiritualmente hablando. No todos quieren hacer el esfuerzo de ascender. Ni se atreven a darle el mando al corazón. Ya te lo dije, los seres del Nuevo Mundo somos diferentes. No te juntes con personas que te tiren para abajo, o extremadamente mentales, divididas interiormente, o sea, plebeyas espiritualmente; es una forma simple de definirlas, sin menospreciarlas. Es su nivel evolutivo. Los reyes del Nuevo Mundo, o sea, los seres que ya vibran con la nueva conciencia también caminan por este planeta buscando a su Reina. ¡Hay tantas aventuras por vivir! Jamás te rindas. ¡Vas a encontrarte con alguien de tu mismo voltaje! Este encuentro transforma cualquier vida en un cuento de hadas.

—¡Quiero un amor así! —decreté con fuerza.

—Bien, entonces juguemos una partida mágica en el sagrado ajedrez. ¡Que sea para materializar el amor en todas sus formas! Y para derrotar las fuerzas retrógradas que viven en nuestro interior y lo boicotean. ¿Quieres jugar?

—Sí —dije sin dudar.

—¿Sabes algo sobre este juego?

—Nada.

—Te invito a conocerlo.

Capítulo 16

LAS PIEZAS DE AJEDREZ

La Estratega hizo un gesto con la mano y el salón se encendió con una tenue luz amarilla. Estábamos en el centro de un enorme tablero de ajedrez. A mi izquierda, personajes que no eran humanos me observaban impasibles, blancos, imponentes. Nos miramos en silencio.

Medían al menos tres metros.

—Son nuestros ocho peones blancos, la línea frontal en el tablero. Mira hacia la derecha.

Ocho peones negros me miraron sin ojos, atravesándome con su energía.

—Ambos, los blancos y los negros son la tropa ligera. En términos militares, digamos que son los soldados que avanzan a pie. Están en primera línea. Enfrentados. Ambos se miden en este momento.

Se sentía la tensión. Nos atravesaba el cuerpo.

—¿Qué significan estos colores que se repiten también en el tablero? ¿Y qué es en realidad el tablero?

—El tablero simboliza el mundo en el que vivimos, limitado por las coordenadas del tiempo y del espacio. La existencia concebida como campo de acción de las fuerzas de la divinidad. O de la evolución. Y las fuerzas que se oponen a la evolución. Es, digamos así, nuestro campo de experiencia en la Tierra. Representa la tercera dimensión.

La lucha arquetípica entre los opuestos, los devas (ángeles) y los asuras (demonios), el día y la noche, lo positivo y lo negativo, el bien y el mal, el Yin y el Yang. Los dioses griegos luchando con los titanes. Nosotros enfrentándonos a nuestros obstáculos. El negro simboliza las tinieblas, la ausencia de luz. El blanco, la luz. No estoy de acuerdo, como Estratega, en dividir la energía entre el bien y el mal, como si estuvieran separados. Son parte de una polaridad: el bien necesita al mal para saber qué es bien, y el mal necesita al bien para confrontarlo y, así, hacerlo cada vez más bueno. En este juego estratégico se busca cercar al Rey contrario. Y La Reina, aquí, tiene el papel fundamental: es una Maga. El Rey necesita mucho a La Reina. Ella puede moverse por todo el tablero; él, en cambio, solo puede moverse una casilla alrededor de sí mismo. Empieza a verte como una nueva Niksha, el ajedrez te iniciará en otra forma de plantarte en este mundo. Como una Reina, con total potencia, con alta dignidad. Cada vez que queremos alcanzar algún sueño, movemos las piezas del tablero de la vida con ese objetivo. Podemos ganar, entonces el sueño se cumple. Podemos empatar, con lo cual se posterga la definición de nuestro sueño. Y podemos perder, lo que significa que tenemos que mejorar y luego intentarlo de nuevo. Ninguno de los tres resultados es malo. Cada uno nos aporta una enseñanza. Claro que, si ganamos, nos sentiremos muy bien, pero siempre hay partidas nuevas por empezar. Repasemos: ¿con qué intención jugaremos esta partida? ¿Cuál es tu sueño?

—Quiero que el amor sea comprendido en este planeta, quiero que circule y dulcifique la Tierra. ¡Quiero ser parte de esta revolución de conciencia! Y, además, quiero enamorarme. Locamente.

—Bien. ¿Cómo lo lograrás?

—Jugando al juego. Lo quiero todo, y lo quiero con toda la intensidad.

—Muy bien, este es también el espíritu del ajedrez. Aquí se juega a todo o nada. En breve hablaremos con todas las «piezas». Son en total dieciséis de cada color, o sea, treinta y dos, como los senderos del Árbol de la Vida. Estás viendo a los ocho peones de cada bando. Son como un ejército; en nuestra vida representan a las virtudes los blancos, y a los defectos los negros. Y también a los hábitos. Los blancos son los hábitos sanos. Los negros, los hábitos tóxicos. Y en las cuatro esquinas del tablero puedes divisar a las torres. Las blancas representan dos fuerzas espirituales poderosísimas, en las que siempre nos tenemos que apoyar: la magia y la fe. Son nuestros pilares.

Debían medir al menos diez metros. Eran imponentes, firmes, plantadas en la tierra como poderosas fortalezas.

—Las negras, en cambio representan su opuesto, la inseguridad y el escepticismo, energías carentes de luz, que nos aniquilan y resquebrajan. Mira —dijo, señalando a unos caballos que se ponían a dos patas y relinchaban—. Al lado de las torres están los dos caballos; ellos pueden saltar en el tablero. Este es un movimiento insólito en el ajedrez, son los únicos que pueden hacerlo. Los caballos blancos representan la audacia y la inocencia, dos fuerzas muy dinámicas, muy importantes en el Juego de la Vida. Los caballos negros representan, en cambio, dos fuerzas que nos hunden: la cobardía y la malicia. A su lado están los dos alfiles: uno muy cerca del Rey, otro custodiando a La Reina. Son magos, consejeros. Los blancos representan el heroísmo y la claridad, fuerzas vitales a las que siempre tenemos que recurrir para sostener un nivel de conciencia elevado. Los alfiles negros, en cambio, representan la mezquindad y la confusión. Dios nos libre de ellos, hay que eliminarlos apenas se pueda. Como ves, las piezas blancas nos muestran el camino de la evolución en este mundo de opuestos. La luz. Y las negras nos muestran la no luz. Y, finalmente, están los soberanos: el Rey y La Reina.

—Estoy fascinada, Estratega. —Miré las piezas con reverencia—. Yo solamente conocía el tarot, que también es mágico. Las cartas del tarot me hablan y dan consejos, pero el ajedrez nos sitúa directamente en medio del Juego de la Vida.

—Así es. Sirve para desarrollar la actitud de no darse por vencido nunca y de entregar hasta la última gota de sangre para no sucumbir a las tempestades de la vida. Te enseña a jugar al Juego de la Vida como protagonista. Y, al mismo tiempo, te muestra que siempre jugamos en equipo. Ahora los conocerás a todos. ¡Ven, te los presentaré!

Caminamos despacio hasta acercarnos a la fila de los peones blancos. Estaban vivos, palpitaban, respiraban y, aunque no tuvieran ojos ni rostro, sentí que me sonreían.

—Bienvenida a esta partida mágica. Hemos escuchado todo, cuenta con nosotros. ¡Te ayudaremos! Los peones solo podemos avanzar hacia delante, jamás podemos retroceder. Nuestra fuerza es la de avanzar contra viento y marea. Muchos de nosotros seremos sacrificados, ya lo sabemos; es parte del juego. Trabajamos en equipo, allí reside nuestra fuerza. El ideal que nos mueve es más importante que nosotros mismos. Somos las piezas más pequeñas, las más vulnerables; sin embargo, somos conscientes de nuestra jerarquía.

—¿Cuál es? —les pregunté intrigada.

—Conocemos la tremenda importancia de los detalles, de los hábitos a los que nadie presta demasiada atención. Los detalles y los malos hábitos pueden arruinar tu sueño, o sea, te pueden hacer perder la partida. Por ejemplo: descuidar tu cuerpo, tener hábitos destructivos, no llevar un ritmo sano en tu vida. Quejarte, ese es un hábito letal. Así materializas los inconvenientes. No prestas atención al comportamiento del otro y, por lo tanto, no sabes anticiparte a sus intenciones. Si en lugar de prestar atención a lo que dice el otro, registras lo que hace, tendrás otros resultados en tus relaciones. Hay infinidad de detalles a tener en cuenta en el Juego de la Vida.

—¡Cómo me gustaría tener un entrenamiento con vosotros! Suelo andar volando por la estratosfera y no observo mucho lo que pasa en este plano.

—¡Terrible error! —dijo uno de los peones, realmente enfadado—. Eso no es ser espiritual. Hay que saber vivir al mismo tiempo en la tercera y en la quinta dimensión.

Me puse colorada. Los peones eran muy estrictos.

—Te diré algo importante —dijo uno de ellos—. Como pasa muchas veces en esta tierra, si actúas con ética, eficacia y perseverancia, puedes llegar adonde te lo propongas. Si los peones logramos llegar hasta la última línea enemiga, sorteando todos los obstáculos, podemos convertirnos en cualquiera de las figuras del juego, menos en el Rey. Obviamente, todos queremos ser Reinas. Y a veces lo logramos. Los peones no podemos avanzar por cualquier columna, solo en línea recta, siempre por la misma. Así son también los hábitos sanos; si te comportas con rectitud, llegarás muy lejos. En otras palabras, evolucionarás.

Me quedé pensando.

—Las partidas de ajedrez pueden durar cuatro o cinco horas —dijo otro peón—. O días. Te enseñan a no reaccionar, a no guiarte por el primer impulso. Y a jugar por lo que parece imposible, de acuerdo con el pensamiento racional.

Se inclinaron ceremonialmente, abriéndonos el paso para que avanzáramos hacia la segunda línea.

La Estratega me condujo frente a una de las imponentes torres. Su energía era fuerte, difícil de resistir. Irradiaba una vibración de enérgico anclaje en la tierra. Era poderosa. Muy poderosa.

—Las torres te damos la bienvenida a este juego. Yo soy la torre de la magia, en el otro ángulo está mi compañera, la torre de la fe. Pronto descubrirás la suprema importancia de tener este tipo de fortaleza, la fortaleza de una torre para que tus sueños se materialicen en esta tierra.

—¿Cómo es esta fortaleza? —pregunté tímidamente—. Tu presencia me impacta.

—Para tener la fortaleza de una torre, debes apoyarte en tu Luz interna, no en las personas que están a tu alrededor. En esa Luz que mora en tu corazón.

—¿En *la Presencia*?

—Exacto. Actúa siempre desde esa profundidad, nunca desde el nivel superficial. Avanzarás entonces como una de las nuestras, serás una torre. Segura. Inmutable. Inamovible. Plántate firmemente en la tierra y muévete impulsada por la Luz. Ahorra los movimientos inútiles y no inviertas tu energía tratando de elevar a quien no quiere vivir en este mismo alto voltaje que tú.

—Las admiro. Quiero tener esa inmutabilidad.

—Trae el Cielo a esta dimensión. Tu eres de las Pléyades, como nosotros. El juego del ajedrez fue traído a Egipto por los enviados de las Pléyades, los faraones. Nuestra inmutabilidad no es de esta tierra. Y tú puedes recordar tenerla.

—¿Cómo?

—Te lo diré en el lenguaje estelar: vive en la quinta dimensión y baja a la tercera sin desconectarte. Ese es el secreto del juego del ajedrez y de la vida: mover las piezas con información de la quinta dimensión. En el leguaje corriente se llama «intuición». ¿Tienes idea de por qué te estamos iniciando en los secretos del ajedrez?

—No exactamente.

—Para poner en práctica toda la información que has recibido en esta fiesta. El juego del ajedrez es lo más parecido al Juego de la Vida, y tienes que aprender a jugarlo fuerte.

Contuve la respiración.

—No hay lugar para los vacilantes en el Nuevo Mundo. Tienes que ser decidida y fuerte como una torre. Las torres hemos sido asociadas, en el ajedrez, a carros de guerra. Cuando entramos en acción en el juego, somos terminantes. Así tienes que ser tú en el Juego de la Vida. —Se inclinaron formalmente ante mí y volvieron a su posición, inmutables, sin pronunciar una sola palabra más.

—Las torres son poderosas —dijo La Estratega—. Me encanta su estrategia, es concluyente. Ellas son como columnas de luz, inamovibles. La magia y la fe tienen que ser así.

De pronto algo o alguien se plantó de un salto delante de nosotras. Me agarré de La Estratega, turbada.

—Te presento a los caballos. Saltan por todo el tablero.

Eran hermosos, dinámicos, salvajes. Tenían ojos y lanzaban chispas de fuego por sus miradas. Se quedaron fijos frente a mí, observándome con curiosidad.

—Es Niksha —dijo La Estratega—. Os dije que vendría con ella.

—Niksha, bienvenida a esta partida. —Se levantaron a dos patas a manera de saludo y relincharon al mismo tiempo.

Instintivamente di unos pasos hacia atrás.

—¡Oh! Acércate, no nos tengas miedo —dijo uno de ellos—. Nosotros encarnamos el principio del ritmo. Podemos saltar de improviso de un color a otro. De una situación a otra. De un estado de conciencia denso a uno más sutil. Estamos en una casilla y saltamos a otra de la otra punta del tablero, y viceversa. Así funciona la percepción que traemos de las estrellas, no tiene explicación lógica, pero tiene certeza. Representamos el valor, la osadía, el movimiento, lo opuesto a la inercia. A veces, como lo hacemos nosotros, tienes que tomar una decisión instantánea y cambiar de dirección sin una razón lógica. Aunque sientas miedo, hazlo con una certeza interior total. En la vida nos enfrentamos a diversos problemas, ¿verdad? Lo que nadie sabe es que cada problema tiene la solución dentro de sí. Solo tienes que actuar con suma rapidez, si la situación lo requiere.

—Pero ¿cuándo hacer o no ese movimiento sorpresivo? ¿Cuándo retirarse de una situación? O… ¿cuándo saltar en ella sin dudar?

—Lo sabes. Siempre se sabe, pero vosotros, los humanos, no tenéis el valor de seguir vuestra intuición. Confiáis más en el pensamiento. Os liais en razonamientos y especulaciones —dijo el otro caballo blanco que no había hablado—. Sois muy graciosos, por no decir, tontos —dijo muy serio—. En esta fiesta estás aprendiendo a desarrollar la intuición. La incertidumbre ayuda a recurrir a ella rápidamente, como si de una brújula se tratara. La intuición nos da la «corazonada». Seguirla requiere tener audacia e inocencia. Ese es el secreto. Audacia para atreverse a hacer lo que a veces no parece razonable. E inocencia para seguir al corazón.

—Nos vemos en la partida —dijo el otro caballo blanco—. ¿Cuál será la intención del juego?

—A favor del amor. Las piezas blancas limpiaremos los obstáculos que se oponen a la Luz —dijo La Estratega, sonriendo—. A esta actitud la llamamos Tolerancia Cero.

—¡Oh! ¡Qué magnífica intención! Te ayudaremos. Encantados de conocerte.

Y se quedaron inmóviles. Como si de pronto se hubieran vuelto solo gigantescas piezas de ese tablero mágico.

La Estratega me agarró de la mano.

—Niksha, ¡prepárate! Ahora te pondré frente a los alfiles. Son figuras misteriosas. Se los representó como príncipes y, en tiempos de hegemonía de la Iglesia, como obispos, siempre cerca del poder. Se sabe que en realidad son videntes, magos. Consejeros del Rey y de La Reina. Escúchalos con atención. Tienen estrategias muy interesantes para jugar al Juego de la Vida. Uno está parado sobre una casilla negra, el otro sobre una blanca.

Avanzamos hacia la derecha y miré la casilla; era negra. Levanté la vista despacio; era una presencia misteriosa, imponente. Medía al menos tres metros. Irradiaba una inexplicable energía. Me estremecí. ¿Qué era «aquello»?

—Bienvenida al Juego de la Vida, Niksha —dijo con voz profunda—. Los alfiles somos un rápido vehículo de las fuerzas mágicas más poderosas. Podemos avanzar en diagonal, siempre por el mismo color, siguiendo los antiguos vientos del espíritu.

—¿Siguiendo la intuición? —pregunté fascinada.

—Claro. Qué pregunta más extraña. Nos impulsan los vientos del espíritu; estos son aún más poderosos que los vientos de la intuición, aunque primero debes desarrollar esa fuerza básica. La intuición te da una información visceral, la puedes sentir en el cuerpo, si sabes escuchar sus mensajes. ¿Sabes escucharlos?

—No estoy muy segura.

—A veces la intuición te eriza la piel. Cuando estás frente a un misterio, o a un amor intenso, lo sientes. Otras intuyes con el plexo, con una fuerte sensación en la boca del estómago, como si estuviera lleno de mariposas. También sientes una puntada de advertencia si percibes engaños o falsedades. O alguna amenaza. Puedes sentir tu propio poder en el plexo si respiras hondo, muy hondo. Y si sigues respirando con conciencia, puedes subir tu poder y magnetismo a un voltaje suprahumano en unos instantes. ¡Puedes intuir también con el corazón, Niksha! Este es mucho más poderoso que el plexo. Nunca se equivoca; si le preguntas, te responde con certezas, con contundencia. Los alfiles tenemos visión profética.

—¿Es lo mismo que la intuición?

—No exactamente. Las intuiciones vienen del mundo de los ensueños. Pero las visiones proféticas son traídas por los vientos del espíritu. Y nuestra función en el tablero de ajedrez es interpretar la dirección que señalan esos vientos. Por eso somos los mayores estrategas, consejeros leales y confiables del Rey y de La Reina, así como éramos los consejeros de los faraones en Egipto. Solo siguiendo los vientos del espíritu podemos jugar correctamente al Juego de la Vida.

Y, diciendo esto, el alfil se transformó de pronto en un enorme ser. Tenía cuerpo humano, cabeza de toro y un resplandeciente disco solar entre sus cuernos.

Me quedé petrificada.

Clavó sus ojos renegridos en mí y dijo con voz profunda:

—Sabes que el ajedrez se originó en Egipto, ¿verdad?

—Creo que sí. —Apenas pude pronunciar estas palabras. Su presencia era inquietante.

—He tomado la imagen de Thot, el dios egipcio que trajo el ajedrez desde las estrellas, para que me conozcas. Es hora de que vosotros, los humanos, volváis a jugar al Juego de la Vida con estrategias avanzadas, como lo hacíamos en Egipto.

—Así es —dijo La Estratega—. Se trata de jugar en el nivel más alto del ajedrez, el que se autogobierna y vive de acuerdo a las reglas del juego divinas, que son diferentes de las meramente humanas.

Me quedé pensando. ¿Cómo se vive con las reglas de juego divinas?

—En el ajedrez, como en la vida, en el tercer nivel se vive siguiendo los vientos del espíritu, no moviéndonos con los impulsos meramente humanos. Estábamos tan cerca de los faraones porque eran semidioses; solo en parte eran humanos, o sea, terrestres. Ellos siempre jugaban en el tercer nivel. Y lo llamaban «jugar en la tercera dimensión desde la quinta».

Thot sonrió y volvió a su forma ajedrecística. Nuevamente un alfil.

La Estratega me miró con los ojos brillantes. Estaba entusiasmada.

—Me encantan los alfiles. Son tan claros… Las piezas contrarias intentarán confundirnos y desorientarnos. Anticiparse a estos movimientos es la clave para ser un buen jugador de ajedrez. Sin embargo, esto no te garantiza el jaque mate. En breve te serán revelados más aspectos ocultos de este juego, que no es solo un juego. Ahora, quiero que conozcas a la pareja real. Al Rey, soberano de las fuerzas de la materia, y a La Reina, soberana de los vientos del espíritu —dijo con los ojos brillantes—. Este es un momento importante para ti, Niksha. ¡Muy importante! —dijo tomándome de la mano—. Ven conmigo.

CAPÍTULO 17

EL REY Y LA REINA

Nos detuvimos frente a ellos y sentimos su fuerza. Era monolítica, majestuosa, la más potente de todas las piezas de ajedrez. Irradiaba dominio de sí, aristocracia, refinamiento. Un poder que no era solo de esta tierra. Era una especie de misterioso aplomo.

—Los faraones egipcios arcaicos gobernaban el imperio siguiendo estrictas normas espirituales y también manejaban el poder terrenal —susurró La Estratega—. El ajedrez ha heredado esta cosmovisión de lo que significa ser un gobernante. Muy diferente de la perspectiva de los políticos del Viejo Mundo.

El Rey me atravesó con una mirada atemporal. Portaba una majestuosa capa de terciopelo borravino, con bordes de armiño, una malla de plata hasta las rodillas, pantalones y botas negras. Y una corona de oro escalonada en tres niveles, en cuya punta brillaba una estrella, también de oro. En la mano empuñaba firmemente un antiguo cetro, rematado con un pequeño globo terráqueo, incrustado con joyas que emitían reflejos iridiscentes.

La Reina era imponente. Aplomada, enraizada en la tierra, emitía una radiancia majestuosa, hipnótica. Celestial. Tenía la misma sonrisa arcaica de paz y bienaventuranza que Koré. Su vestido era de color rojo sangre. Iba enfundada en una malla de oro, ajustada a su cuerpo hasta la cintura, en la mano derecha portaba un antiguo cetro rematado en una estrella, que parecía haber descendido del cielo. Sus cabellos dorados caían sobre sus hombros y sus ojos celestes resplandecían detrás de un antifaz de plata. Era la única figura del ajedrez que lo portaba. Su corona de oro, tachonada de rubíes, enviaba destellos rojos. Era una Reina, pero también irradiaba la energía de una Maga.

Me quedé en silencio sosteniendo su mirada. Y entonces, el Rey habló.

—Nishka, somos los Reyes Blancos. Te damos la bienvenida a esta partida iniciática. Nos estás viendo como Rey y Reina, aparentemente separados. Pero todos los humanos tienen al Rey y a La Reina dentro de sí, energía masculina y energía femenina. Cada energía tiene una manera de funcionar diferente y complementaria. Yo canalizo la energía masculina, o sea, la fuerza de la materialización. La estructura, el autodominio, el poder, la decisión inquebrantable. El sostén, la autoafirmación. Por eso todos quieren conquistarme, el jaque mate al Rey representa la transmisión de mis poderes. Todos quieren afirmarse en esta tierra, tener estabilidad, saber conquistar el mundo. Y está muy bien. Pero no todos saben jugar al Juego de la Vida de una manera espiritual, majestuosa, ética y estricta, lo que nos confiere autoridad e impacto sobre el mundo tridimensional. Que es transitorio, pero es el espejo de nuestra evolución. Ya lo sabes, ¿verdad?

—Sí, anhelo aprender a jugar en el mundo material de esa manera tan espléndida. Tan firme y decidida. Es el aprendizaje que tenemos que hacer todos quienes nos consideramos «espirituales».

—Para jugar al Juego de la Vida, en un nivel elevado, hay que tener autoridad sobre uno mismo. Sí o sí. Es una cualidad que debe tener cualquier Rey auténtico. Lo mismo vale para jugar en el ajedrez. Te doy mi apoyo, jugaré contigo, Niksha. Ganaremos esta partida para reivindicar el amor en esta tierra. Es nuestra misión como piezas blancas.

Me quedé mirándolo embelesada. Era tan masculino... Y tan apuesto... ¡Sus ojos eran del color del tiempo! Por unos instantes me olvidé de que era una pieza de ajedrez.

IX

LA · REINA

—Niksha —dijo La Reina, atravesándome con su mirada estelar—, yo reflejo el próximo nivel de ti misma. Te explicaré qué significa ser Reina en el Nuevo Mundo —agregó con una sonrisa que derretía el alma—. ¡Ante todo, ser Reina es dejar de una vez por todas de crear problemas en esta tierra! No nos damos cuenta de que los creamos todo el tiempo. Solo existen circunstancias que se plantan ante nosotros y que nos exigen respuestas. La realidad es simple, las verdaderas Reinas lo sabemos.

La miré en silencio. Tenía razón. Ahora podía verlo. Me daba un poco de vergüenza no haberlo descubierto por mí misma.

—Un problema es más que un obstáculo. Nos ata, es un nudo energético que no logramos trascender. En el territorio de una Reina no hay problemas, hay desafíos espirituales. Es ley.

—Me intriga, ¿por qué la Reina tienen tanto poder en el ajedrez?

—Así como en la vida, en el ajedrez la Reina es naturalmente más libre. Representa el poder espiritual, que ordena el poder material. El Rey, en el ajedrez, tiene los movimientos limitados. Solo se puede mover una casilla alrededor de sí mismo. La Reina puede volar por el tablero casi sin límites. El ajedrez nos habla en lenguaje simbólico. Los reyes eran poderosos, y su mismo poder terrenal los aprisionaba. Tenían miedo de las intrigas, de las traiciones. Y la intuición femenina era muy importante para ellos, los protegía.

—¿Y cómo funciona la combinación de femenino y masculino en el Juego de la Vida?

—Las Reinas, por ser mujeres, damos vida. Gestamos. Tenemos una fuerza inconmensurable, lo sabemos. Y combinamos nuestro poder con el del Rey. Un femenino elevado y un masculino elevado, unidos, elevan nuestro voltaje a la máxima potencia. Sois capaces, si os lo proponéis, de construir un magnífico reino basado en una alta calidad espiritual. Y de compartirlo con quienes se la jueguen por el Nuevo Mundo, de verdad. Los estándares espirituales de una pareja real del Nuevo Mundo son mucho más elevados y ambiciosos que los del término medio. ¡Vale la pena estar en una pareja real! Es muy importante que el amor se restablezca en la Tierra como parte del camino espiritual. Si el amor vuelve a ser refinado, brillante, digno, noble, o sea, sagrado, tendremos más fuerza para construir aquí un Paraíso. Puedes hacerme alguna otra pregunta si así lo deseas.

—Sí. Sí —dije, emocionada—. Pero dime, Reina, ¿cómo plantarme en mi reino con firmeza y valor?

—¡Como una soberana! Por supuesto. Tu reino es tu vida personal. Y en este territorio debes tener dominio sobre ti misma y no dejar que te manejen. ¿Hay turbulencias? Tienes autoridad interior para atravesarlas, la Luz te sostiene, ¡sé consciente de ello todo el tiempo! Moviliza todos tus recursos para hacer funcionar al máximo tu reino, tu vida personal. Una verdadera **Reina del Nuevo Mundo** es, en definitiva, una Maga. Una Reina Maga. Una vez que definas tus sueños, ¡ve a por ellos! Empieza a actuar con realeza, sé expeditiva, gobiérnate, no pierdas tiempo. Al mes, tendrás pequeños logros; a los dos meses, más y a los seis meses notarás una gran diferencia con el comienzo. Y al año, será impactante ver adónde has llegado. Los sueños se construyen de manera acumulativa, paso a paso, día a día, minuto a minuto, con una persistencia férrea y con una máxima autoridad real sobre ti misma. Tan fuerte que no te permita claudicar ni renunciar. ¡Esta es la actitud de una Reina! Y esto es lo que te diferencia de los demás.

—Como Reina del Nuevo Mundo, debes actuar con una gran firmeza interior. No asustarte ante los conflictos y las turbulencias. Tienes autoridad interior para resolverlos, sé consciente de ello. Mantén siempre encendida tu pasión, el mundo de las Reinas es un mundo en rojo. Ya sabrás lo que esto significa. Convoca a tus aliadas, crea estrategias, moviliza todos tus recursos para hacer funcionar al máximo tu reino, es decir, tu vida personal. Mantente siempre conectada con el Cielo. Una verdadera Reina se conoce y conoce el manejo de las corrientes sutiles que recorren la materia y le dan forma y vida. O sea, es en definitiva una Maga. Una Reina Maga.

—Quiero ser Reina Maga y construir un Paraíso en la Tierra.

—Niksha, tú ya eres una Reina. Pero no lo sabes. ¿Quieres verlo? —Hizo un gesto mágico con su cetro y, plantándose frente a mí, se sacó el antifaz.

Me quedé petrificada. ¡Era yo misma! Como en un espejo, vestida con ese traje magnífico y coronada de rubíes, otra yo me miraba sonriendo.

—Toma —dijo, extendiendo el cetro con la estrella—. ¡Asume el mando! El tablero representa tu reino, tu mundo personal. ¡Niksha! Ser Reina es saber gobernarlo. Y gobernarte. Esta práctica ajedrecística es la culminación de la Fiesta de la Liberación que se celebra siempre en el País de las Maravillas.

—¿Quién mueve las piezas negras?

—Las fuerzas involutivas. Esta batalla nunca termina, se reinicia una y otra vez, es el Juego de la Vida. Pero hay un secreto. Si logramos el jaque mate, lo conocerás.

—¿Qué función tienen las piezas negras en el tablero de mi mundo personal?

—Ellas te confrontan, te prueban para ver si eres capaz de reconocer las refinadas estrategias de los impulsos retrógrados. Y si eres fuerte de verdad para no caer bajo su influencia.

Emocionada, apreté el cetro contra mi pecho y me di cuenta de que mi dulce vestido blanco se había transformado en un vestido rojo sangre como el de La Reina. Me toqué la cabeza, la ceñía una corona de oro.

—Jugaremos esta partida afrontando el desafío espiritual más importante de este momento planetario: ¡erradicar las fuerzas involutivas que se ocultan en nosotros mismos! —Clavó sus ojos profundos en mí, haciéndome temblar.

—¡Que entren todas las aliadas al tablero! —ordenó La Reina. La Estratega avanzó digna y elegante. La Aventurera, con su mochila roja en la espalda, me guiñó un ojo. Detrás venía La Niña saltando. La Sanadora. La Maga. La Heroína. La Mística. Se pusieron en fila delante de mí. La Bufona hizo una voltereta y se puso al frente de todas. Con un solo movimiento, todas se sacaron el antifaz. Eran versiones de mí misma. Exactas. Idénticas. También La Niña, que era una Yo pequeña.

—Vivimos en tu interior. Somos tus *alter ego*. Ahora puedes vernos porque estamos en un sueño. Pero, aunque no visibles, estamos siempre contigo. Fénix nos vio, estábamos detrás de ti cuando estabas tirada en el sofá. Él siempre nos ve, es un gato. ¡Queríamos ayudarte! Darte nuestros diferentes puntos de vista acerca de la pena que te embargaba. Pero no era posible establecer contacto contigo. No estabas preparada.

—No me lo puedo creer —dije con los ojos llenos de lágrimas.

—¡Abrázanos! —dijo La Sanadora—. Siente la energía de cada una de nosotras, es tu propia energía. Y tu propio poder.

Nos fundimos en un loco abrazo. Saltando y riendo.

—Amigas, ¿estamos listas para participar en la partida? —dijo La Heroína, poniendo en alto la espada de fuego—. ¡Por la luz de nuestros sueños venceremos! —arengó.

Las torres blancas se colocaron firmemente en las esquinas, las siguieron los caballos y los alfiles. El Rey Blanco se situó en el centro del tablero. A su lado había una casilla vacía. Era la mía.

—Aliadas, ¡id a vuestros puestos! —ordenó La Bufona—. La partida está por comenzar.

Entonces, ante mi asombro, que cada vez era más asombroso, La Maga saltó hacia una de las torres, desapareciendo en ella. La Mística entró en la otra con un rápido movimiento. La Niña saltó sobre uno de los caballos blancos, mientras que La Aventurera montaba el otro. La Estratega saltó dentro de uno de los Alfiles. Y La Heroína, en el otro.

—Niksha. Tus aliadas jugarán contigo, cada una ha asumido su rol en el juego —dijo La Bufona mirándome fijo—. Las torres son inmutables y estables. La Maga y La Mística canalizan en nosotros estas fuerzas celestiales de inconmensurable poder. La Maga, bajando el Cielo a la Tierra, y La Mística, subiendo la Tierra al Cielo. Son torres de certeza que sostienen la Luz, desde nuestro interior, para reflejarla en el mundo. La Niña y La Aventurera montan los caballos del ajedrez. Son rápidas, intuitivas, espontáneas. Nos empujan a actuar de manera imprevista y osada cuando la situación lo requiere. La Estratega es un alfil, ella tiene la perspectiva del conjunto de situaciones, movimientos y juegos de fuerzas que hay que manejar en la partida. La Heroína es el otro alfil, sostiene el espíritu heroico de cada jugada en el tablero de la vida. El Rey representa el poder material, la estructura, manifestada en la forma. Nos da estabilidad. La Reina representa el poder espiritual que circula en las corrientes subterráneas e invisibles de la realidad.

—¿Y quién moverá las piezas en esta partida?

—Tú. Te recomiendo que bajes al sanctasanctórum para que te guíe tu corazón.

—Te amo, Bufona.

—¡Asume tu lugar de Reina, Niksha! —dijo señalando el tablero—. Cuando lo hagas, el Rey también aparecerá materializado en tu mundo.

—¿Dónde está mi mundo?

—En el tiempo tridimensional, al que entrarás nuevamente cuando termine la partida. —Señaló un río que corría en los bordes del tablero.

Miré alrededor, ¡el tablero era ahora una isla flotante! Allá lejos, cada vez más pequeño, se veía el castillo.

—Estamos navegando en la corriente del pasado, del presente y del futuro.

—¿Cómo se llama este río?

—Es el Río del Tiempo. ¡Solo se puede navegar por sus aguas dejándose llevar! Entonces el tiempo se hace uno. Desaparecen el pasado y el futuro, y solo queda el eterno presente. El juego debe comenzar. ¡Niksha, asume tu lugar! —dijo La Bufona.

Avancé lentamente, todos clavaron sus ojos en mí. El Rey me esperaba, firme y masculino. Sentí su presencia y su poder, no quería moverme ni un milímetro de allí. Me pareció que él sentía lo mismo. Me guiñó un ojo. Tuve que refrenarme, quería darle un beso. Lo miré hipnotizada. ¡Me estaba enamorando de una pieza de ajedrez!

—Haremos el jaque mate juntos —dijo apoyando su mano sobre mi hombro.

Su mano quemaba.

—Tenemos el mismo voltaje, Niksha. Nos encontraremos en el mundo tridimensional —dijo, sonriendo.

—¿Cómo te reconoceré?

—Te entregaré una llave de oro.

Mi corazón empezó a latir muy fuerte.

—¡Atención! Todas las aliadas están en sus puestos en el tablero. La Sanadora y yo, La Bufona, no asumimos ninguna pieza, jugamos sosteniendo la partida. La Sanadora cuida y repara. El Juego de la Vida es muy feroz a veces, deja heridas, hay que intervenir y curarlas rápidamente. Y yo, como Bufona, coordino este juego. Mi irreverencia y libertad me autorizan a hacerlo. Y también entro sorpresivamente al tablero haciendo piruetas para distraer al enemigo. O como en época de las cortes medievales, acompaño al Rey y a La Reina susurrándoles mis consejos al oído. Y a veces me burlo de las piezas negras para debilitarlas. Y hago este juego divertido.

Los peones blancos formaron una compacta fila protectora. Cada uno canalizando una virtud, una actitud sana y transparente en la vida. Disciplina. Decisión. Compromiso. Verdad. Inocencia. Gratitud. Presencia. Paciencia. Confianza.

Los peones negros encarnaban el desorden. La ambigüedad. La corrupción. La falsedad. La manipulación. La ingratitud. La postergación. La crueldad. La confusión. Eran fieles representantes del Viejo Mundo. Los alfiles negros tenían expresiones adustas y preocupadas. Sus rostros eran amargos y tenían el ceño fruncido. Las torres negras, ancladas, inamovibles sostenían las fuerzas de la inercia. De la razón fría sin sentimientos. Los caballos negros murmuraban entre relinchos:

—Somos imprevisibles. No se puede contar con nosotros, no queremos compromisos. Somos buenos escapando, evaporándonos sin dar explicaciones. ¡Sálvese quien pueda!

El Rey Negro nos miró con expresión feroz. Irradiaba ese antiguo despotismo del patriarcado, aceptado durante demasiado tiempo.

—¡Nada de sentimientos! Nada de sueños, hay que producir, sostener el sistema, mantener el *statu quo*. ¡Nada cambia! ¡Así es la vida! —susurró a La Reina—. No se juega con nosotros, somos los soberanos de la Tierra, quedó claro en los últimos sucesos del planeta.

La Reina Negra rio sarcástica mientras me observaba de arriba abajo, desafiante. Irradiaba cinismo, especulación, soberbia.

—¿Así que ahora eres Reina, Niksha? —Se rio—. Yo también lo soy. Soy La Reina del invencible mundo viejo, como lo llamáis vosotros. —Lanzó una carcajada histérica—. Veremos quién gana la partida. ¿Quieres que tu sueño se haga realidad? ¡Es imposible!

Los peones negros contestaron con una sola voz:

—¡Sí, mi Reina! ¡Es imposible!

—Mis sueños son los únicos importantes. Los míos. Míos. Míos. ¡Ya lo verás! —gritó lanzando una carcajada.

La Bufona miró la escena divertida.

—¡Esta es una de las partidas más entretenidas a las que he asistido! No es suficiente con meditar, rezar y ser buenos. Tenemos que meternos en el Juego de la Vida a fondo. Y elevarnos por encima de la especulación, la falsedad, el miedo. Desalojarlos de dentro y de fuera.

—Temblad de miedo ante nuestro poder —musitó entre dientes el Rey Negro.

—¡No le contestéis! —ordenó La Bufona—. A las fuerzas oscuras no hay que darles entidad. ¡Piezas blancas, firmes en la Luz!

—Firmes en la Luz —contestamos todos con una sola voz.

—¡Que entren los invitados! —La Bufona señaló la puerta que se abrió de par en par.

Ingresaron en tropel Rojo, Amarillo, Verde, Azul, los trapecistas, Alicia con el Conejo, la Oruga, los lanzallamas, todos mis ancestros que había visto bailando. Michal, quien me saludó levantando la mano. Fénix me atravesó con una penetrante mirada felina. Todos rodearon el tablero, expectantes. El Rey me guiñó un ojo, y yo le sonreí. Afirmé mi cetro en la tierra.

—¡Aquí manda la luz! —afirmé en voz alta.

Los invitados corearon «¡Amén!».

Capítulo 18

LA PARTIDA

—Somos un ejército de luz —le dije al Rey Blanco en un susurro.

—El Rey Negro tiene los minutos contados —contestó en mi oído.

La Hidra lanzó una carcajada sobrevolando el tablero de las piezas negras y agitando sus nueve cabezas.

Los ángeles extendieron sus alas y enviaron una ola de bendiciones sobre las piezas blancas.

—¡Que comience la partida! —ordenó La Bufona—. ¡Alistaos, piezas negras! Os desalojaremos, sabemos que vivís dentro de nosotros y boicoteais el amor en esta tierra. No os damos más espacio para ocultaros en nuestro interior. Os retiramos entidad. ¡Por nuestros sueños, triunfaremos!

—¡Triunfaremos! —corearon los ancestros, los payasos, los trapecistas. Los lanzallamas lanzaron sus fuegos al aire. Los tamboriles del circo tocaron los tambores anunciando el suspense.

Y yo temblé. Esto iba en serio.

Nuestro peón blanco de la decisión avanzó dos casillas a e4 declarando:

—¡Queremos una vida llena de amor!

Las negras movieron su peón negro de la ambigüedad a e5, colocándolo frente al blanco. El peón negro murmuró:

—¡Posterga ese sueño! Es imposible lograrlo, nadie cree en el amor.

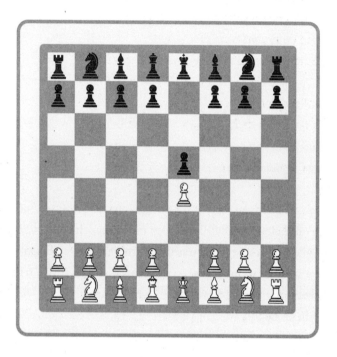

Las blancas respondimos en silencio, haciendo avanzar a La Estratega, como alfil blanco, en un claro ataque al peón negro de la postergación.

—La táctica para contrarrestar la postergación es la acción —dijo La Estratega—. Para que el amor triunfe, hay que elaborar un plan. Tenemos que ser lo que queremos que el otro sea para nosotros. Leales, puros, presentes.

El Rey Negro, que defendía al peón negro de la postergación, dijo con voz siniestra:

—El amor es imposible en esta tierra. Posterguemos esta idea.

—Es lo mejor, posterguémosla —rio la Reina Negra—. Mientras tanto, disfrutemos de la banalidad. Vivamos en la superficie. Allí estamos a nuestras anchas.

El alfil negro de la confusión acotó:

—¿Hacer un plan para lograr el amor? ¡Qué propuesta tan ridícula! El amor es fugaz y se evapora delante de nuestros ojos.

El caballo negro saltó con un relincho para reforzar la defensa del peón negro de la confusión diciendo:

—El amor es traicionero. Nunca confíes en él, Niksha.

—Responde, Niksha —dijo el Rey Blanco con una voz dulce y profunda—. Salta con La Niña, súbete al caballo y demuestra tu alegría. Entra en las torres de la magia y de la fe. Sé Reina. ¡Mantén nuestro sueño! Hazle jaque mate a ese siniestro Rey de la no luz irradiando alta conciencia. Yo te ayudaré. El amor nos hace invencibles en el Nuevo Mundo.

Me deslicé dos casillas hacia mi derecha, me transformé en La Niña y, conduciendo el caballo con mano firme, en un rápido y sorpresivo salto, me comí al tóxico peón negro de la postergación.

—¡La inocencia no conoce la postergación! —grité triunfante—. Nunca más vamos a posponer el amor en esta tierra —afirmé, segura y llena de vitalidad. La Bufona entraba cada tanto al tablero y, saltando en la grupa del caballo, me acompañó alentándome con su risa.

La capacidad de dar enormes saltos con el caballo blanco me daba un poder extraordinario. Y la energía fresca y alegre de La Niña me impulsaba con una seguridad visceral.

—Niksha, ve a la torre de la fe. Tenemos que desintegrar al peón de la confusión ¡con la certeza de La Mística! —dijo La Bufona en mi oído.

Me deslicé una casilla y trepé la torre de la fe. La Mística extendió la mano y me ayudó a saltar sobre el borde. Sonrió, inmutable. Respiré hondo, vibrando en esa altísima frecuencia, supe que contaba con la ayuda del Cielo. Nada iba a hacerme desistir de mi sueño. Al abrazarnos nos fundimos en una sola persona. Entonces grité con voz firme:

—¡El amor jamás duda! —Y en un solo movimiento, avanzamos con demoledora certeza y nos comimos al nefasto peón de la confusión, que tanto daño hace a las relaciones humanas.

La partida continuó, a todo o nada.

Volamos por el tablero, dimos gigantescos saltos, comimos piezas y fuimos comidos. El movimiento nos daba energía y fuerza, pero no siempre había que moverse. A veces había que quedarse inmóvil y en silencio para pensar bien qué jugada hacer. Como en el Juego de la Vida. Cuando no hay una sensación muy clara de cuál es la manera de seguir jugando, o cuando nos sentimos amenazados, es mejor detenerse y replantearse la estrategia. Y, si es necesario, cambiarla. Muchas partidas se pierden por seguir avanzando a ciegas, empecinándonos en una sola idea.

De pronto la vi. Era una siniestra y gigantesca Torre Negra.

Me confrontó cara a cara, el suelo del tablero tembló. La Maga extendió su mano y dijo unas palabras. Volé por los aires y aterricé en la torre blanca de la magia. Aquella siniestra torre negra irradiaba la letal fuerza retrógrada del escepticismo. Pero no podía comerme por el momento, el caballo blanco montado por La Aventurera me protegía la espalda.

—¡No hay escepticismo en una vida audaz y valiente! —grité, fundiéndome con La Maga para dirigir aquella poderosa torre.

No era broma. La tensión crecía, esta situación estratégica podía cambiar en un segundo. «Tantas veces el escepticismo nos ataca para que abandonemos el sueño de un amor mágico», pensé, mientras rogaba que llegara la ayuda. Es una fuerza letal del Viejo Mundo, y no puede seguir operando en el nuevo.

—¡Desiste! ¡El amor es efímero! ¿Para qué te esfuerzas tanto en querer implantarlo en este planeta? —gritó la torre negra, volviendo a hacer temblar el suelo del tablero.

—¡Te aconsejo que abandones! —dijo el alfil negro, haciéndose el protector.

—Jamás, los que abandonan nunca ganan, y una ganadora nunca abandona —respondí, segura.

Medimos fuerzas; la brisa helada que esa siniestra torre irradiaba congelaba el corazón. Una terrible indignación, que algunas veces había sentido ante el escepticismo frente al amor, subió desde mi plexo como un volcán en llamas.

—¡Soy una Maga! —dije con una voz segura y firme que salía de mi interior con una potencia inusitada—. Y el amor sagrado es una fuerza vital para cada una de nosotras y para el Nuevo Mundo. ¡Existe y es eterno! Lo reverencio y estoy lista para recibirlo y cuidarlo en esta tierra dolida. Tienes los minutos contados.

En un movimiento inesperado, nuestro alfil blanco, guiado por La Heroína, atacó desde un costado al grito de:

—¡El escepticismo se sana incendiándolo con el fuego del amor! —Lanzó una llamarada de amor sobre la torre negra y se la comió.

El público aplaudió entusiasmado; a todos les encantaba haber aniquilado al escepticismo, una de las más tóxicas energías retrógradas que impiden que concretemos nuestros sueños.

Los caballos blancos comenzaron a dar saltos certeros, sorprendiendo a las piezas negras por la espalda. La Niña estaba dándolo todo, el juego era su fuerza natural. La Aventurera, montando el otro caballo, se comió varios peones negros, aniquilando de raíz conductas tóxicas como la falsedad, la ingratitud y la crueldad. ¡Grandes enemigos del amor!

Íbamos jugando bien, pero de repente, las piezas negras comenzaron a tener ventaja. Se comieron varios peones blancos, aniquilando actitudes sanas en las que nos apoyábamos y, por ende, debilitándonos mucho. La paciencia fue comida por el caballo negro de la comodidad, la resiliencia también, y la gratitud sucumbió ante el alfil negro de la toxicidad. La situación era preocupante. La Reina negra se regodeaba contando las piezas que nos quedaban. Y en un movimiento sorpresivo se acercó peligrosamente al Rey Blanco, protegido por la torre de la fe al mando de La Mística.

—¡Ven en mi ayuda, Torre del Materialismo! —gritó la Reina oscura, arengando a la mole negra mientras repetía como un mantra—:

El amor no sobrevive en los tiempos actuales. La avaricia emocional es una plaga. Lo devora todo. El materialismo es nuestro Dios.

Los alfiles respondieron con una sola voz.

—El amor es más fuerte que nunca. ¡Por la luz de nuestros sueños triunfaremos! —Pero la situación era preocupante.

Tal como sucede en los grandes partidos de ajedrez, La Estratega dio la orden de detenernos para estudiar los próximos movimientos.

—Piezas Blancas, alerta —advirtió preocupada, parando el juego.

—Se han tenido que sacrificar varias piezas, y a las que considerábamos más valiosas, tuvimos que entregarlas —dije con un nudo en la garganta, desde mi lugar de alfil en el que estaba posicionada cuando sobrevino la pausa—. ¡Pero nuestro espíritu sigue en alto!

Se instaló un denso silencio.

Y entonces La Estratega habló.

—Calma. Aun cuando todo parece perdido, en el último momento una jugada magistral puede cambiar el resultado. Jamás debemos abatirnos ni dudar. Las dudas cancelan las bendiciones.

Los payasos nos miraban con cara de preocupados. Fénix se rascaba el mentón. Los trapecistas estaban cabizbajos. Algunos ancestros hacían comentarios entre ellos, sugiriendo jugadas maestras. Otros meneaban las cabezas murmurando…

—¿Qué será de nosotros sin amor?

—¡No os rindáis! —gritó Alicia dándonos valor. El Gato se puso serio.

—Tengo la solución —dijo La Estratega con voz firme. Todos la miramos expectantes.

—¡Que lo resuelva La Sanadora! —ordenó.

Un rayo de luna iluminó a La Sanadora. Ella levantó la mano hacia el Cielo y decretó con voz potente:

—¡Que llueva amor!

De pronto se instaló un extraño silencio. Nadie se movía. Se podía escuchar el sonido de cada respiración.

Y entonces, comenzó la lluvia.

Eran miles de pequeñas estrellas rosadas, casi imperceptibles.

Caían sobre el tablero suavemente. Y acariciaban el alma.

Algunos ancestros lloraron de emoción. Otros oraron. Los payasos reían embelesados. Los trapecistas y los lanzallamas se abrazaron bajo la lluvia. La Niña bajó del caballo y se puso a jugar con las estrellas que habían caído sobre el suelo blanco y negro del tablero.

Michal dijo con los ojos brillantes:

—Amigos de la Fiesta de la Liberación, las bendiciones mundanas están confinadas al tiempo y al espacio. Y son intermitentes. En cambio, las bendiciones cósmicas, como esta lluvia de amor, son interminables —dijo visiblemente emocionado, cerró los ojos y abrió los brazos al cielo.

El tablero se transformó en un campo verde y florido, crecieron los árboles y se llenaron de frutas. Respiré hondo, el aire olía a rosas. La Niña saltó del caballo y se acercó a uno de los árboles arrancando una manzana. Cuando dio el primer mordisco sentí el inconfundible sabor. Picante y dulce al mismo tiempo. A veces amargo, pero nunca neutro. ¡Era el misterioso sabor del amor!

La Maga hizo una seña desde las alturas de la torre y el tablero volvió a su forma original.

—¡Que continúe la partida! —dijo La Estratega—. Está amaneciendo.

—¡Oh! Lo sabía. Se está acabando el tiempo —dijo, nervioso, el Conejo de Alicia, asomándose entre los ancestros y esgrimiendo su reloj.

Los payasos lo hicieron callar mirándolo fijamente.

—En el País de las Maravillas el tiempo no se acaba nunca, Conejo. ¿Cuándo lo vas a entender?

Se quedó cabizbajo, mirando el piso.

—No es cierto. No os olvidéis de que tenemos que hacer jaque mate antes del amanecer —dijo compungido.

—El Conejo tiene razón —intervino La Bufona, defendiéndolo de los payasos. En ese momento, Fénix se acercó a esta y susurró algo en su oído.

—Está bien. Pero ve rápido, tenemos que seguir el juego.

De un solo salto, a la manera de los gatos, cayó sobre el tablero, justo al lado del Rey. Y, tomando su mano, le entregó un papel o algo parecido. Con otro salto regresó al lado de los payasos.

—Niksha, ¡ahora entra al juego como Reina! —ordenó La Bufona señalando la casilla.

Salí del alfil y entré en La Reina.

—¡Ganaremos esta partida! —dijeron los ancestros—. Es hora de hacer jaque mate al Rey Negro. Desde hace siglos estamos esperando este momento. Una descendiente que logra liberarse de él, nos libera a todos nosotros.

¡Y volvió a comenzar el juego!

Una tremenda claridad nos guiaba para hacer los movimientos correctos y para salir de las trampas que nos tendían las piezas negras, que poco a poco fueron perdiendo su poder. ¡El amor jugaba con nosotros! Desorientamos a las piezas negras, haciendo movimientos que parecían ir en una dirección, y en el último momento dábamos un giro imprevisto, íbamos en otra y nos comíamos alguna de sus piezas estratégicas, debilitándolas. Las jugadas eran certeras, rápidas, efectivas.

La velocidad de la partida se volvió vertiginosa. Volaban fuera del juego las piezas negras, y también las blancas. A veces, solo quedan las fuerzas principales, confrontadas. ¡Y eso fue lo que pasó!

Me detuve unos segundos y miré el tablero. Solo quedábamos el Rey Negro, el Rey Blanco y yo. Debíamos cercarlo. Como sucede en la vida, hay que acorralar a las fuerzas negativas en nosotros, quitarles poder, entidad. Identificarlas. Y así, ellas se autodesinte-gran.

Las aliadas se habían sumado al público. Llegué a verlas junto a los payasos y a Fénix, tomando las manos de los ancestros. Nos alentaban. Expectantes.

—¡Jaque mate! —gritaron mis ancestras—. ¡Que reine el amor!

Tantas veces habían sido sometidas, disminuidas y aniquiladas por la fuerza mortífera del patriarcado, que actuaba tanto en hombres como en mujeres, los llenaba de miedo y era parte de la Vieja Tierra. Había que acorralarlo. ¡Era ahora o nunca!

Escuché la voz de La Bufona muy cerca. Estaba a mi lado, apoyán-dome.

—Niksha, ¡lleva al Rey Negro al borde del tablero, para limitar sus movimientos! Es preciso erradicar a estas fuerzas que viven dentro y también fuera de nosotros. Para dejar de someternos a los paradigmas viejos, hay que quitarles entidad. Desenmascararlos.

Me miró amenazante. Pétreo. Percibí lo que pensaba bajo ese rostro impenetrable. Todo le parecía una impertinencia. Él estaba acostumbrado a ganar todas las partidas, o al menos eso creía. Te-nía el poder de manipular, de descalificar, de abandonar, de hacer lo que quería; eso lo divertía mucho y lo hacía sentirse invencible. Muchos, tanto hombres como mujeres, lo imitaban. Era común en la Vieja Tierra. También le encantaba jugar al perverso juego de la soledad como estandarte. De las relaciones sin compromiso. De la es-tudiada indiferencia que ocultaba su sentido de inferioridad. Y lo hacía sentirse invulnerable ante el amor. Esta era, para él, una gran conquista personal. Manejar sus sentimientos, o bien no te-nerlos, era el máximo logro. Una ola de indignación subió desde mis profundidades como un volcán, me quemaba el alma. Estas actitudes impedían que el amor circulara por el planeta. Aniquila-ban el corazón. Y eran más comunes de lo que pensábamos. Ser condescendientes con ellas en nuestro interior nos dejaba vulnerables ante ese poder.

—Basta. ¡Terminemos con esta energía letal de la Vieja Tierra! —dijo el Rey Blanco.

—Te sacaremos del juego y de nuestra vida para siempre. El amor está ganando la partida. El jaque mate es inminente —acotó La Bufona haciendo muecas de burla y dando saltos ridículos delante del indignado Rey Negro.

—Avancemos, Niksha. Tolerancia Cero. Yo te estoy apoyando —dijo el Rey Blanco.

—El Rey Negro está ubicado en el centro del tablero. Hay que llevarlo hacia uno de los bordes para limitar sus movimientos —susurró La Bufona desde el borde del tablero, justo detrás de mí.

—Sí, sí. ¡Avanzaré con cautela! —le contesté conteniendo el aliento—. Tengo que observarlo, cercarlo y no darle tregua hasta sacarlo completamente de mi vida. Del tablero, y de lo que se considera «normal» en la Vieja Tierra.

—Tolerancia Cero, Niksha —ordenó el Rey Blanco con voz firme.

Nos movimos estratégicamente. Sigilosamente. Teníamos claro el objetivo.

—¡Sigue, sigue así! Vamos bien, Niksha —me alentó La Bufona—, lo estamos acorralando. Cada uno de los nuestros que se libera de él nos libera a todos.

El Rey Blanco avanzó, colocándose a mi lado.

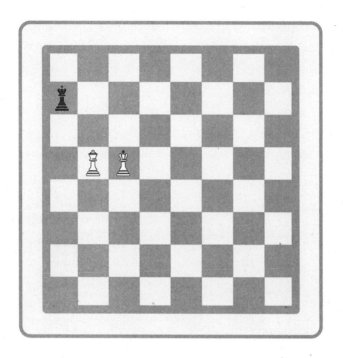

El Rey Negro, nervioso, en un movimiento desesperado, se encerró, arrinconándose. No tenía alternativa. Hiciera lo que hiciera, siempre quedaba expuesto al jaque. Me miró desafiante. Aún a punto de caer, no cedía en su arrogancia.

—¿Estás lista, Niksha? —susurró el Rey Blanco en mi oído.

Avanzamos sigilosamente. Y lo encerramos. No había salida. El Rey Negro se quedó petrificado. Cualquier movimiento era inútil. Estaba en nuestras manos.

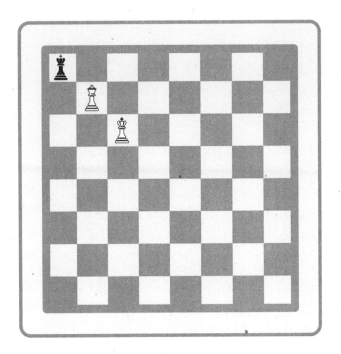

—Avanza, Niksha —susurró el Rey Blanco detrás de mí—. Yo te respaldo.

—Estás fuera de mi mundo. Fuera de mi vida. Fuera de mí. Se acabó tu poder —le dije con voz firme.

Nos observamos en silencio.

Aun sabiéndose perdido, intentó intimidarme. Sonrió. Y me atravesó con esa mirada cínica, despótica y arrogante de quienes se creen dueños del mundo. Era una mirada helada. Sin alma. Temblé indignada. No la quería en mi vida. ¡Nunca, nunca más!

La sonrisa arcaica se dibujó en mi rostro.

—Estás fuera de juego. ¡JAQUE MATE!

CAPÍTULO 19

EL RÍO DEL TIEMPO

—Salta al río, Niksha, ¡ya! Está saliendo el sol, debes regresar a tu tiempo. Las aliadas van contigo. Fénix, ¡ven aquí! —ordenó La Bufona, apartándolo del grupo y poniendo algo en sus manos—. Tú regresarás con Niksha. ¡Aliadas! Colocaos. Saltaréis al río al mismo tiempo que Niksha. Cuando toquéis el Río del Tiempo, todas vosotras volveréis a vuestra forma invisible.

Las aliadas asintieron sonriendo y se prepararon para saltar. Algunos de los ancestros lloraron. Michal levantó la mano a manera de despedida y señaló la estrella en su frente. Me pareció ver sollozar a los payasos.

—¡Te echaremos de menos! —dijeron con las voces entrecortadas por la emoción. Los trapecistas, los lanzallamas, el Conejo, Alicia agitaron las manos despidiéndose, conmovidos.

—¡Buen viaje, Niksha! —exclamaron todos juntos.

Los miré por última vez ¡y salté! La frescura del agua me hizo estremecer. La corriente me llevó suavemente río abajo en sus aguas cristalinas. Los primeros rayos de sol iluminaron el río con resplandores dorados. Me agarré a una flor que estaba flotando a la par de mí. Era de color rojo sangre y apenas la toqué cambió de tamaño y se volvió gigantesca. Era frágil, pero me abracé a ella, confiada. Navegué con la corriente, sin resistencias, sin pensamientos. Sin preguntas.

Sentí un tirón en mi falda; Fénix estaba flotando, agarrado del borde de mi vestido con los ojos cerrados y expresión beatífica. No eran necesarias las palabras, a veces solo hay que quedarse en silencio. No hacer nada.

Y dejarse llevar.

Por Dios.

Por el devenir.

Por el misterio.

Por la vida.

Y saber que todo es y será perfecto.

Un rayo de sol iluminó mi cara. Me restregué los ojos, estaba amaneciendo. ¡Había dormido toda la noche en el sofá! Nunca me había sucedido algo así. A mi lado, Fénix suspiraba, enrollado sobre sí mismo. Parecía estar soñando. ¡Y estaba empapado!

«¿Qué ha pasado aquí?», me dije. Mi vestido también estaba mojado. En la mano tenía un rosa de color rojo sangre. Todo era muy extraño. No recordaba haberme comprado este largo vestido blanco. Ni haberme colocado ese talismán de plata que ardía sobre mi pecho. Era triangular y estaba grabado con palabras mágicas. ¡Era un Abracadabra!

Me levanté de un salto. ¡Tenía tanta energía! Me sentía alegre, con ganas de bailar. Preparé un café. Estaba ágil, liviana, algo raro había sucedido durante la noche. No había duda. Había tenido un sueño muy loco, apenas podía recordarlo. Solo unas imágenes borrosas de haber estado en un hermoso palacio y haber bailado con unos payasos de colores. Y una voz que me decía algo ininteligible acerca de un Club de Soñadores Despiertos. ¡Qué idea tan rara! ¿De qué se trataría?

Fénix abrió un ojo muy amarillo, después el otro.

—¿Qué tienes entre las patas?

Era una cajita roja. La abrí. Saltaron al suelo diez pequeñas cartas de colores. Las ilustraciones eran deslumbrantes. ¿Sería un tarot? No recordaba haberlo comprado. Era normal, cuando iba a las librerías me perdía, me transformaba en una compradora compulsiva. Pero solo de libros y cartas. El mazo venía acompañado por una Pequeña Guía para jugar bien al Juego de la Vida y una Pequeña Guía para Tocar el Cielo. ¿Qué sería aquello?

Busqué mi teléfono, todavía tenía batería. Alguien me había enviado un mensaje. Era un número desconocido.

«Niksha, te espero en la cafetería de la esquina de tu casa. Esa pequeña y cálida, con sillones antiguos. ¿Podemos vernos hoy mismo, a las cinco de la tarde? Tal vez te parezca raro, pero te vi en un sueño, también vi a tu gato, ¿es de color naranja? Dijo llamarse Fénix y me dio un papelito con tu dirección y tu nombre. Apunté todo apenas desperté, busqué como un loco la calle, existía. Y también el número. Para que me reconozcas, mis ojos son del color del tiempo. Y en la mano llevaré una llave de oro. Tenemos una tarea, creo. No sé muy bien de qué se trata, pero me dijeron que tenemos que empezar a juntar a los nuestros. ¿Tú sabes algo de esto? Si lo sabes, cuéntamelo en la cafetería. Me parece delirante y mágico, pero me enamoré perdidamente de ti en el sueño. ¡Quiero verte! Te amo».

LA CAJITA ROJA

Pequeña Guía para jugar bien

al Juego de la Vida

¡Bienvenida al Nuevo Mundo!

Tienes en tus manos una Pequeña Guía para jugar bien al Juego de la Vida + 10 cartas en las que estamos representadas tus aliadas + una Pequeña Guía para Tocar el Cielo, que encontrarás a continuación.

¡Te hablaremos a través de las cartas! Cuenta con nosotras. Ya sabes, las aliadas somos tú en tus nueve versiones mágicas:

La Bufona - La Aventurera - La Mística
La Sanadora - La Niña - La Maga
La Heroína - La Estratega - La Reina

A nosotras se suma **Koré,** la sacerdotisa de la misteriosa sonrisa arcaica. **La Enviada del Silencio.**

Con nuestra intervención, podrás jugar bien, muy bien, cada vez mejor al Juego de la Vida.

Advertencia:

Cuando consagres las cartas ¡nos activarás! Y entrarás automáticamente en la Fiesta de la Liberación. A partir de ese momento te alejaremos de cualquier interpretación mental y fija de la realidad, así como de la interpretación habitual de tus circunstancias y de las personas con quienes te vinculas. Te haremos revisar tus proyectos y tus anhelos, ampliando tu perspectiva. Te enseñaremos a no juzgar a la ligera lo que te sucede. La vida en la Tierra es un misterio y tiene una indescriptible belleza. Ya mismo nos sumergiremos juntas en tu mundo emocional. Durante mucho tiempo este mundo fue negado y disminuido en nuestra sociedad. ¡Ahora le daremos la suprema importancia que se merece! Comprenderás lo que te acontece desde el corazón y crearás a partir de allí otra vida. Más libre. Más buena. Siempre conectada con el Cielo. Te sostendremos en la quinta dimensión, hasta que tú aprendas a sostenerte allí por tu cuenta. Te enseñaremos a actuar en la tercera dimensión con poder, alegría y conciencia. Y te ayudaremos a moverte entre las dimensiones con facilidad y gracia. La Fiesta de la Liberación une los dos mundos.

¿Cómo jugamos contigo?

A través de la secreta fuerza del azar, cada vez que sacas una carta se establece una sincronía mágica. Aparece la respuesta exacta que necesitas, y la aliada que viene a apoyarte. Entonces movemos juntas el Cielo y la Tierra, adecuamos las circunstancias y creamos realidades nuevas. Con actitudes diferentes y nuevos puntos de vista, jugando y jugando ¡vas materializando sin darte cuenta la mejor versión de ti misma! Atraes a las personas afines, a las oportunidades impensadas. Te vas sanando y ampliando. Y sabes mantener tu equilibrio en medio de las tormentas. Nunca más estarás sola. **Desde este instante te acompañaremos siempre, adonde vayas y donde estés.**

¡Recórtanos! ¡Mézclanos!

Y consagra el mazo de esta manera:

Prende una vela blanca y un poco de incienso de rosas.
Respira hondo tres veces.
Pon la mano izquierda sobre tu corazón y la derecha
sobre el mazo diciendo con mucha emoción:
Desde este instante

MI MUNDO SE ILUMINA

¡Por mi luz! ¡Por mi bien!
¡Por mi paz! ¡Por mi amor!
Amén.

¡Bienvenida a la Fiesta de tu Liberación!

¡Escucha nuestras voces!

Tus aliadas hacemos la vida más fácil en este planeta. Porque conocemos el gran secreto: ¡vivir simultáneamente en la dimensión sutil llamada «Cielo» y en la concreta llamada «Tierra»! Y queremos entrenarte para que tú también vivas así. ¡Por eso te hemos invitado a participar en esta fiesta! ¿Nos acompañas? ¡Es tu fiesta! En ella, nos salimos de los roles fijos y de una imagen rígida sobre quienes somos. Saltamos de trapecios, convocamos Huracanes de Luz, derrotamos hidras mitológicas. Jugamos al ajedrez. Bailamos con payasos. Hablamos con nuestro gato. Y nos enamoramos de un rey. Somos muchas y, al mismo tiempo, somos una: tú. Somos Luz encarnada en esta tierra, con un traje llamado «cuerpo» y con un nombre en el documento, trámites necesarios y requeridos para vivir en este planeta. Y tú eres, como nosotras, un misterio. Alegre como La Bufona. Audaz como La Aventurera. Creativa como La Estratega. Una Mística. Una Sanadora. Una Maga. Una Heroína. Una Reina.

¡Hablemos!

Somos todas Magas, como tú. ¡Porque somos tú en diferentes versiones! Ser Maga es una actitud. La Maga Bufona se especializa en desdramatizar; La Maga Mística, en unirse con el Cielo; La Maga Aventurera, en explorar territorios desconocidos; La Maga Niña, en jugar y confiar; La Maga Sanadora, en abrir el corazón; La Maga Heroína, en cortar las fuerzas involutivas con su espada alada; La Maga, en mover fuerzas de la naturaleza y dirigir la luz hacia un objetivo; La Maga Estratega, en planear y administrar energías; La Maga Reina, en gobernar un mundo personal encantado. Y La Maga Koré se especializa en el arte del silencio.

¿Cuándo, por qué y para qué consultarnos?

Cuando tienes que resolver un conflicto, una relación complicada, una confrontación, y no ves claro.

Cuando quieres expandirte, avanzar, crecer.

Cuando necesitas orientación espiritual.

Cuando necesitas orientación emocional.

Cuando quieres provocar un cambio radical.

Cuando dudas.

Cuando te agobia la soledad.

Cuando urge descubrir lo que se oculta detrás de las apariencias.

Cuando precisas activarte.

Porque no sabes cómo actuar.

Porque necesitas un consejo sincero.

Porque te sientes desorientada.

Porque tienes que tomar una decisión.

Porque sientes que no puedes más sola y quieres ayuda.

Porque necesitas salir de un pozo emocional.

Para liberarte de algo, de alguien o de ti misma.

Para saber con qué actitud avanzar.

Para aprender a amar de distintas maneras.

Para cambiar tu punto de vista.

Para ser más original y creativa en tus actitudes.

Para fortalecerte espiritualmente, emocionalmente, psíquicamente y físicamente.

Para afrontar una situación difícil, nueva o desafiante.

Para recibir un empujón y salir de la inercia.

Para asumir la fuerza de tus ancestros.

Para iluminar tu mundo y así iluminar el mundo.

¡Y para lo que quieras!

Interpretación de nuestras respuestas

En la vida común de la tercera dimensión, casi siempre nos identificamos con un solo punto de vista e insistimos en resolver cualquier desafío concreto que se nos presenta de la misma manera y mirándolo desde el mismo ángulo. Es decir, desde el mismo personaje: fijo. Mayormente nos identificamos como Heroínas o salvadoras, haciéndonos cargo de todo y de todos. O como Místicas, buscando señales e interpretaciones a todo lo que nos pasa y quedándonos en esas interpretaciones. Y demasiadas veces nos transformamos en víctimas, ¡un rol prohibido entre las aliadas! ¡Ahora que has entrado en la fiesta todo es diferente! Puedes resolver el desafío de vivir en esta tierra con magia pura. Posicionándote en lugares que tal vez nunca habías asumido. Atreviéndote a actuar y a definir situaciones como una majestuosa Reina y valorarte como tal. Conocerás el picante sabor de vivir como Aventurera. Te permitirás jugar con la vida como una Niña. Te reirás de tus problemas como una Bufona. Blandirás tu espada de Heroína para cortar el maltrato a ti misma y el que intentan ejercer los demás sobre ti. Resolverás tus temas con la bienaventuranza celestial de una auténtica Mística. Sabrás elaborar un gran plan como Estratega. Moverás fuerzas invisibles como una verdadera Maga. Sabrás cómo cicatrizar heridas emocionales como una Sanadora. Hablarás con tus ancestros y recibirás sus mensajes. Decidirás en qué color quieres vivir tu vida. Y lo irás cambiando para conocer nuevas sensaciones. Y a través de tu liberación, liberarás al mundo. ¡El juego acaba de empezar! Y es apasionante. Al habilitarnos a todas nosotras, tus aliadas, a intervenir en tu vida, te amplías y creces. Tanto en el nivel concreto de la tercera dimensión, como en el nivel sutil de contacto con el Cielo, o quinta dimensión. Ponemos a tu disposición poderosas estrategias práctico-espirituales y mágicas para resolver cualquier desafío.

> Tienes en tus manos una rápida
> forma de liberarte. De solucionar problemas.
> De desatar nudos. De resolver conflictos,
> elevarte, volverte eficiente y veloz,
> intuitiva y creativa. Y, al mismo tiempo,
> usar cada circunstancia que se te presenta
> como una oportunidad de hacer una eficaz
> y original terapia espiritual.

¿Cómo jugar con nosotras al Juego de la Vida?

¡Muy simple!

Haz una pregunta. O simplemente espera a recibir un mensaje nuestro, sin preguntarnos nada.

- Cierra los ojos, baraja las cartas, colócalas con la ilustración hacia abajo y elige una. La que emana un especial calor, la que te llama al tacto o a la vista. Puedes desplegarlas en abanico y sentirlas con la palma de la mano, sin tocarlas. Una es la que te está enviando señales. ¡**Dale la vuelta!**
- Descubre qué aliada ha venido en tu ayuda.
- Lee nuestro mensaje en esta Pequeña Guía.

En la primera parte de la interpretación de las cartas encontrarás una orientación general.

A continuación, tienes nueve respuestas puntuales, que amplían las nuestras y te orientan en los diferentes aspectos de la situación por la cual estás consultándonos. Puedes hacer varias preguntas.

Por cada pregunta sacas una carta. Vuelve a ponerlas en el mazo, mézclalo y haz las otras preguntas. Una a una. **Pero date tiempo para interpretar las respuestas. No hagas más de tres preguntas a la vez.**

Consultas rápidas

Cada carta tiene una orientación general + nueve respuestas

Si tienes que resolver un tema de forma urgente y estás desorientada, elige una carta y ve al punto «3: ¡Resuélvelo!».

Encontrarás allí nuestra indicación de cómo afrontar el tema ¡ya! Y desde qué personaje posicionarte. Recibirás instrucciones concretas y rápidas para actuar ante alguna persona enigmática o conflictiva. Sabrás con qué energía entrar a una reunión. Cómo salir de un bajón emocional, cómo darte valor, cómo avanzar si hay algún obstáculo, cómo conquistar un amor y mucho más.

Si te interesa especialmente consultarnos por temas de amor

• Saca una carta y ve al punto «6: **Temas de amor**».

Este punto lo encontrarás en la interpretación de cada carta. Allí descubrirás varios secretos. Tu clave como amante de acuerdo al personaje que está vibrando en ti en este momento. No siempre queremos de la misma manera. ¡Averígualo!

¿Y si el ser que está cerca de ti vibra en la sintonía de la carta que has sacado? No es lo mismo estar con un ser aventurero que con uno bufonesco o uno místico. En la pregunta «¿Tú con...?» encontrarás varios consejos. ¿Quieres saber cómo aman dos seres afines?

¿Quieres convocar en tu vida la llegada de un ser mágico y extraordinario? ¿O darle a tu pareja actual un toque de gracia e intensidad? ¡Saca una carta! y ve a la pregunta «¿Cómo es una pareja...?». ¡Recibirás información muy valiosa!

Usa todos estos consejos con máxima ética, jamás interviniendo en el libre albedrío de los demás. Está prohibido por ley espiritual.

Si sientes que tu alma quiere hacernos una pregunta y no sabes cuál es...

- Cierra los ojos.
- Respira hondo, pon la mente en blanco, baraja las cartas y saca una.
- Abre los ojos y dale la vuelta.
- Ve al punto «5: **Mi respuesta a la pregunta que hace tu alma**».
- Recibirás una información misteriosa. Tal vez te emociones mucho, o de pronto te des cuenta de lo importante que es hacerte esta pregunta.
- Conocer la respuesta a una pregunta que no has hecho es pura sincronía mágica. Encontrarás una verdad valiosa, un deseo oculto, una herida que tal vez no se ha cerrado. Algún aspecto de tu vida al que tienes que prestar atención. Tu alma te ha guiado para elegir esta carta.

¡Escúchala!

Si quieres vivir siempre en colores o cambiar el color de tu vida actual

- Saca una carta y ve directamente al punto «8: **La vida en diferentes colores**».
- Allí encontrarás una rápida guía para vivir una vida en rosa, en azul, en verde, en dorado y muchas más. Cada una de tus aliadas vivimos la vida en un color especial. Son nuestros mundos, y **es tu mundo**.
- En el punto ocho encontrarás muchos consejos. La receta de un potente elixir. Un baño encantado. Una piedra de poder. Y muchos consejos prácticos para movilizar tu mundo instantáneamente. Saca una carta, ve al punto ocho y desata la magia.

- Fíjate un tiempo mínimo para vivir en cada color, al menos tres días. Lo puedes alargar todo el tiempo que quieras.

¿Te duele algo emocional y no puedes definir qué es?

- Baraja las cartas, saca una.
- Ve al punto «1: ¿Qué es lo que más me duele?».
- Las aliadas te ayudaremos a descubrir tu dolor, tu incomodidad, lo que no entiendes de las situaciones que estás viviendo. Y te ayudaremos amorosamente a sanarlo.

¿No sabes qué quieres y te cuesta dar forma a tus sueños?

- Baraja las cartas, saca una.
- Ve al punto «2: ¿Cuál es mi más profundo anhelo?». Nosotras te lo revelamos. A veces es difícil saber lo que queremos.
- Lee el mensaje de la carta. Reflexiona. A veces la mente tapa su suave voz. Date un espacio para escuchar a tu corazón.

¿Necesitas recibir un consejo sincero?

- Saca una carta y busca la información en el punto «4: Mi consejo para esta situación». Una aliada te dará un consejo de amiga. De Reina, de Estratega, de Bufona. Te sentirás muy muy bien.

No dudes en consultarnos sobre todos los temas.
¡Estamos contigo!

¿Estás aferrada a alguien o a algo y no tienes fuerzas para desapegarte?

- Elige una carta.
- Ve al punto «7: **¿Cómo soltar?**».
- Rápidamente te orientaremos, contando con las fuerzas exactas de la sincronía mágica.
- ¡Soltarás!
- Confía en nosotras.

¿Sientes que tus ancestros necesitan hablar contigo o tú con ellos?

- Busca un momento de tranquilidad y privacidad.
- Prende una vela blanca e incienso de mirra.
- Cierra los ojos, respira hondo.
- Baraja las cartas con los ojos cerrados. Elige una al azar.
- Dale la vuelta.
- Busca el punto «9: **Un mensaje de tus ancestros**».
- Recibirás un mensaje personal, emocionante y profundo.
- Léelo despacio. Tiene mucha información.
- Medita en este mensaje mágico. Viene del fondo de los tiempos.
- Agradéceles su asistencia.
- Envíales luz.
- Y cierra la ceremonia despidiéndolos y diciendo «Amén».

El Semáforo para emergencias emocionales

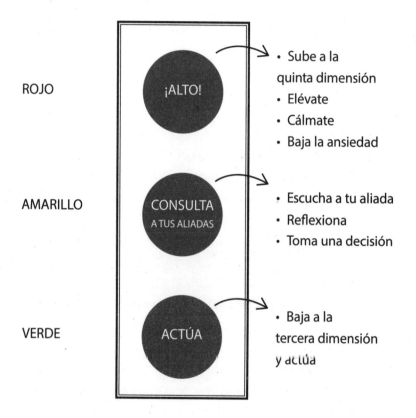

ROJO — ¡ALTO!
- Sube a la quinta dimensión
- Elévate
- Cálmate
- Baja la ansiedad

AMARILLO — CONSULTA A TUS ALIADAS
- Escucha a tu aliada
- Reflexiona
- Toma una decisión

VERDE — ACTÚA
- Baja a la tercera dimensión y actúa

Ante alguna situación difícil. Ante un pozo emocional. Ante una decisión postergada reiteradas veces y que no te animas a tomar. Cuando estás desalineada y no encuentras el rumbo. Cuando una situación está fija y estancada. O cuando se presenta de forma imprevista y hay que actuar... ¡Enciende el Semáforo para emergencias emocionales!

1. ROJO

Detente. Respira hondo. No hagas nada al menos durante dos minutos. Vuelve a respirar, más hondo. Relájate.

2. AMARILLO

Consulta a las aliadas. Saca una carta. Escucha los consejos. Reflexiona.

3. VERDE

Ahora sí. Toma cartas en el asunto. ¡Resuelve el tema!

Está demostrado que las reacciones que tenemos en los primeros treinta segundos ante situaciones que nos chocan o abruman pueden llevarnos a cometer errores complicados. Este semáforo te ayuda a evitarlos.

Ejemplos de consultas completas.
Recibir todas las respuestas

- Haz una pregunta, cierra los ojos, baraja el mazo, respira hondo y ¡saca una carta!
- Identifica a tu aliada.
- Lee atentamente sus mensajes.
- Resuelve lo que tengas entre manos escuchando los consejos y las indicaciones de la aliada principal.
- Trabaja con ella al menos veinticuatro horas.

¿Necesitas orientaciones adicionales sobre alguna pregunta en especial?

Saca más cartas para recibir la orientación de las «aliadas de apoyo» y escucha sus consejos para esa pregunta en particular.

Ejemplo de consulta combinando diferentes cartas

Tienes un conflicto emocional con un amor. Estás confundida, no te entiendes ni lo entiendes. No puedes dejar de pensar en ese ser. Es una obsesión. ¡Necesitas resolver el tema! Posicionarte. Comprender lo que pasa. Tomar una decisión.

Enciende el Semáforo para emergencias emocionales y organiza la consulta de esta manera.

ROJO

- Detente. No tomes ninguna decisión todavía. No juzgues. No te condenes. Respira hondo y elévate.

AMARILLO

- Baraja el mazo y saca una carta para saber... **¿Cómo soltar?**
- Vuelve a poner la carta en el mazo, barájalas de nuevo, y saca otra carta para darte cuenta de... **¿Qué es lo que más me duele?**
- Baraja todas las cartas nuevamente y saca una para entender... **¿Cuál es mi más profundo anhelo?**
- Haz el mismo procedimiento y saca una carta para que se manifieste... **¿Cuál es el mensaje de mis ancestros? Interpretación.**
- Lee los mensajes que te envían cada una de las aliadas. Reflexiona.

VERDE

- Ahora baraja todas las cartas nuevamente.
- Cierra los ojos. Respira hondo.
- Saca una carta específica para ver cómo resolver el tema puntualmente.

- Abre los ojos y mira.

Por ejemplo, sale La Bufona.

Quiere decir que las aliadas te aconsejamos **desdramatizar**. Te cuadra especialmente esta parte de la respuesta. Fíjate que La Bufona te da un consejo de amiga, como si te conociera, como si estuviera a tu lado. ¡Porque te conoce y está a tu lado!

> *«¿Te han sido infiel? Cuando lo recuerdes en un tiempo, te parecerá intrascendente. Levántate, valórate. Una Bufona siempre cae de pie. Mira la situación con una fuerte dosis de frescura e ironía. Lo importante es saber que tú sí eres sincera, íntegra y auténtica. Y nada te hace perder el humor. No vale la pena».*
>
> LA BUFONA

¡Tema encaminado!

- Busca siempre apoyo y refuerzo espiritual en la Pequeña Guía para Tocar el Cielo.
- Puedes elegir la forma de fortalecerte espiritualmente a través de las diferentes propuestas de la guía. O abre cualquier página al azar y recibe la orientación por esa vía.

¿Qué efecto tiene el uso reiterado y cotidiano de las cartas?
Las cartas van construyendo una mejor versión de ti misma. ¡Y te hacen vivir en una continua fiesta!

Te acostumbran a vivir en la quinta dimensión y en la tercera al mismo tiempo.

- Te ejercitan, te enseñan a subir y bajar de frecuencia cuando quieras. Usándolas frecuentemente, aprendes a navegar entre las dimensiones espirituales y las materiales con total destreza. Aprendes a saltar entre trapecios, derrotar a las hidras, convocar lluvias de estrellas. Y jugar en la vida como una reina de ajedrez.

Efectos inmediatos de las consultas a las cartas:
- Te sacan de la confusión.
- Te dan un apoyo sincero y confiable.
- Disuelven el miedo.
- Te empujan a vivir al máximo.
- Te revitalizan. Literalmente, te rejuvenecen.
- ¡Te impulsan a brillar con toda tu luz!
- Te incitan a jugar.
- Puedes ayudar a quienes tienes cerca de una manera simple y amorosa. Siempre hay una amiga o amigo que necesita orientación.
- Nunca caes en pozos de tristeza. Si hablas con tus aliadas, ellas te llevan inmediatamente a la quinta dimensión y allí te sanan
- Aprendes a colaborar con amor a la construcción del Nuevo Mundo.
- Las cartas hacen tu vida divertida, liviana y colorida. **¡Una verdadera Fiesta de la Liberación!**

Cuanto más nos consultes, más vida y entidad nos vas dando a nosotras, tus aliadas. **Somos** personajes que moramos en tu interior. **¡Somos tú misma!,** pero tal vez nunca te has animado a salir al Juego de la Vida con nosotras. Las cartas nos materializan ante ti y nos vuelven cercanas. Tus aliadas nos transformamos en tus mejores amigas. Amigas íntimas. Y juntas abrimos un Nuevo Mundo, alegre, inteligente, potente, espiritual. Un mundo de amor y de infinitas posibilidades. Sano, consciente, dichoso y burbujeante, como una copa de champán. Y altamente espiritual.

¡Hablemos!

Tus aliadas

TUS ALIADAS

LA BUFONA

YO SOY LA QUE BARRE TODAS LAS TRISTEZAS.
MI FUERZA ES MI IRREVERENTE ALEGRÍA

Me planto ante ti para despertarte. ¡Es el momento de ser una Bufona en el teatro de la vida! Date permiso ahora para ser irreverente e insólita. ¡Insoportablemente auténtica! Basta de dudas y vacilaciones. Plantéate cuál es la verdad de la situación que estás viviendo. Sácate por un momento las gafas de color rosa y mira de frente las cosas como son. No como quisieras que fueran. Ese es el punto de partida. Luego usa el humor como herramienta, ¡resta dramatismo a todo lo que te sucede! Y plántate firmemente en tu autenticidad. Sé libre, audaz. Aplica tu inteligencia natural para evaluar la situación y crear un plan de acción. Nunca te sientas erosionada por el poder ni por el miedo; ni por el miedo a la verdad, ni por ninguna circunstancia.

Tú eres una inteligente Bufona. ¡Detecta la médula de la situación, desnuda tu alma y el alma de quienes están cerca de ti! Pon las cosas blanco sobre negro, no te calles, pero sé diplomática. Las Bufonas hacíamos esto en las cortes reales: decíamos la verdad, siempre en medio de aparentes bromas. Estas eran ácidas, irónicas, pero certeras. Sé original, fresca, sincera y muy sagaz. Pero no escondas ni postergues. Sé valiente, ¡es una orden!

1. ¿QUÉ ES LO QUE MÁS ME DUELE?

Lo que más te duele como Bufona es vivir con una amargura innecesaria, con inercia. Las críticas. Las mentiras. Te ahogan las personas y los esquemas rígidos, estáticos, apáticos. Falsos. Te resultan insoportables. ¡Deja de colaborar con esas vibraciones! Ignóralas. Tu energía está alineada con el Nuevo Mundo. ¡Anímate a saborearlo! Es un mundo libre, que valora la ética, la bondad, la ligereza y el humor. Es tu mundo. Deja a los demás ser como quieren ser. ¡Tú elévate a un nivel más alto y más espiritual de ti misma! Tienes las herramientas. No te postergues más.

2. ¿CUÁL ES MI MÁS PROFUNDO ANHELO?

Quieres reír más y que se rían contigo. Disolver los obstáculos con la risa. Ser auténtica, libre. Libre. Libre. Anhelas encontrar seres no convencionales que te acompañen en tu vitalidad y alegría natural. Quieres colaborar en la creación del Nuevo Mundo, construyendo una vida personal gozosa, responsable e inteligente. ¡Comienza ya! No pierdas tiempo ni te líes con situaciones complicadas. La vida es un ratito. No pierdas el tiempo.

3. ¡RESUÉLVELO COMO UNA BUFONA!

Reformúlate, reseteate con una mirada más liviana. ¡Sé una Bufona de verdad! La que entiende el dolor de la vida y sigue siendo audaz. Y se ríe, aunque a veces tenga ganas de llorar. Juega al Juego de la vida como ella. ¡Anímate!

¿Te han sido infiel? Cuando lo recuerdes en un tiempo, te parecerá intrascendente. Levántate, valórate. Una Bufona siempre cae de pie, mira la situación con una fuerte dosis de frescura e ironía. Lo importante es saber que tú sí eres sincera, íntegra y auténtica. Y nada te hace perder el humor. No vale la pena.

¿Te han traicionado? Como Bufona, tú lo sabes, nadie puede traicionar a *la Presencia* en nuestro interior. Ríete del traidor o de la traidora. Se ha creado un karma fuerte, es su tema.

¿Sientes desamparo? Rodéate de ángeles querubines. Son como pequeños bebés alados, traen consigo risas y sonrisas, y forman a tu alrededor una protectora muralla de luz y una nube de permanente alegría. Hay muchos métodos para calmar el desamparo en la Pequeña Guía para Tocar el Cielo.

4. MI CONSEJO PARA ESTA SITUACIÓN

¡Aplica una visión ilimitada!

¡Amplíate! ¡Quítale poder a tus dudas, a tu inseguridad, a tus miedos! Sácalos de tu mente y de tu corazón, derrítelos con el fuego del humor que es de color naranja. Imagínalos como leños de una fogata, préndeles fuego y mira cómo arden echando chispas naranjas y transmutándose en bendiciones. Las Bufonas somos únicas y la locura creativa es nuestra principal arma. Déjala brotar en ti. ¡Haz algo revolucionario! ¡Deja que aflore tu inocencia visceral! ¿Quieres actuar como una verdadera Bufona? ¡Rompe tus propios esquemas! Sé más auténtica, más valiente, más intrépida. Sé tú misma. Por fin, sé tú. ¡Avanza! Las soluciones irán apareciendo sobre la marcha. Estas son las indicaciones que damos a todos quienes participan en la Fiesta de su Liberación. Como tú.

Te propongo:

- **Ríete del problema, no existen los problemas, solo hay desafíos. Hazlos relativos.** Aunque parezcan insuperables. Convoca una lluvia de estrellas amarillas y déjalas disolver todo dolor y tristeza.
- **Ríete a carcajadas de la circunstancia.** Sea la que sea. De ti misma, por tomarte todo tan dramáticamente. Por sentirte víctima. Por creer que no puedes. Porque sí puedes. Ríete por pensar que eres débil cuando eres muy fuerte. Ríete por verte como una Cenicienta llena de harapos, cuando en la puerta te está esperando la carroza para llevarte a la Fiesta de tu Liberación y no la ves. Ríete por olvidar que la tercera dimensión es un laboratorio, no un resort cinco estrellas con todo incluido. Agradece la experiencia para aprender a estar más alerta. ¡Y toca el Cielo para sanarte!

5. MI RESPUESTA A LA PREGUNTA QUE HACE TU ALMA

Es imposible volver al pasado, ya sea que haya sido bueno o malo. La nostalgia nos deja pegados a una vieja identidad. La depresión nos lleva a las puertas del infierno. La melancolía nos hace habitar en el infierno para siempre. Evita estas emociones como si fueran una peste. Puedes llorar por lo perdido por un lapso de tiempo, pero no quedarte allí. Toda la humanidad está atravesando algún duelo, hay que asumir que algunas cosas no serán como antes, que algunas personas no estarán más cerca de nosotros. Que debemos construir algo valioso con lo que perdimos. Nadie sale del duelo igual a como era, las pérdidas también nos definen; una parte nuestra muere, hay que entregarla para que nazca una nueva.

Como Bufonas nos reímos siempre, aun cuando los escenarios que vivimos no lo merezcan. Nos reímos de lo relativo que es aquel misterio que llamamos solemnemente «nuestra vida». Y de las circunstancias siempre cambiantes a las que llamamos «la realidad». **¿Cómo hacer para no desilusionarnos de las personas y las situaciones, lo que muchas veces sucede en la realidad material u horizontal? ¡Hay que estar siempre conectadas con la dimensión trascendente de la vida!** La espiritual o vertical. En esa dimensión la sonrisa es eterna. Y la felicidad, total. Si nos refugiamos allí, se nos pasan las ganas de llorar.

6. TEMAS DE AMOR

Tu clave como amante: ¡**audacia**!

¿Cómo amas tú como Bufona?

Amas con locura y atrevimiento. Para ti el amor es una fiesta. ¡Un placer celestial! Un elixir de miel con un toque de pimienta. Eres libre y sabes hacer sentir libre a quien esté contigo. Si se ata a ti, es por propia voluntad. Si te atas a ese ser, es porque lo decidiste. Sabes que nada ni nadie puede separar a dos almas que están destinadas a unirse en una sola. Y tampoco se pueden unir almas muy disímiles. Tu visión del amor es elevada, por eso lo valoras tanto. Sabes que es Cielo descendiendo a la Tierra. ¡Por eso eres tan intensa!

¿Tú con un ser bufonesco?

¿Cómo reconocerlo? Este ser es maravilloso. Jovial. Alegre. E inquietante. Imprevisible. No lo entiendes del todo. Es muy creativo y excéntrico. ¿Te desorienta y lo pasas muy bien al mismo tiempo? ¡Es un ser bufonesco! Siempre deberás relativizar. Y aprender a no tomarte todo en serio. El amor con un personaje bufonesco te hace estar en continua celebración y también en continua incertidumbre. El mayor aprendizaje para ti es soltarlo y confiar, dejando que las energías de ambos se amolden en libertad, sin forzarlas. Un bufón percibe todo, sabe cómo desnudarte el alma. Jamás te miente. Es un ser auténtico, aunque su autenticidad te duela. Tampoco podrás engañarlo. No servirá aparentar indiferencia. Se reirá de ti, pero te dejará en libertad. Y exigirá lo mismo de ti. ¿Serás capaz? Estar con un ser bufonesco te exige mucho humor y extrema inteligencia. Y aunque te retuerzas por dentro… ¡Debes aprender a ser indescifrable! Así, ¡te volverás irresistible!

¿Cómo es una pareja bufonesca?

Divertida, inteligente, descontracturada, irreverente. Pero a la vez profunda y apasionada. Nada convencional. Original y creativa. Ambos se liberan del ego, que se toma todo como un ataque personal y no entiende que la vida es un juego. Una pareja bufonesca está atravesada por el humor y acepta los retos necesarios para poder pasar de nivel. Constantemente. Una pareja bufonesca sabe cómo hacer la vida entretenida y cómo sazonarla con mucha pimienta. Y, en contra de todas las apariencias, **su mayor valor es ¡la lealtad! Los bufones tienen elevados intereses espirituales. Si te gusta esta propuesta, ¡empieza por transformarte tú en una chispeante Bufona!**

7. ¿CÓMO SOLTAR?

Las Bufonas soltamos quitándole dramatismo a la situación. No es que no nos cueste, simplemente conocemos la transitoriedad de todas las circunstancias de este mundo. Lo volátil, lo efímero de las situaciones. Nada es para siempre, así que ¡suelta!, con humor y grandeza. ¡Como un auténtica Bufona! Con altura, dignidad y estilo. Recupera tu energía liviana. Reformula todo viéndolo con una mirada más flexible. Recuerda que una Bufona no soporta las lamentaciones. **Ponte de pie y busca nuevas alternativas. ¡Eres una de las nuestras!**

8. LA VIDA EN AMARILLO

¡Vive en amarillo! Haz tu vida amplia, liviana. Aclara tu mente, las Bufonas somos agudas y perspicaces. Toma bebidas amarillas, vístete con un detalle amarillo, usa joyas con citrinos. Duerme con almohadas amarillas. Enciende velas amarillas. Báñate con sales amarillas. Convoca una lluvia de estrellas amarillas sobre tu cama para dormir en un mundo amarillo. Una vida en amarillo mantiene una curiosidad burbujeante por todo y por todos. Llénala de sol, de calor, de risas. ¡Sé original! Excéntrica. Diferente. Llena tu casa de cartelitos bufonescos: **«Mi risa es una declaración de victoria». «Me río de mí. ¡Y me encanta!». «¡Soy una Bufona divertida!». «Mi sonrisa es mi fuerza». «Mi risa me hace brillar». «Todo está bien. Mi ángel acaba de sonreírme».** Para que tu mundo se vuelva muy amarillo, escucha música mexicana. Es muy surrealista.

Hay cada vez más Bufonas en el Nuevo Mundo. Súmate a nuestra tribu.

El elixir de las Bufonas

Bebe este potente **elixir amarillo** para volverte más Bufona. Atrae prosperidad y **suerte,** llamada por los antiguos **«buena fortuna».** Rompe cualquier «mala racha».

Ingredientes:
- Un puñado de albahaca
- Un puñado de manzanilla
- 1 pizca de cúrcuma
- ½ litro de agua

Hierve la manzanilla y la albahaca en agua purificada o agua mineral por diez minutos a fuego lento. Agrega la cúrcuma. Deja reposar por un par de horas y cuélalo.

Ponlo en un recipiente de vidrio. Conságralo con la mano derecha extendida sobre el elixir, diciendo: «**Tráeme buena fortuna. Santa alegría. Luz y chispeante humor. Haz mi vida burbujeante y liviana. Amén».**

Toma un vaso todos los días en ayunas para empezarlo con regocijo y júbilo. Puedes mantener este elixir en la nevera por unos días. También puedes agregarlo al agua de tu baño de inmersión. Lávate las manos y la cara con el elixir amarillo para atraer más abundancia y más alegría todavía.

9. UN MENSAJE DE TUS ANCESTROS

Somos tus ancestros bufones. ¡Cada vez que sacas esta carta, se activa tu energía porque nos despiertas! Te aplaudimos. Nos encanta que seas Bufona, este personaje te va a ayudar a crear rápidamente tu propia realidad liviana y fresca, en medio de una realidad que a veces parece pesada y triste. La vida en la Tierra es hermosa, más allá de las pruebas que nos toca atravesar. ¡Rebélate contra toda visión limitante! Como lo hicimos nosotros. En tus genes hay sangre libre e indomable. Como Bufona, juega con la vida, sal por completo de una identidad fija. Puedes ser Maga, Niña, Estratega, Aventurera, Mística. O una majestuosa Reina. Puedes cambiar en un segundo, no te apegues a ningún rol social ni familiar estático. **¡Eres libre! Ese es el mayor secreto de las Bufonas.** Tus ancestros conocemos esta magia. ¡Fuimos varios personajes en el teatro de la vida! Y aunque andábamos siempre cerca de los reyes, éramos autónomos e inalcanzables por ningún sistema. Nos reíamos del poder terrenal, pero respetamos muchísimo el poder espiritual. Has heredado nuestra irreverencia. Te queremos.

Tus ancestros Bufones

LA AVENTURERA

YO SOY PLENA VITALIDAD, AUDAZ LIBERTAD
Y ETERNA JUVENTUD

Me planto ante ti cuando necesitas dar un salto y posicionarte en un lugar más libre. ¡Sé tú! Sé una Aventurera de verdad. Si vibras alto, la vida te contesta con altura; si vibras con intensidad, la vida te da intensidad. No esperes el momento correcto, nunca va a ser la ocasión ideal. Empieza ya a ser lo que quieres ser y vivir lo que quieres vivir, donde te encuentres y con los recursos que tienes disponibles en este momento. No esperes la llegada de las grandes oportunidades, aprovecha lo que tienes disponible ahora, y hazlo grande. Si por el momento no puedes hacer cosas muy importantes para avanzar, haz cosas pequeñas de una manera aventurera, espléndida, grandiosa. ¡Esta actitud te define como una de las nuestras! Una auténtica Aventurera.

Salte de las convenciones, encara tu vida como un gran acontecimiento irrepetible y único. Jamás traiciones a nadie, pero tampoco a ti misma. Sé una idealista práctica, o sea, lleva a la acción tus visiones. No las dejes en el limbo de la teoría o de las posibilidades. ¡Materialízalas! No aceptes vivir con tibieza y miedo. Pon el cien por cien en todo lo que hagas. ¡Perteneces a una raza única en peligro de extinción!: la espléndida raza de las Aventureras.

1. ¿QUÉ ES LO QUE MÁS ME DUELE?

La mediocridad, la cobardía, la indecisión, la ambigüedad. Eres intensa y esperas intensidad de quienes se vinculan contigo. Te duelen las barreras mentales que te autoimpones o que los otros intentan interponer entre ellos y tú. No permitas que tus miedos y las especulaciones te aprisionen. Nosotras, como Aventureras, nos la jugamos para liberarnos de esas cárceles que nos hacen daño. Y quienes quieran estar con nosotras tendrán que liberarse también. Si no, que se queden en sus prisiones mentales, sus miedos, sus prejuicios. Aunque a veces tengas miedo, tú sigue adelante, enarbolando la bandera de la conciencia, de la alegría. ¡Y de la pasión!

2. ¿CUÁL ES MI MÁS PROFUNDO ANHELO?

Respira hondo. ¡Anhelas conquistar el nivel máximo en todos los aspectos de tu vida! ¿Verdad? Tu sensibilidad es alta. Por eso eres de nuestra estirpe. Tienes que aprender a gestionar tus emociones de alto voltaje en un nivel correcto, para que no te desborden. Y que tu propia intensidad no se vuelva en tu contra. Recuerda que, como Aventurera, eres profundamente optimista. Y tú sabes que el optimismo no es ingenuidad, es sabiduría visceral. Tu más grande anhelo es parar el mundo y eliminar de tu vida todo lo que te frena y te saca energía. Anhelas expandirte. ¡Tienes que poner tu foco, tu atención solo en lo que te eleva, en lo que te hace bien! En tu evolución. En las personas positivas. En lo que avanza, en la vida expandida que quieres vivir en el Nuevo Mundo.

3. ¡RESUÉLVELO COMO UNA AVENTURERA!

Sea lo que sea que tienes entre manos, recuerda que tu reto es desafiarte a ti misma. Una Aventurera traspasa todo el tiempo sus propios límites, no te líes en los límites de los demás. O de las circunstancias. Para nosotras no existen los «fracasos», son escalones para subir aún más alto en el camino espiritual. Cuando algo o alguien está bloqueado, estancado y simplemente no se mueve, tenemos que movernos nosotras. Siendo una viajera en los mundos concretos, sabes cómo dejar atrás un lugar, una situación, una persona que no puede o no quiere cambiar, un modo de vivir. O una actitud cómoda. Tú sabes cómo salir a buscar alternativas más expandidas en otras tierras. O sea, en otras circunstancias, y volver renovada. Sé una auténtica Aventurera, tómate un respiro, todavía no resuelvas nada, elévate en conciencia. Sal de viaje, de forma mental o física, y cambia la energía. ¡Viaja a la quinta dimensión! Consulta la **Pequeña Guía para Tocar el Cielo**. Sigue sus indicaciones y regresa con la solución.

Si es un tema de amor el que tienes que soltar... ¡sé una auténtica Aventurera! Desvía tu mirada de ese cielo nublado que te hace llorar. Piensa que pronto podrás embriagarte de amor en la copa de otros labios. Y conocer un nuevo Cielo.

Sea cual sea el tema, los mantras son buenos para disolver problemas, y el que más nos gusta a las Aventureras es el de Hare Krishna: «Oh Señor, oh energía divina, que tu voluntad se cumpla a través de mí». También puedes hacer una novena alquímica, o invocar al Niño de Praga. O abre la Pequeña Guía para Tocar el Cielo en cualquier página, al azar: allí está la ayuda.

4. MI CONSEJO PARA ESTA SITUACIÓN

¡Mantén tu espíritu de Aventurera vivo! Cuida que el fuego de la pasión esté encendido en tu vida. Es tuyo, no se lo atribuyas a nadie ni permitas que nadie lo apague o te lo robe. Tu espíritu es libre e inconformista, nadie puede someterte. Tu mayor desafío en este momento es **¡ser audazmente tu!** Todo lo nuevo es incierto. No te encierres ni encierres a los otros. Déjalos ser como son. Pero tú ¡anímate a probar diferentes alternativas! Sé cuidadosa, sí, pero salte de todo miedo. Deja que la vida te guíe para encontrar caminos más coloridos. Más vitales, más intensos, más verdaderos y sin tanto sufrimiento. **Pide que La Niña te acompañe. Ella sabe cómo jugar con las circunstancias con alegría y despreocupación. Saca su carta y escucha su consejo también.**

5. MI RESPUESTA A LA PREGUNTA QUE HACE TU ALMA

Para moverte con libertad, como lo hacemos las Aventureras, necesitas **elevar tus vibraciones.** Sí o sí. De esta forma las frecuencias bajas no pueden entrar a tu sistema y no pueden detenerte. **Físicamente,** las elevas cuidando tu cuerpo. Respira bien, haz yoga, bebe mucha agua, date baños de sol y, en lo posible, baños de bosque, de mar o de montañas. Si no las tienes cerca, abraza todos los días a un árbol, o a tu gato, o a tu perro. Elige los alimentos, come muchas frutas y verduras. Hazte tés de hierbas de equinácea, de hierba de San Juan, de saúco y de artemisa, té de jengibre y limón. Consume ginseng, altas dosis de vitamina C, agrégale magnesio y unas gotas de propóleo. Respira hondo para reducir la hormona del estrés, el cortisol. Camina.

Psíquicamente, lo que te eleva es mantener tu entusiasmo ¡al rojo vivo! Salirte de la comodidad sube enormemente tus vibraciones y, por lo tanto, te inmuniza. Explorar nuevos conocimientos y ponerlos en práctica transforma tu vida en una aventura continua. Salte del Viejo Mundo, por completo. Resetéate. Vive de una nueva manera. Si no puedes de momento hacer viajes a lugares lejanos, puedes viajar de muchas maneras.

¡Peregrinar es la esencia de una Aventurera! Viaja, por ejemplo, hacia un objetivo que quieres lograr. Hacia una mejor versión de ti misma, hacia tu yo futura. Es una aventura y un desafío. Enciende la estrella en tu frente y ponte en marcha. Peregrina hacia esa meta, todos los días un poquito.

Para mantener tu espíritu de Aventurera vivo durante ese viaje, alíate con La Niña y con La Heroína. Sigue sus indicaciones. Esta alianza es poderosa, ¡tus vibraciones subirán meteóricamente!

6. TEMAS DE AMOR

Tu clave como amante: **mucha pasión.**

¿Cómo amas tú como Aventurera?

Esta es una revelación que las Aventureras reciben en la Fiesta de la Liberación. Ellas, como tú, saben que la vida es un viaje. Y debes saber que tú, como Aventurera que eres, te has enamorado perdidamente de este viaje, **por eso siempre estás amando.** A personas, a vivencias, a lugares, al Cielo y a la Tierra. El amor es para ti la mayor aventura que se puede vivir en este planeta. Un abrazo auténtico te lleva hacia tierras mágicas. Un beso noble y apasionado te transporta a universos lejanos. **Amas como vives, al máximo.** Propones lealtad e intensidad para explorar las misteriosas tierras del éxtasis. ¡Valórate! No hay tantas Aventureras en este planeta, desapegadas y desinteresadas como tú. Las tierras del éxtasis son generalmente inaccesibles al común de los mortales, ¡a menos que una Aventurera abra las puertas!

¿Tú con un ser aventurero?

Es una situación vital. Desafiante. Emocionante.

¿Cómo reconocerlo? Es fuerte, tiene humor, defiende su libertad con uñas y dientes y siempre sueña con lugares lejanos. Si tú no eres muy Aventurera, aprenderás mucho. A los seres aventureros les encanta traspasar límites, conquistar. Y hay un secreto para conquistarlos: **¡tienes que saber decir que no! Y estar al tanto de que solo puedes tener lo que más deseas si eres capaz de renunciar a tenerlo.** Tu aprendizaje es probar el picante sabor de tu propia y verdadera autonomía y libertad. ¿Te animas? Nunca lo olvidarás. Un auténtico ser aventurero, y espiritual, es sincero. Sabe habitar el momento presente, no establece muchas proyecciones, pero si lo conquistas, se quedará contigo para siempre. Hay otro tipo de aventureros, los no evolucionados; de esos aléjate rápidamente. Te lo aconseja una Aventurera.

¿Cómo es una pareja aventurera?

Desafiante. Desinhibida. Intensa. La aventura de estar juntos los mantiene en vilo. Vivos. Despiertos. Alertas. Persiste porque siempre se renueva. Mantiene encendida la llama de la conquista. Una auténtica pareja aventurera conoce la lealtad de los compañeros de camino, uno siempre puede contar con el otro. Incondicionalmente. Los viajes te entrenan en esta actitud. La sed de explorar nuevas fronteras, internas y externas los une, trascendiendo edades, costumbres y pertenencias. Una maravilla. Si quieres vivir una pareja aventurera, vuélvete tú una de las nuestras.

7. ¿CÓMO SOLTAR?

Las Aventureras estamos entrenadas, sabemos soltar. No es fácil, pero cuando anduviste recorriendo los caminos de la vida, muchas veces tuviste que soltar lugares, amigos, amores. Y te diste cuenta de que no pasa nada. Que todo cambia. ¡Suelta! Y lo que es tuyo, volverá a ti. Lo que no, seguirá su camino. Soltar es también una gran aventura, porque hasta que no lo haces, no sabes cuáles serán los resultados. ¿Te animas a averiguarlo?

8. LA VIDA EN NARANJA

Mezcla rojo pasión y amarillo alegría y vive la vida color aventura. ¡Revitalízala! Llénala de energía, felicidad y entusiasmo. Nuestro color, el **naranja** casi fosforescente, es fuerte y estimulante. Proyéctalo sobre ti, transforma todo lo que haces en un episodio naranja. **La vida en naranja** es optimista, divertida, desinhibida. Nos hace seguir hacia delante y hacia arriba. Vístete de naranja, come en platos naranjas, decora tu casa con toques de naranja. Ten siempre cerca flores naranjas. Prende velas naranjas. Apoya tu cabeza sobre almohadas naranjas. Pon cartelitos naranjas por toda la casa con los lemas de las Aventureras y repítelos en voz alta. Como: «¡**Avanzo!**». «**¡Viajo hacia mi sueño!**». «**Renuncio a la comodidad para conquistar mi libertad**». «**Hoy comienza una** gran aventura». «Salgo a conquistar mi sueño». «¡Me atrevo!». «Soy joven, soy fuerte y me voy iluminando progresivamente». «Mi vida espiritual es una aventura continua».

Nuestras piedras de poder son el ópalo naranja, el ámbar y el jade naranja. Tienen propiedades antidepresivas y energizantes.

La música que pone el mundo en modo naranja, aventurero y picante, es la cumbia colombiana, la salsa o la sandunga mexicana.

El elixir de las Aventureras

Es muy potente. Aumenta las endorfinas y la adrenalina. Es afrodisíaco, estimula tu audacia. Te da valor para iniciar nuevas aventuras. Aporta a tu vida un sabor picante y divertido.

Ingredientes:
- 2 zanahorias
- Jengibre
- Zumo de 3 naranjas
- Canela
- 1 cucharadita de miel
- Una pizca de pimienta

Ralla la zanahoria y el jengibre, mézclalo con el zumo de las naranjas, la canela, la miel y la pimienta. Licua la preparación, déjala reposar y coloca el elixir en un recipiente de vidrio. Envuélvelo con una tela naranja. Déjalo quince minutos bajo el sol. Luego mantenlo en la nevera no más de tres días. Si se te termina, prepara uno nuevo con el mismo procedimiento. Para consagrarlo, prende una vela naranja. Quema en un hornito de aromaterapia esencia de naranja. Extiende la mano derecha sobre el elixir diciendo: **«Dame valor. Energía. Fuerza. Despierta en mí sed de aventuras y valor para conquistar mis sueños. Amén».**

Bebe el elixir cuando necesites valor, una carga de energía, pasión. En un vaso pequeño, hasta dos veces por día. Sentirás su poderoso efecto mágico. ¡No te pases con las dosis! Te volverás imparable.

9. UN MENSAJE DE TUS ANCESTROS

Querida heredera: ¡Tienes nuestra estrella en la frente! Eres osada y valiente como nosotros. Juega con fuerza al Juego de la Vida, pequeña. Debes estar aquí, aquí, bien plantada en el Nuevo Mundo. O sea, debes tener, como nosotros, peso específico. Presencia. Es una gran aventura percibirnos como vasijas que contienen cada vez más luz que nos llega desde las lejanas estrellas. Tienes que afianzarte en este Nuevo Mundo con el valor y la certeza que te da tu estrella de Aventurera, muy apreciada en estos tiempos en los que todos se esconden en sus cuevas. ¿Y cuál es la forma de jugar al Juego de la Vida con una presencia tan fuerte como la de una Aventurera? Querida heredera, además de saber volar, tienes que saber afianzarte en una realidad cambiante e incierta. Tienes que manejar ambos polos, materia y espíritu, con la misma eficiencia. Afianzarte en esta dimensión implica también tener una nueva conciencia del cuerpo como recipiente de luz. ¡Lo necesitamos!, hay que cuidarlo mucho. Te apoyamos, te cuidamos, te acompañamos. ¡Te queremos!

Tus ancestros Aventureros

LA MÍSTICA

YO SOY CONTINUA FUENTE DE BENDICIONES Y MILAGROS

Te abrazo con infinito amor. Estoy frente a ti para recordarte que lo que te eleva y eleva cualquier circunstancia es tu certeza en la Luz que está dentro de ti, en el Cielo, que te sostiene incondicionalmente. En la belleza de la vida, en el amor, en Dios. Esta certeza no es mental, parte desde tu corazón y atraviesa todo tu ser con una potencia atómica y fuerza total. La certeza lo inunda todo, sin dejar ni un resquicio para la duda. También la llamamos «fe». Debes medirla frecuentemente con un termómetro virtual. Controlarla, verificarla. Cierra los ojos y visualízate apoyando el termómetro de fe sobre tu corazón. ¿Qué sientes? ¿Cuánta fe tiene tu sistema? ¿Poca? Haz un plan urgente de oraciones diarias por al menos dos ciclos de nueve días. Busca en la Pequeña Guía para Tocar el Cielo las oraciones que más te atraigan. Pronuncia jaculatorias durante al menos tres días, son mántricas y muy poderosas. ¿Tu fe es media? ¡Hay que subirla! Haz respiraciones profundas conectándote con tu sanctasanctórum, la cámara oculta en tu corazón, y siente *la Presencia* sagrada de tu alma al menos dos veces por día. Haz durante tres días la oración al Niño de Praga. ¡Es infalible!

¿Tu fe es alta? Este es el estado en el que tienes que estar siempre, y mantenerlo. ¡Tu fe es total garantía para lograr la total inmunidad ante las vibraciones densas! Irradia esta alta certeza en la Luz, desde tu sanctasanctórum situado en tu corazón. Visualiza cómo emana de tu corazón un fuego resplandeciente que enciende con una nueva vitalidad a todos y a todo lo que se te acerca.

1. ¿QUÉ ES LO QUE MÁS ME DUELE?

Lo que más duele a una Mística es la soledad existencial. La insensibilidad de quien nos importa, la falta de empatía. Aunque tengamos la imagen de que los místicos adoran el aislamiento, no es así. Necesitamos vivir en un mundo donde se pueda compartir en cercanía el cariño, el amor y la bondad. Un mundo amistoso y bueno, que a veces compartimos con una pareja cómplice, y otras, con amigos del alma o con grupos espirituales que tienen nuestra misma visión. El aislamiento y la soledad duelen, porque cortan la circulación del amor fraternal y la gracia de poder compartir esa conexión con el Cielo que sentimos tan intensamente. Te duele el dolor del mundo, visceralmente. Por eso, ora a menudo. Busca formas de contacto para compartir Luz. Siéntete parte del bendecido mundo de los buscadores espirituales, quienes estamos hermanados por una fuerte e invisible red, alrededor del planeta entero. Devuelve maldiciones con bendiciones, para que no te afecten. Las maldiciones no son necesariamente intencionales, son envidias, pequeñeces, actitudes mezquinas. Como eres tan sensible, te hacen mucho daño. Se revierten con el bien decir. Con el bendecir. En la Pequeña Guía para Tocar el Cielo hay muchas.

2. ¿CUÁL ES MI MÁS PROFUNDO ANHELO?

¡Irradiar amor! ¡Y recibir amor! ¿Cómo vive un ser tan emocional como tú en un mundo tan práctico? ¿Y sobre todo siendo una soñadora, como lo somos todas las Místicas? ¡Envolviéndote en una nube invisible de amor! Visualízate envuelta en una niebla rosa. Convoca con frecuencia purificadores, Huracanes de Luz para desalojar la negatividad circundante. Y una lluvia de estrellas multicolores para permanecer siempre joven. Mantén tu paz. Reverencia tu silencio. Cuida tu intimidad con Dios, date tiempo para orar y meditar. Establece un espacio de tiempo ritual para el contacto con el Cielo. Escucha música sagrada. Aquieta tu mente, respira e irradia la Luz de *la Presencia* desde tu sanctasanctórum. ¡Esto te hace feliz! Y puedes irradiar esta felicidad al mundo. Esta es tu verdad esencial. ¡Vivir así es tu más grande anhelo! ¡Cúmplelo!

3. ¡RESUÉLVELO COMO UNA MÍSTICA!

Haz un plan de oraciones. Las oraciones realizadas ritualmente, o sea, con una frecuencia de nueve o cuarenta días, van estableciendo una burbuja protectora de luz y generando Orden Divino a nivel diario. Las Místicas resolvemos nuestros desafíos enviando una petición al Cielo; de inmediato, una corriente de continuas bendiciones comienza a descender sobre nosotros. Las oraciones van adaptando las energías sobre la marcha. El cambio comienza desde los niveles más sutiles y llega hasta la realidad más densa. Necesitas una vela blanca, incienso, una piedra, un vaso con agua y flores, una imagen sagrada. Monta de esta manera un sencillo altar. Escribe en un papel tu petición al Cielo. En qué quieres que te ayude, qué protección necesitas, qué fuerza luminosa, qué sostén. Prende la vela y el incienso, pronuncia un Padre Nuestro, un Ave María, lee la petición, cierra la oración con nueve «Santos» diciendo «Amén». Hazlo por nueve o por cuarenta días, siempre con el mismo ceremonial. Verás asombrosos resultados materializarse en tu vida, de una manera absolutamente mística. Las oraciones diarias resuelven todo y te envuelven en una protectora ola de amor incondicional. Encontrarás esta ceremonia y muchas más en la Pequeña Guía para Tocar el Cielo.

4. MI CONSEJO PARA ESTA SITUACIÓN

Actúa como una Mística. Para de dar vueltas mentales al asunto y resuélvelo espiritualmente. ¡Vuela! Elévate. Ve las cosas desde otra perspectiva. Más amplia, no egoísta, desde más arriba. Y a mayor profundidad. O sea, desde el corazón. Entra en un hondo estado de humildad y aceptación de lo que es, sin intentar modificarlo ni resolverlo hasta que el corazón te hable. Él va a lo visceral.

Cierra los ojos, abstráete de todo, respira hondo y desciende dulcemente a tu corazón. A tu sanctasanctórum. Pon allí, amorosamente, el tema que tienes que resolver, sin juicios, sin analizarlo, sin evaluar. Ilumínalo con la luz de *la Presencia*. Ahora pregúntate: **«¿Cómo elevo esta situación?»**. No lo que te conviene hacer, no lo que más te gustaría que pasase. Solo focalízate en cómo elevar esta circunstancia, relación, decisión a un nivel superior. Más libre. Más conectado con la gracia y la benevolencia. Tal vez, para elevarla, tengas que soltar. O no, tal vez tengas que comprometerte más. O reorganizarte. O buscar alianzas. O ayuda espiritual. Quédate en silencio, percibiendo. El corazón traduce los mensajes del Cielo. Escúchalo, tu corazón te dará la respuesta exacta. Cuando la carta de La Mística sale en una consulta, tienes que prestar mucha atención al aspecto espiritual de la situación. Si la respuesta no aparece inmediatamente, aparta la mente y vuelve a preguntar. Desde el no saber, desde el no controlar, desde la entrega al Cielo. El corazón te contestará. Y te sentirás muy bien.

5. MI RESPUESTA A LA PREGUNTA QUE HACE TU ALMA

Miles de personas han sufrido diferentes tipos de pérdidas. La incertidumbre es una constante y está resquebrajando las seguridades y certezas que teníamos en todos los aspectos. En el nivel físico, en el aspecto emocional, en la seguridad material. El planeta está atravesando una gran prueba. Pero la ayuda está llegando. Desde todos los confines del universo, la Tierra está siendo asistida por el Cielo. Y los humanos también. Nuestra gran tarea para poder atravesar esta continua incertidumbre es plantarnos en un nuevo lugar en la Tierra. **Ser uno con *la Presencia*. Con nuestro espíritu. Y gobernar con él nuestro reino. ¡Acostúmbrate a pasar tiempo en la quinta dimensión, la dimensión espiritual de la vida!** Allí no hay incertidumbre. Y cuando vuelvas a la dimensión concreta, llamada «tercera dimensión», visualiza **una línea de luz** indestructible que une tu corazón con el Cielo. Es una línea potente. Genera tu **Alineación**. Para practicarla, consulta la Pequeña Guía para Tocar el Cielo.

6. TEMAS DE AMOR

Tu clave como amante Mística: **éxtasis**.

¿Cómo amas tú como Mística?

Amas trayendo el Cielo a la Tierra y despertando tu propia divinidad. El amor es para ti la fuerza más poderosa del universo. Sabes que te transforma con solo rozarla con la punta de los dedos. Cuando estás enamorada, entras en un estado alterado de conciencia e irradias bendiciones para todo el planeta. Sabes amar, trascendiendo egoísmos. Te dejas atravesar por la magia del amor, por aquello inefable, imposible de atrapar ni poseer. Por eso dejas libre a quien amas, aunque a veces te duela. ¡Amar como una Mística no es fácil, pero es embriagador!

¿Tú con un ser místico?

Sublime. Fascinante.

¿Cómo **reconocerlo**? Sabe volar alto. Tiene una visión espiritual de la vida, siente responsabilidad por la inconciencia generalizada. Es idealista. Te trata con cuidado y respeto. Este es un ser místico evolucionado. Porque, además, sabe también bajar a la Tierra y combina la bienaventuranza celestial con la dimensión terrenal. Pero hay místicos que solo quieren volar en las más grandes alturas y te raptan hacia allá, hasta el punto de querer desconectarse del plano concreto. Entonces, ¡buena suerte! El desafío será poder nivelar estas experiencias sublimes con la dimensión terrenal. Hacerlas cotidianas, anclarlas en el tiempo y el espacio. Y asumir la responsabilidad de estar viviendo en la tercera dimensión, además de conocer la quinta.

¿Cómo es una pareja mística?

Una pareja mística vive cada instante de amor como sagrado. Ambos sienten que son un canal de amor universal, disfrazado de amor humano. Una pareja realmente mística asumirá la tarea de erradicar parte del sufrimiento de este mundo, en primer lugar, suprimiéndolo de la pareja. ¿Cómo? Tratándose con infinito respeto, cuidando cada palabra para que no hiera el alma del otro, siendo radicalmente honestos y leales. Se comprometen, sostienen el bienestar del otro, lo cuidan y lo protegen contra viento y marea. No dejan entrar en su aura ni un gramo de la inconciencia del Viejo Mundo. ¡Ambos son radicales militantes del nuevo! Si te fascina la idea de vivir en pareja mística, comienza por ti. Entrénate en desarrollar los poderes y fuerzas de una auténtica mística. ¡Vale la pena!

7. ¿CÓMO SOLTAR?

Como Místicas conocemos el poder del desapego. Queremos, pero soltamos, sabiendo que nadie posee a nadie. Sueltas porque sabes que por la ley del amor no es conveniente forzar a lo que se resiste. Ten la certeza de que estás fuertemente enlazada a aquello que te ha sido dado por derecho divino a través de un cordón magnético invisible e irrompible. Suelta, abre las manos, desaférrate. Lo que te corresponde, jamás te será quitado. Confía y compruébalo.

8. LA VIDA EN BLANCO

Una vida en blanco está atravesada por una exquisita pureza, inocencia y ligereza. Es una vida de alta integridad espiritual. Vive en blanco para elevarte. Para embellecer tu vida.

¡Para volverte ligera! Vive en blanco para limpiarte de experiencias dolorosas, para salir de un duelo. Si quieres evolucionar más rápido, establece un día por semana en el que pintarás tu vida de blanco y vivirás las veinticuatro horas como una Mística. Ese día reza por la humanidad, por el planeta, por quienes no entienden la transición. Envía luz y bendiciones. Irradia amor para que llegue a quienes no comprenden. Para vivir en blanco a menudo toma mucha agua. Vístete de blanco, enciende velas blancas. Come en platos blancos. Ten cerca flores blancas. Duerme con almohadas blancas, usa guantes blancos. Regala ángeles blancos. Para que tu mundo se vuelva blanco, místico, elevado, escucha cantos gregorianos. Es nuestra música. **Llena tu casa de cartelitos blancos, escritos en tinta azul: «¡Elévate!». «Vuela alto». «Vengo de las estrellas». «Bajo el Cielo a la Tierra». «Soy luz». «Amo la vida». «Descanso en el Cielo». «Vivo en el misterio del sanctasanctórum».** Escribe en tinta azul nueve veces nuestro mantra: **«Yo soy continua fuente de bendiciones y milagros».** Nuestra gema de poder es el cuarzo blanco. ¡Tenlo siempre cerca! También a las perlas.

El elixir de las Místicas

- Agua pura, consagrada.

Pon el agua en una botella de vidrio transparente. Prende una vela blanca e incienso de sándalo.

Pon la mano izquierda sobre tu corazón, extiende la mano derecha sobre el agua, y di: **«¡Cielo, desciende a la Tierra a través de esta agua consagrada! Agua santa, bendíceme con tu amor, con tu bien y con tu luz. Al beberte mi vida se purifica, mi corazón se enciende y mi camino se ilumina. Amén».**

Bebe esta agua bendita durante todo el día.

9. UN MENSAJE DE TUS ANCESTROS

Querida heredera, muchos, muchísimos de tus ancestros fuimos místicos, por eso tú has heredado nuestra profunda conexión con la luz. Te saludamos con amor para decirte que ¡es hora de dar un salto evolutivo! La melancolía nos hace valorar lo que nos falta y la pasión nos hace conquistar lo que deseamos. En estos tiempos de transición nunca mires hacia atrás. ¡Conquista nuevos sueños en nuestro nombre! Amor sincero, abundancia ilimitada, conciencia plena. Estos fueron siempre nuestros sueños. Y ahora los tiempos son propicios para plasmarlos. Confiamos en ti. La nueva Tierra se está manifestando en estos momentos, nada volverá a ser igual, habrá más conciencia, más sensibilidad, más amor, aunque todavía no puedas verlo. Recibe nuestras bendiciones, te las enviamos desde el fondo de los tiempos en forma de una potente ola de luz. Te envolvemos con nuestra protección. Amén.

Tus ancestros Místicos

LA NIÑA

YO SOY CÁLIDA DICHA, DULCE ALEGRÍA,
INOCENCIA PLENA Y CONFIANZA TOTAL

Yo soy La Niña, soy tú. Tu yo evolucionado. Tu yo libre y feliz. ¡Mírame! Podemos vivir con frescura, inocencia, la memoria de nuestro origen nos da esa energía. ¡Venimos de las estrellas! Yo sé que somos poderosas. ¡Despreocúpate de lo que llamas «problemas» en esta tierra! Considera los desafíos que se te presentan en la vida como parte de un juego sagrado. Resuélvelos de una manera optimista, alegre e inocente. Y, sobre todo, fresca. Todo tiene solución. ¡Suéltate! Cuando te sueltas, todo fluye. ¡Yo soy muy fuerte en ti! Tú eres liviana. Creativa. Como yo. Jamás te enganchas en el resentimiento. Como yo. ¡Activa ahora tu imaginación! No te apagues con los obstáculos que aparecen en tu camino. Tenemos varias alternativas para encarar cualquier situación en este planeta. No te encierres en una sola. Juega, probándolas. Confía y mantente alerta. Sé dulce y firme al mismo tiempo. Trátate con ternura. Sé franca y frontal, conéctate con lo que sientes, dales importancia a tus emociones, nunca las pases por alto. Tus percepciones inocentes son sagradas. Respétalas y hazlas respetar.

1. ¿QUÉ ES LO QUE MÁS ME DUELE?

A una Niña lo que más le duele es sentirse desamparada. Por eso... ¡protégeme! Soy tu Niña interna. Aunque parezca que he desaparecido, sigo viviendo dentro de ti. No me dejes indefensa. Espero que no te esté pasando, pero si no me proteges tú, buscaré amparo en cualquier lado, en cualquier persona. Y eso no es conveniente. ¿Cómo protegerme?... ¡Necesito que me escuches! Debes respetar tu parte frágil y sensible. Darle un lugar en tu vida. Jamás te expongas a engaños ni falsedades. Si las detectas, sal de allí. Está en juego tu inocencia, no podemos dejar que sea mancillada por quienes ya la perdieron. ¡Nuestra inocencia es sagrada!

2. ¿CUÁL ES MI MÁS PROFUNDO ANHELO?

Anhelas protección, eres muy sensible. Necesitas dulzura, buen trato, palabras amables, actitudes apacibles, vínculos a corazón abierto, juego. Es muy importante para ti. No negocies. Para recibir esto que tanto anhelas, ¡actúa así! Trata bien a todo el que se te cruce en el camino, háblale dulcemente, cuida tus palabras. Trátalos como seres buenos, inocentes y leales hasta que te demuestren lo contrario. Te llevarás muchas sorpresas. Encontrarás seres del mismo voltaje, con quienes compartir tu mundo con confianza y sin defenderte todo el tiempo de ellos ni de los otros. Tu intuición no falla. Ser inocente no es ser ingenua.

3. ¡RESUÉLVELO COMO UNA NIÑA!

¡Simplifica! Venimos de las estrellas, tenemos todas las herramientas para crear un Paraíso en esta tierra. Confía. Quiero manifestarme en tu vida. Hazme visible. Estoy aburrida de tanta seriedad. Cierra los ojos y sonríe. Ahora pon las manos sobre tu pecho, ábrelas, abre tu corazón y ¡déjame salir!

Ya estoy suelta. Y feliz. ¡Juguemos!

¡Sea cual fuere el tema que tienes entre manos, todo es posible! No existen límites de edad, ni de tiempo, ni de lugar. Nosotras, como Niñas Magas, lo sabemos: el «no se puede» es una mentira de los adultos, llamada también «paradigma cultural», «realidad consensuada». El inconsciente colectivo implanta límites todo el tiempo. Solo quienes nos atrevemos a trascenderlos logramos materializar nuestros sueños. No luches contra los que te dicen que esta es la única realidad. ¡Crea tu propia realidad!

4. MI CONSEJO PARA ESTA SITUACIÓN

¡Simplifica! ¡Agradece lo bueno! La vida vuela. Lo que más te conviene es atenuar toda tensión con relación al tema que preguntas. Y soltar toda expectativa. Si es un tema importante y dramático en tu vida, la decisión es elevarte por encima de lo que está pasando y, como una Niña, confiar en el Cielo. No está en tus manos resolverlo. Si es otro tema menor, debes liberarte de toda seriedad y jugar con las circunstancias. Si es con respecto a una relación, deja que el otro se manifieste tal como es, no lo encasilles, no lo acorrales, no exijas que sea diferente. ¿Qué es mejor que esto? Es interesante soltar y ver qué pasa. Lo conocerás, finalmente. Este juego es a todo o nada. No te sirven las medias tintas. Pero mantente alerta. Jamás permitas que nada ni nadie hiera a tu Niña. Ese es el límite.

5. MI RESPUESTA A LA PREGUNTA QUE HACE TU ALMA

Juega a que no tienes miedo, aunque lo tengas. Juega a que puedes volar, aunque no estés segura de poder volar. Juega a que no te importa soltar, aunque te importe. Desaférrate. Confía. ¡Te va a encantar volar! Todavía no sabes cómo es, pero juega a que sabes. De tanto jugar, se hará realidad.

Lánzate a lo desconocido de manera joven y fresca. Pero ¡desaférrate de lo que te retiene de verdad! Juega a que no necesitas nada, aunque lo necesites. Juega a que eres libre y tienes el mundo por delante, con sus infinitas posibilidades. De tanto jugar, se hará realidad. ¡Tienes todo un mundo por delante! Salta. **Y nunca, jamás, por nada del mundo permitas que una ilusión perdida o una persona complicada resquebraje tu alegría. Ese es el límite.**

¡Busca una nueva estrella! O en el lenguaje del circo, ¡cambia de trapecio! Esta información se brinda en la Fiesta de la Liberación a quienes se atreven a saltar de trapecio en trapecio. Ahora te la pasamos a ti, porque jugando con las cartas ya estás participando en esta fiesta mágica.

6. TEMAS DE AMOR

Tu clave como amante: **inocencia radical.**

¿Cómo amas tú como Niña?

Amas jugando. ¡Jugar es activar la energía! Amas con curiosidad y despreocupación. Confías naturalmente en el otro. Tu capacidad de asombro te hace ser muy vital. Amas con entusiasmo y humor. No dejas que un ego desbordado mate a tu Niña interior con su escepticismo, porque mataría tu inocencia. Tu principal fuerza. Amas con dulzura y familiaridad. No entiendes la rutina porque para ti la vida es un gran patio de juegos mágicos.

¿Tú con un ser con alma de niño?

Ten paciencia y firmeza. Es maravilloso, alegre y feliz disfrutar y compartir un mundo mágico y despreocupado con alguien así, fresco, divertido y dulce. ¡Juega a al máximo!, pero exígele, sin dudar, una razonable dosis de responsabilidad.

    ¿Cómo reconocerlo? Depende de en qué nivel de niño está. En el nivel uno, este ser considera que tiene pleno derecho a vivir en un Paraíso en esta tierra y lo quiere obtener sea como sea. Le encanta que los demás se hagan cargo. En el nivel dos, lucha por vivir en el Paraíso, se reinventa, es creativo y mantiene con su actitud la frescura e inocencia paradisíaca. En el nivel tres, sabe que el Paraíso se construye primero en el interior, y entonces aparece en el exterior. No permite que nada ni nadie lo saque del estado paradisíaco, o sea, de la total inocencia, con la plena conciencia de la tercera dimensión y sus desafíos.

¿Cómo es una pareja aniñada?

Ser niños en una pareja es la actitud más espiritual y conmovedora del Nuevo Mundo. ¡Es vivir en el orden, en la unidad y en el amor! Y en el presente. La confianza es el valor máximo de una pareja aniñada. Ambos rechazan la conducta extendida en la Vieja Tierra de vivir en el caos, la separación y el miedo. Crean un nido seguro y cálido de cariño, unión y fantasía continua. Un Paraíso cotidiano donde todo es transparente y nuevo cada día, y donde no existe la rutina.

7. ¿CÓMO SOLTAR?

Suelta con total candidez. Con ligereza y gracia. Los adultos se aferran a lo que no fue, o a lo que no pudo seguir siendo. No te agarres, tienes todo por delante. ¡Eres una Niña!

No intentes retener a nadie ni a nada, es indigno. Si no está contigo es que no te pertenece. No desperdicies una energía preciosa, la tuya. Si es una persona a quien te apegaste mucho, déjala ser como es, como un acto de amor hacia esa persona, sin posesividad. Juega a que el amor es más fuerte que la posesividad, y que eres capaz de elevarte por encima de los términos medios y soltar sin dolor. Si es una ilusión que se pinchó como un globo de cumpleaños, déjala ir y busca otra. Suelta y deja que el universo te muestre el camino. Pasa página y vuélvete una hoja en blanco. Confía en el Cielo.

8. LA VIDA EN ROSA

Deja salir a tu Niña de tu interior. ¡Vive una vida en rosa! Llénala de dulzura, paz, ligereza, cariño. Cuídate y cuida. La vida en rosa amortigua la negatividad que flota en los éteres ante la resistencia al cambio. Puedes evitar la tristeza y ayudar a que el planeta no se ponga triste envolviéndolo en una ola de amor incondicional de color rosa. ¡Hazlo así! Envía desde tu corazón un río de amor rosado a las personas más cercanas y diles que lo envíen a otras personas. Y así este río irá circulando, de persona en persona, hasta cubrir todo el planeta con amor. Una vida en rosa lo dulcifica todo. Te da confianza, capacidad de juego, seguridad. Y atrae el amor a tu vida. ¿Cómo? Ten rosas de color rosa cerca, enciende velas rosas, incienso de rosas, envuélvete en un chal rosa. Toma leche con miel en una taza rosa. Duerme sobre almohadas rosas. Llena tu casa de cartelitos rosas: «Soy inocente». «Confío». «La vida es dulce». «Soy feliz». «Vivo en el Paraíso». «Soy invulnerable, mi inocencia me protege». «¡Viva el amor!». Apoya sobre tu corazón nuestra piedra de poder, el cuarzo rosa. Y escucha *La vie en rose* en todas sus versiones. También los valses tocados en violín ponen el mundo en modo rosa.

Elixir rosa

Para beber: té de pétalos de rosa + hojitas de menta + 1 cucharada de miel.

Cada vez que quieras hacer esta ceremonia, prepara la infusión en una tetera.

Consagra el elixir con la mano derecha extendida sobre el té diciendo: «**Consagro este elixir rosa al amor, a la frescura, a la inocencia, al bien y a las maravillas. Amén**». Tómalo durante todo el día en una taza rosa, recibiendo una carga de inocencia y dulzura.

Para baños de inmersión

Hacer en casos de desamparo y/o tristeza aguda. Este baño de inmersión rosa, con leche, miel y flores, apacigua y suaviza tu vida. Te da protección emocional, relaja cuerpo y mente.

Ingredientes:

- Pétalos de jazmín
- Pétalos de rosas rosadas
- 1 ramita de romero
- 1 litro de leche de almendras o común
- 1 pimiento rojo
- Miel

Pon en la licuadora la leche de almendras con el pimiento, luego introduce el romero y las flores. Lo calientas sin que llegue a hervir y lo dejas reposar hasta que esté a temperatura ambiente. Mézclalo en la bañera con agua caliente, preparando un baño de inmersión. Prende velas rosas para convocar una ayuda extra, la de los ángeles querubines. Y antes de entrar en la bañera extiende la mano derecha sobre ella diciendo: «**Aguas dulces de flores, leche y miel, disolved todo desamparo. Ángeles querubines, cobijadme bajo vuestras alas. Amén**».

9. UN MENSAJE DE TUS ANCESTROS

Oye, pequeña Niña, eres nuestra heredera. ¡Te estamos cuidando! Aunque tú no nos veas, te estamos protegiendo. ¡Siente nuestro abrazo! Tienes una gran familia, somos muchos y todos te estamos mirando. Mantén tu alma fresca, libre, alegre. La vida en la Tierra es un ratito, no vale la pena desperdiciarla con miedos, proyecciones y heridas del alma. Te bendecimos y te rodeamos con una muralla protectora de amor. ¡Estás segura! Muévete alegremente por el planeta, nosotros te protegemos. Sé obstinadamente optimista, confiada y buena. Dulce. Amable y fresca. Tú no eres realista, eres idealista. Mantén tu visión. ¡Sostén deliberadamente tu inocencia! No aceptes que nada ni nadie te saque del estado paradisíaco. Es nuestro derecho natural como hijos del Cielo. Nosotros te apoyamos.

Tus ancestros que somos, como tú, eternamente Niños

LA SANADORA

YO SOY LA DULCE Y RADIANTE LUZ DE LA SALUD
ENCENDIDA EN MI CORAZÓN

Me planto delante de ti con el antiguo caduceo de la sanación en la mano. ¡Cuando aparezco a través de una carta, examínate! Verifica si estás llevando una vida sana. Respira hondo y hazte estas preguntas: ¿trato a mi cuerpo con amor, me cuido? ¿Me trato con amor, me respeto? ¿Circula amor en mis relaciones? Cuando hay una deficiencia de amor en alguna de estas áreas, la energía se bloquea en todas. Salud es igual a amor, así de simple. Aunque no haya una desarmonía evidente, en este momento planetario es fundamental revisar nuestra salud en todos los aspectos, a nivel diario. Físicamente, emocionalmente y mentalmente. Como Sanadora te aconsejo: ¡envuélvete en una nube de amor! También envuelve a las personas o circunstancias que te rodean. Descontamínate de todo desamor. El amor sana. Cualquier alteración de la salud, ya sea física o psíquica, no se sana solo con la intención de sanarse, o sea, solo con la voluntad. Lo que sana es el amor. Sana en ti todo miedo y todo desamparo. Refúgiate en el Cielo, en todo lo bueno y dulce de este mundo. Abre tu corazón al amor, así te abrirás a la salud plena. En tu pecho arde un fuego verde, incandescente, sagrado. Enciende todo lo que tocas con ese fuego de salud. ¡Transfórmate en una fogata verde! En una llama ardiente que forme a tu alrededor un escudo de luz que te proteja, y cuida que tu integridad no sea tocada. Irradia esta llama delante, detrás, a la derecha y a la izquierda de ti. Hazlo también como un servicio planetario, desinteresadamente, para contrarrestar la epidemia de miedo que arrasa el planeta. Irradia salud, bienestar, paz. Amor. Y entonces, mágicamente, todo se desbloqueará en tus asuntos. Si la carta sale reiteradas veces, el Cielo te está pidiendo que irradies este fuego. ¡Colaborarás así con la construcción de la nueva Tierra!

1. ¿QUÉ ES LO QUE MÁS ME DUELE?

Te duelen las indefiniciones. El dar vueltas y vueltas a una situación con pensamientos obsesivos. Los pensamientos repetitivos hieren, hacen daño. Enferman. ¡Basta! En estos tiempos hay muchas situaciones a las que no les encontraremos explicación. Comportamientos descentrados, imprevistos e incoherentes. Traiciones. Escapes inexplicables. No le des más vueltas al tema intentando encontrar definiciones mentales, no llegarás a nada. El cerebro no entiende las paradojas, no entiende la realidad, la interpreta a su manera limitada. Detén la mente y baja al corazón. Para detener la mente, medita, escucha música, respira rítmicamente, busca ciertos infalibles mantras y jaculatorias revelados en la Pequeña Guía para Tocar el Cielo.

¿Existen dos actitudes contradictorias al mismo tiempo en ti? Ponte límites claros, no te contamines con la confusión. No te tortures. No juzgues. Envuélvete en un manto de amor y elige la alternativa más sana.

2. ¿CUÁL ES MI MÁS PROFUNDO ANHELO?

Ansías lograr la perfecta salud de tu cuerpo, de tu alma y de tus vínculos. La Tierra está alborotada. Tienes que elevar tus vibraciones, evitando así que las frecuencias bajas se filtren en tu sistema, confundiéndote. Hay mucho desconcierto, no dejes que te altere. Mantente en tu eje. Tienes que afianzarte en la tercera dimensión, sentir que tienes un peso específico en este planeta, que estás aquí, que eres una vasija que contiene cada vez más luz. Que tu primer chakra, el chakra raíz, está abierto y conectado con el centro de la Tierra. Debes sentir seguridad en ti misma y fuerza. Al mismo tiempo, elévate y afiánzate también en la quinta dimensión, fuera de todo conflicto, sintiendo que tu coronilla está conectada al Cielo.

Físicamente es importante mover tu cuerpo, salir de la vida sedentaria, aunque sea solo caminando todos los días. Come sano, bebe poco alcohol y mucha agua, elige bien los alimentos.

Espiritualmente, te mantienes sana sosteniendo tu alineamiento y bajando al menos una vez por día al sanctasanctórum. ¡Descansando en la Luz!

Consulta la Pequeña Guía para Tocar el Cielo, acerca de la importancia del alineamiento.

3. ¡RESUÉLVELO COMO UNA SANADORA!

¿Sientes que tienes demasiados temas por solucionar? ¿Te asaltan emociones negativas que creías haber superado? ¿Te inundan, te intoxican, te paralizan? Cuidado, el agobio permanente enferma. Tienes que aplicar entonces una estrategia de emergencia y no dejarlas avanzar. ¿Qué hacer? ¡Encerrarlas en un frasquito hasta que puedas gestionarlas!

Suena gracioso, pero es muy efectivo. Es una estrategia poderosa; no bloqueas las emociones, no las anulas, solo las encierras temporalmente para que no te envenenen, hasta que puedas afrontarlas, limpiarlas y resolverlas. La estrategia que aplicamos es la de refrenar su poder destructivo, no dejándote aplastar ni invadir por ellas. Simplemente visualizas un frasquito de cristal transparente en la mano izquierda, pones la mano derecha sobre tu corazón, vas sacando de allí todo el dolor y lo vas encerrando en el frasquito. Pon allí la soledad, el desamparo, la inercia, la rabia, una actitud que te hirió. El desamor. Una traición. Luego le pones la tapa. Y te olvidas del dolor: está neutralizado y encerrado en el frasquito. Cuando estés preparada, apoyas mentalmente la mano derecha sobre el frasco y decretas: «¡Aquí manda la Luz! Todo lo encerrado se transforma en estrellas». Abres el frasquito mentalmente y ves cómo salen de su interior estrellas doradas y resplandecientes y se elevan hacia el cielo. Esta estrategia es simple, genial y efectiva. Responde al principio mágico de la transferencia.

Has transferido el dolor al frasquito, has hecho un decreto alquímico y lo has transformado en estrellas.

4. MI CONSEJO PARA ESTA SITUACIÓN

¿No te alcanza el tiempo?, ese es un problema recurrente, genera estrés y enferma. No estás focalizándote correctamente. Siempre debes encontrar el tiempo para meditar, para orar, para visualizar, para amar. Para alinearte. Es fundamental tomarte este tiempo para estar sana. ¡Establece prioridades! Crea hábitos. Tómate un tiempo para ti y tu vida se hará liviana. ¡Es simple y genial esta estrategia! Ponla en práctica.

5. MI RESPUESTA A LA PREGUNTA QUE HACE TU ALMA

Un corazón herido no se sana pensando en la herida. Sea cual fuere, una infidelidad, un duelo, una traición, el remedio lo tiene el mismo corazón. Recuerda siempre que el emocional es un sistema totalmente diferente del racional. Respira hondo; si sientes algún dolor, enfado, pesadumbre, resentimiento o autocompasión, deja que descienda al fondo del corazón, al sanctasanctórum. Respira más hondo, quédate en silencio sintiendo cómo la llama sagrada que arde en tus profundidades derrite ese sentimiento, lo quema y lo hace desaparecer. El corazón es una cámara alquímica, también disuelve el enfado y quema con su fuego sagrado todo sufrimiento. El corazón perdona y así se libera. Recuerda que cada experiencia es un aprendizaje, cada malestar te lleva a buscar algo más elevado. También aprendes a poner límites. No te sientas víctima, acoge dentro de ti la circunstancia, trasciende el dolor terrenal y entrega la situación al Cielo. Y nunca, jamás, por nada del mundo, permitas que una ilusión perdida o una persona complicada resquebraje tu alegría. Ese es el límite. Hay ocho mil millones de personas en este planeta. Y millones de ilusiones nuevas en las que focalizarte, más puras y más creativas. Y que no hieren el corazón.

6. TEMAS DE AMOR

Tu clave como amante: **corazón en llamas.**

¿Cómo amas tú como Sanadora?

Tu corazón arde, todo tu cuerpo sube su voltaje. Y, naturalmente, bajas el fuego del amor a las profundidades de la materia; se activan, especialmente, tus manos sanadoras y te lo dicen. Sobre todo, cuando estás enamorada, usas tu cuerpo como instrumento sagrado. ¡Lo activas! ¡Lo potencias! ¡Vibras! A veces no te enamoras de una persona, te enamoras de la vida. Los efectos son parecidos. Y si eres una Sanadora natural, presta atención a las repeticiones: tienes cierta tendencia a atraer seres sensibles que necesitan curar raspones del alma. Y te sientes bien transmitiéndoles tus dones, aunque a veces quieras negarlos. No te quejes si te pasa de seguido, el amor activa todos nuestros dones.

¿Tú con un ser Sanador?

Es una experiencia muy mágica, casi mística. Naturalmente te relajas y te entregas.

¿Cómo **reconocerlo**? Porque te cuida mucho. Es muy sensitivo y emocional. Y siempre está pensando cómo ayudar a los demás. Este ser ama con el corazón abierto, anulando el afilado cuchillo de la mente que clasifica, interpreta y separa. Sabe que el corazón sana. Estar con un ser sanador es una experiencia balsámica. Este amor potencia tu propia capacidad de sanarte y sanar.

¿Cómo es una pareja de Sanadores?

Están en misión permanente. Si el universo los pone juntos, la tarea es grande, espléndida y fuerte. En el Nuevo Mundo, lo normal es estar sanos. Antes de entrar en una misión, serán puestos a prueba. El universo exige a una pareja de sanadores pureza, alineamiento, amor incondicional. A cada uno en su mundo y en el mundo que creen juntos. La virtud clave para que una pareja de Sanadores resista y persista es la impecabilidad. Cuando la inteligencia artificial avance, se necesitarán cada vez más seres dedicados a mantener y cuidar los altos niveles de conciencia, que pasarán a estar claramente vinculados con la salud. Será el nuevo estándar.

7. ¿CÓMO SOLTAR?

Tú, como Sanadora, sabes que soltar es la clave. ¿Por qué? Porque nos hace daño retener lo que nos hiere. O a quien no es leal. ¿Para qué quieres un amor traicionero? ¿O una circunstancia tóxica?

Pon la salud psíquica en primer lugar. Suelta para estar sana. Suelta para liberarte. Suelta para ser tú. Suelta para que circule la Luz. Suelta para que algo más elevado llegue a tu vida.

Suelta con amor y con compasión. Estamos en un entrenamiento, la Tierra es un laboratorio, todo es relativo y nada es permanente.

8. LA VIDA EN VERDE

Cuando sale esta carta ¡enciende tu vida en verde! Date una fuerte dosis de adolescencia, aunque ya la hayas pasado. ¡Renace! ¡Lo que está verde, está vivo! El verde es el color de la sanación, de la juventud, de la verdad y de la fertilidad. Por eso es el color de las Sanadoras. Respira bien, relájate. Haz ejercicio. Llénate de frescura, de energía sana, pura, limpia. Imagina que vas caminando en medio de un fresco bosque. Inspira ese precioso aire sintiendo que tu vida se ha vuelto tan simple, natural y verdadera como ese bosque encantado. Inspira profundo. Desintoxícate de todo lo artificial, lo superfluo. Respira verdad y autenticidad. Pinta tu vida de verde, ¡sánala en todos los aspectos! Aumenta tu vitalidad. Toma zumos verdes, vístete de verde, llena tu casa de plantas. Duerme sobre una almohada verde. Toma té de menta con miel y té verde. Enciende velas verdes. Abre las ventanas e inspira el aire puro de la mañana. ¡La vida en verde te regenera y purifica! Llena la casa de cartelitos escritos con tinta verde: «**Di sí a lo que te eleva**». «**Relax**». «**¡Viva la Vida!**». «**Mis sueños están germinando**». «**Soy joven, soy bella**». «**Estoy sana**». «**Mis energías se multiplican por mil**». «**Soy verdad**». «**Respiro hondo**».

Nuestras piedras como Sanadoras son la malaquita y el jade. El verde activa el corazón y mantiene sanos los pulmones. Limpia lo tóxico físico y energético. Apoya las piedras sobre tu corazón e inmunízate de forma natural.

La música que pone al mundo en verde es la africana, una música ancestral a través de la cual habla la naturaleza, la Tierra, Gaia. Los primeros vestigios del descenso de los seres estelares a este planeta están en África; su música nos lleva a ese momento.

Elixir tibio para sanar todas, todas las penas

Las que sean.

Ingredientes:

- 2 tazas de leche de almendras
- 1 cucharadita de polvo de cúrcuma
- 1 cucharadita de canela
- ½ cucharada de jengibre
- 1 anís estrellado
- Miel al gusto

Mezcla todos los ingredientes a fuego lento durante unos minutos revolviendo con una cuchara de madera en el sentido de las agujas del reloj y pronunciado este conjuro: «**Elixir mágico, calma lo que me aflige, endulza lo amargo, sana lo que me duele**».

Déjalo entibiar.

Sírvelo en una taza verde antes de irte a dormir sintiendo que se calma el desamparo y se curan todas tus penas.

El elixir verde de las Sanadoras

Posee una gran fuerza energética, purifica, protege de las epidemias y de las enfermedades. ¡Sana cuerpo y alma!

Ingredientes:
- 2 kiwis pelados
- 1 banana (preferiblemente congelada para mejor textura)
- 1 taza de hierbabuena (limpia y sin tallos)
- 1 taza de yogur natural
- Unas hojas de espinaca
- 2 tazas de hielo (optativo)
- 1 taza de zumo de naranja

Mezcla todos los ingredientes en la licuadora; comienza por los líquidos y continúa con los demás.

Cuela.

Coloca el brebaje mágico en un recipiente de vidrio. Puede estar envuelto en una tela verde.

Prende una vela verde e incienso de menta. Extiende la mano derecha y conságralo: «**Mágico elixir, te consagro en el nombre de la Luz y activo tu potencia. Otórgame el bien, la completa salud y la juventud perfecta. Amén**».

Tómalo cuando necesites un impulso de vitalidad. Para inundarte de salud y bienestar. Para activar la eterna juventud.

9. UN MENSAJE DE TUS ANCESTROS

Muchos de los nuestros nos dedicamos a la sanación de diversas maneras. Fuimos médicos, sacerdotes, chamanes. Tienes nuestros dones ancestrales muy grabados en tus genes. Siempre supimos que la fuerza del amor es la única que sana. Y tú lo supiste desde pequeña. Tu corazón late con fuerza. Estás despierta. Amas. Confías. ¡Ya estás preparada para vivir en el Nuevo Mundo! Porque en este mundo que nosotros ya podemos vislumbrar y que está emergiendo del viejo ¡cambian los valores! La nueva sociedad que está naciendo respeta el poder de las intuiciones, de las corazonadas, de la videncia, de los sueños. Sostiene la pureza y la autenticidad, la vida natural y simple. La espiritualidad. Tú ya eres una habitante de esta Nueva Tierra. Y nosotros lo somos a través de ti.

Tus ancestros Sanadores te bendecimos

LA HEROÍNA

YO SOY QUIEN SE ALZA CON LA VICTORIA.
¡AQUÍ MANDA LA LUZ!

Me planto frente a ti a través de la carta cuando es hora de que pares el mundo y tomes una decisión. Tal vez este sea el motivo de tu consulta, y es real. ¡Tienes que decidir! Deja de postergarte y avanza más allá de tus propios límites. De los «no puedo», de los «no sé», de los «no soy suficientemente buena». Frena a esa hidra que susurra mensajes de autodesvalorización en tu oído. ¿Cómo decidir? A la manera de las Heroínas. Apoyándote en la Luz. Respira hondo, extiende la mano y empuña tu espada de fuego alada. En su hoja de acero brilla un lema heroico: «¡Aquí manda la Luz!». La Luz es la única fuerza que nos guía, la que manda y que tenemos que hacer respetar a los que interactúan con nosotros. No hay ninguna otra fuerza que tenga poder sobre nuestra vida. Solo la Luz. Ante varias opciones, decide por lo más luminoso, lo más ético, lo más sano. ¡Corta con la ambigüedad! Y juégatela por tus ideales. Por aquello que es sublime para ti. **Valóralo. Dale importancia.** Puede ser una nueva forma de vida, un cambio físico, un amor, un proyecto, un sueño. ¡Conquístalo! Desarrolla más habilidades físicas, psíquicas y espirituales con tenacidad, persistencia e intensidad. Salte de lo común siempre. Toma decisiones, ponte en movimiento con alegría y valor. No importan tus opiniones anteriores. Sé tú, sé audaz e inmensamente recta. Haz lo que amas, pero sé honesta, no interfieras en el libre albedrío de los demás. Este es el principio espiritual que garantiza el éxito.

1. ¿QUÉ ES LO QUE MÁS ME DUELE?

A tu parte heroica le duele mucho la tibieza, la falta de compromiso, la mediocridad y todas las medias tintas, propias y ajenas. Sal de ahí, si acaso estuvieras atrapada en algún término medio de algo o de alguien o de ti misma. Comprende que no todos pueden llegar a ser heroicos, pero tú sí. Lo sé. Sé implacable contigo y jamás bajes de nivel por adaptarte a las circunstancias. ¿Te superas todo el tiempo y te duele no sentirte acompañada? No te desilusiones por eso, no vale la pena. Tú empuña la espada de fuego, corta tus miedos y desamparos, deshazte de ellos. No estás sola, hay cada vez más seres heroicos, aunque no lo parezca. Vendrán a ti. Te los encontrarás, son parte del Nuevo Mundo, todavía están escondidos. Protege tu espiritualidad, es tu base de apoyo. ¡Pon en práctica tu integridad y avanza!

2. ¿CUÁL ES MI MÁS PROFUNDO ANHELO?

Quieres conquistar una vida magnífica, para ti y para todo el planeta. ¿Por qué conformarte con menos? ¡Quieres que el Nuevo Mundo ya sea una realidad! Y tienes razón. No te dejas avasallar ni influir por las corrientes de opinión masiva que reflejan un sentir estándar. ¡Tú tienes tu propia visión heroica! Anhelas vivir en un mundo grandioso, libre, definido. Amoroso. Sano. Puedes crear esta realidad en tu vida, tienes recursos para hacerlo. Pero no esperes que todos te sigan. Lo más probable es que muchos se queden a mitad de camino. Cada uno llega hasta donde puede llegar, según su nivel evolutivo. No entregues la antorcha de la magia a quien no puede sostenerla. Pero ¡vigila que jamás se apague en ti!

3. ¡RESUÉLVELO COMO UNA HEROÍNA!

Sea cual fuere el tema por el que estás buscando una orientación, ¡plántate en la Luz!, en lo bueno, en lo sano. No negocies con las ambigüedades ni con ningún tipo de maltrato. Alinéate. Une tu pensamiento, tus sentimientos y tu acción en una sola línea recta. Tu actitud heroica irradia una potente luz que impacta a quien esté frente a ti, a tu entorno y a ti misma.

4. MI CONSEJO PARA ESTA SITUACIÓN

Si muchas dificultades se cruzan en tu camino, si sientes que vas a desfallecer, si estás agobiada y a punto de rendirte, es normal. Nos pasa hasta a las más renombradas Heroínas. A veces decaemos. Entonces hay que actuar rápidamente. Envía un SOS al cosmos. ¡Llámame!, estés donde estés. Yo te escucharé. Respira hondo y di junto a mí esta afirmación: «¡Cielo, ayúdame a sostener mi sueño hasta que se haga realidad! Te lo entrego. Si es para mi evolución como persona, sé que se materializará, o vendrá a mi vida otra bendición tan magnífica como la que anhelo. Soy valiente, soy persistente, soy heroica. Aquí manda la Luz. Amén». ¡Elimina de tu realidad toda posibilidad de abandonar tus sueños! A pesar de cualquier dificultad, lucha por ellos. Ya sea que sueñes con un amor apasionado y leal, con un proyecto que parece imposible, con un cambio físico... ¡Persiste! Porque eres una Heroína, y las Heroínas podemos flaquear, pero jamás nos rendimos. Y los sueños se hacen realidad.

5. MI RESPUESTA A LA PREGUNTA QUE HACE TU ALMA

¡Empuña tu espada de fuego para defenderte de las opiniones tibias, tuyas y ajenas, y para limpiar tu corazón de cualquier contaminación de la Vieja Tierra y de toda hidra que ande rondando para debilitar tu espíritu! Mantén una visión sublime de la vida, pase lo que pase. ¿Cómo hacerlo? Juégatela por lo que amas, o por tu sueño, o por la solución que necesitas al cien por cien. Tienes que estar dispuesta a pagar el precio para elevarte, para ascender de nivel. Para conquistar tus sueños tienes que pagar el precio de la incomodidad, del esfuerzo sostenido, de sobreponerte a las ganas de rendirte y, sin embargo, seguir. Del ascetismo. De la incertidumbre. Del desapego. ¡Adelante! ¡Avanza! Tal vez esta es la mayor batalla que debas librar, ya que el heroísmo es todavía poco comprendido. Por eso las Heroínas somos pioneras y nos adelantamos. Mientras los demás todavía están dudando, nosotras ya estamos viviendo en el Nuevo Mundo. ¡Actúa de una manera nada convencional, romántica! Vive tu vida como una novela. ¡Guíate por tu corazón en llamas! Sostén tus objetivos férreamente, tu coraje de Heroína es mayor que cualquier adversidad.

6. TEMAS DE AMOR

Tu clave como amante: **valor**.

¿Cómo amas tú como Heroína?

El amor para ti es una gran cruzada. Amas como una guerrera. Con coraje, sentido del honor, con una gran dosis de valentía. Tu estándar es muy alto, y lo cumples. Cuando te comprometes, arrasas con todos los «no puedo», «no debo», «no sé». Esta actitud es muy poderosa. Pero tu vulnerabilidad en el terreno del amor personal es el querer lograr la victoria a toda costa. Olvidarte de tu propia humanidad y de la humanidad del otro, exigiéndole lo que no puede dar. No todos se animan a ser heroicos, muchos se resisten a salir de sus zonas de confort. Pon una dosis de empatía, de compasión y de respeto. ¡Hacen lo que pueden! Pero tú no rebajes tu intensidad.

¿Tú con un ser heroico?

¡Precioso!, siempre y cuando no esperes que te salve. Esa es una gran tentación, ya que los seres heroicos suelen ser salvadores y libertadores. Y es bonito que te rescaten, pero altamente peligroso, genera dependencia.

¿Cómo reconocerlos? Pueden con todo (según ellos). Defienden la justicia, la libertad, la igualdad, en todos los ámbitos donde se encuentren. Tienen fuertes convicciones espirituales. Y son muy protectores. Su llama del entusiasmo está siempre encendida al máximo y se la pasan a quienes están cerca de ellos, automáticamente. Si lo amas profundamente, ¡hazte con ella! Si no estás segura de querer conquistar el mundo, piénsalo. Amarlo será siempre muy exigente. Con estos seres, todo es al máximo.

¿Cómo es una pareja heroica?

Espléndida. ¡Juntos pueden llegar muy lejos! Ambos usan su amor, su fuerza y su coraje para mejorar el planeta e instaurar el Nuevo Mundo, el único que conocen: dos seres heroicos juntos jamás se quedan viviendo en el mundo viejo. Se aburren. Puede haber parejas heroicas en el arte, en la espiritualidad, en la ecología, en cualquier actividad. Lo que las caracteriza es su intensidad y su compromiso con un ideal. Tienen una alta capacidad en servir a otros, poniendo por encima de todo los valores y el bien común. Disfrutan siguiendo la misma estrella, los une siempre una visión elevada. La pasión es su combustible cotidiano. No conocen el aburrimiento, hay demasiados esplendores a conquistar, no hay tiempo. ¡Es muy emocionante ser una pareja heroica! Eso sí, no es nada cómodo y es muy exigente.

¡Anímate a vivirla!

7. ¿CÓMO SOLTAR?

Una Heroína suelta con decoro. Aunque te duela y te cueste, deja partir a quien no puede o no quiere permanecer a tu lado. Suelta compasivamente a quienes no pueden seguirte. Calla, entiéndelos, no los juzgues. Suelta también las situaciones que no pudieron ser. O a las circunstancias, los lugares y las personas que tienes que dejar atrás para evolucionar. Te esperan mejores. Pero sé consciente de que a veces no soltamos porque nos resistimos a perder lo que teníamos. Soltar es también perder. Paga ese precio. Eres una Heroína, mantén en alto tu visión. No bajes para adaptarte a visiones más limitadas. No son para ti. ¿Te comprometes hasta la médula y encuentras una respuesta vacilante y tibia, o aún peor, indiferencia? ¡Suelta! No desperdicies energía, jamás rebajes tu intensidad para adaptarte a intensidades menores. La comodidad es contagiosa. Y las dudas cancelan las bendiciones.

8. LA VIDA EN AZUL

Nuestro color es el azul profundo. El color de los héroes y Heroínas, arriesgados, sentimentales, románticos y algo locos para la mirada convencional. El azul es también el color de la fortaleza espiritual y de las visiones sublimes. ¡Pinta tu vida de azul! Sé heroica, magnífica, grande. Ten valor y temple para asumir riesgos. Sal de los tropiezos de la vida con dignidad. Empuña tu espada alada para desintegrar la mediocridad. Vístete de azul, decora tu casa de azul, prende velas azules. Busca flores azules. Duerme en una almohada azul. Crecerán tu templanza y tu fuerza interna. Usa ropa interior azul. Llena la casa de cartelitos escritos con tinta azul: **«¡Adelante!»**. **«Jamás te rindas»**. **«Aquí manda la Luz»**. **«Conquisto mis sueños»**. **«Perder la paciencia es perder la batalla»**. **«Ser Heroína es ser persistente»**. **«Vivo una vida heroica. ¿Y qué?»**. **«Me salva la Luz»**. **«Coraje + disciplina + determinación»**. **«No soy lo que digo, soy lo que hago»**.

Nuestra piedra es el lapislázuli. Tenla cerca, muy cerca para incrementar tus visiones heroicas.

La música que pone el mundo en modo azul es la de Beethoven.

Para que tu vida sea azul, en lugar de tomar un Elixir: ¡Empuña tu Espada Alada! Es embriagante. En su hoja resplandece nuestro mantra: «Aquí manda la Luz». La inscripción *Quis ut Deus?* invoca la presencia del Arcángel Miguel y significa en latín: «¿Quién como Dios?».

La balanza es la que sostiene el Arcángel Miguel para instaurar la justicia divina.

Las alas de la espada impulsan tus visiones. El fuego de su hoja quema toda oscuridad.

Visualízate con la espada en la mano derecha. Dirígela mentalmente hacia delante para abrir caminos y hacia donde haga falta cortar interferencias, limpiar fuerzas involutivas y desatar nudos emocionales. Es tu arma de Luz.

Empúñala escuchando a Beethoven y, envuelta en un intenso resplandor azul, decreta: «¡Aquí manda la Luz!».

9. UN MENSAJE DE TUS ANCESTROS

¡Nos has despertado con la carta, heroica heredera! ¡Te adoramos! Estamos tan orgullosos de ti que apenas podemos hablar. En el plano invisible también lloramos de emoción. ¡Llevas dignamente nuestros genes heroicos en tu sangre! Eres valiente, audaz, atrevida, idealista, como lo fuimos nosotros en nuestras estancias en la Tierra. Y tal como lo hicimos nosotros, no te dejas avasallar por el miedo, aunque lo sientas, y no te apagan las convenciones sociales dominantes. Eres rebelde, original. Marcas caminos. Nos encanta que no pierdas demasiado tiempo en análisis mentales reiterativos que no sirven para nada. Los héroes y las Heroínas nos guiamos por nuestro corazón y este jamás nos falla. ¡Somos personas de acción! Somos salvadores, guerreros, libertadores. Nos consideran bastante locos. Y lo somos, porque nuestra intensidad es superior a la media habitual y no lo podemos remediar, somos pura pasión. Puro fuego. Y tú eres como nosotros. Por eso te acompañamos desde el fondo de los tiempos. Pase lo que pase, ¡sé siempre épica! Recibe nuestra emocionada bendición. Nos inclinamos ante ti en reverencia. Ahora es tu tiempo para establecer el reinado de la Luz en esta tierra. Te queremos y te apoyamos. Amén.

Tus ancestros Heroicos

LA MAGA

YO SOY DULCE Y EMBRIAGANTE. POTENTE,
MAGNÉTICA Y ALTAMENTE CONSCIENTE
DEL PODER DE LA LUZ

Sea lo que sea que esté sucediendo en tu vida... ¡tú puedes! Me planto frente a ti cuando es el momento de asumir tu magia. ¿Quién eres? Yo te lo diré. Eres fuerte, dulce, embriagante, magnética y altamente consciente. Sabes manejar las energías naturalmente. Es tu don. Eres rara a los ojos de la gente «normal», ¿verdad? **Bien.** Ser «normal» no es ningún mérito, muy pronto será normal volverse cada vez más robóticos. ¡Cuidado!, si no asumes tu poder e independencia, alguien lo tendrá sobre ti. Sin embargo, como Maga debes saber que el poder mágico no te pertenece, proviene de la Luz que pasa a través de ti. Eres, como todos los humanos lo somos, intermediaria entre el Cielo y la Tierra. Para nosotras no hay separación. **¡Entonces ponlo en práctica transformando los obstáculos en bendiciones!** Tú puedes. Esta es tu tarea como Maga. **Los desafíos están en tu camino para que los resuelvas y así pongas a prueba tu don. Éticamente. En calma. Con el entusiasmo de una Maga de Luz que sabe traer el Cielo a la Tierra. Tu misión en esta vida es saber vivir feliz y afianzada espiritualmente en medio de un mundo tembloroso e inseguro.** E irradiarlo para que otros te imiten. Tu misión como Maga se realiza donde estás y poniendo tu cien por cien. ¡Cúmplela! **Cuando salga esta carta, para afianzarte, consulta acerca de qué es el alineamiento en la Pequeña Guía para Tocar el Cielo.**

1. ¿QUÉ ES LO QUE MÁS ME DUELE?

Te duele que no compartan tu visión única de la vida, que no te comprendan. Esto es lo que más te hiere, porque te sientes muy extraña en medio de la gente así llamada «normal». Lo cual es una bendición. Ya sabes, ser normal es ser anormal. No se puede normalizar la angustia, el miedo, la inconciencia, el estado promedio de la humanidad. Tú no discutes con ovejas, te juntas con leones. Eso es ser Maga. ¡Asúmelo! Y no pierdas tiempo dando explicaciones de más. Jamás te extrañes si inquietas a los demás, e incluso si los asustas. Tu energía es muy fuerte. Guarda silencio.

2. ¿CUÁL ES MI MÁS PROFUNDO ANHELO?

Transformar tu vida diaria en un milagro. En una fiesta. Porque sabes que es totalmente posible. ¡Ponte manos a la obra! Construye un Paraíso. Las Magas nos movernos con naturalidad en el mundo invisible, cambiando lo ordinario en extraordinario. Como somos conscientes de que no todos están preparados para dar este salto espiritual, habla poco, guarda silencio ante ciertas preguntas, sé más hermética, salvo con quienes ya han demostrado ser de nuestra tribu. Calla y ¡convoca diariamente las lluvias de estrellas! Estrellas color naranja, para inundar tu vida de buena fortuna y así moverte más libremente. Haz llover estrellas blancas para dar más esplendor a alguna situación apagada y elevarla de nivel. Y, siempre, convoca a las lluvias de maná. Es un gran descanso para una Maga; el maná te trae todo lo que necesitas. Son estrellas doradas que adoptan la forma de tus deseos y materializan lo que les pidas.

3. ¡RESUÉLVELO COMO UNA MAGA!

¡Los egos están muy alborotados! Si no estás en guardia, esto puede bajar tu autoestima, o te puedes sentir disminuida. Tu propio ego puede boicotearte y la hidra hablarte al oído.

Aquí va una estrategia secreta de las Magas, genial para manejar lo que nos descentra en tiempos de transición: a una circunstancia difícil, una frustración, una sensación de impotencia que pretende someterte ¡la haces pequeña! quitándole todo poder. También a alguien que pretenda someterte. ¡Te lo imaginas mínimo, diminuto! Te causan mucha gracia sus intenciones de esclavizarte, dominarte o manipularte. Te da risa, mucha risa que un pequeño ser crea que puede someter a una Maga. O que una circunstancia, que es pasajera, como todas lo son en esta Tierra, te agobie. ¡Justamente a ti, una Maga! La magia de la visualización es infalible. Sea quien sea, o sea lo que sea que se ponga amenazante, despótico o autoritario, le quitas automáticamente toda autorización a tratarte sin respeto. Se aplica a personas, a circunstancias o a tus propios estados de ánimo. Disminuyes su importancia. ¡Hay muchas magias más! y se utilizan en distintas situaciones. Para disolver la tristeza, haz llover estrellas amarillas sobre ti y sobre todos quienes te rodean. Para purificarte y aliviar una circunstancia, convoca un Huracán de Luz: se lleva todos los lastres. Para dulcificar la vida, nada un rato en el Lago de la Felicidad. Para calmarte, quédate flotando en el Lago de la Paz. Para crear una invulnerable protección energética, construye a tu alrededor un Gran Anillo de Fuego No Pasarás, como hizo La Heroína.

4. MI CONSEJO PARA ESTA SITUACIÓN

Es hora de empezar a crear tu propia realidad bendecida. No hay mucho más que pueda venir de afuera, y las Magas lo sabemos. Hay varias realidades simultáneas. Tenemos que aprender a vivir solo en la bendecida, nunca permanecer en realidades caóticas. Existen, pero no son las únicas ni es obligatorio quedarse allí. No es espiritual sufrir inútilmente. Ser conscientes, sí, pero no masoquistas. La realidad bendecida coexiste de forma paralela a las otras. ¡Y tú puedes elegir dónde establecer tu domicilio! ¡Es tu decisión! A través de la imaginación, podemos construir una realidad luminosa, bella, feliz, que contagie alegría y optimismo. Y entonces comienza a materializarse delante de nuestros propios ojos. Los pasos para crearla son:

Diseña la realidad que quieres meditando o escribiéndola en un papel. O haciendo un mapa de sueños.

Visualiza nítidamente esta realidad bendecida en tu imaginación. Múdate a ella de forma sutil. Vive allí. Permanece allí. Establécete en esta realidad, hazla tuya. Siente la alegría de vivir con amor, acompañada por personas fantásticas y comprometidas con la Luz como tú. Disfruta de los hermosos paisajes de esta tierra, mira sus deslumbrantes colores. Lánzate a la aventura. Comparte tu Luz.

¡Dale tiempo a que se precipite en la Tierra! Pasará. Es inevitable.

Te he dado la clave. Navega en tus sueños como una poderosa Maga con la mayor claridad posible y ¡los verás materializarse ante tus propios ojos inevitablemente!

5. MI RESPUESTA A LA PREGUNTA QUE HACE TU ALMA

Para obtener un aumento de vitalidad y juventud, aplica la estrategia de las águilas, radical y simple a la vez. Si te sientes cansada, o quieres rejuvenecer y ser más bella, o quieres tener más energía, ¡transfórmate en águila! por el período de tiempo que consideres necesario. Mínimo, durante cuarenta días. ¿Qué hacen las águilas cuando cumplen treinta años? Pierden flexibilidad, se vuelven pesadas, se les caen las plumas, sus uñas se debilitan. Se encierran entonces por noventa días en una caverna, o sea, se retiran de sus vuelos y aventuras en las cimas de las montañas, con un propósito fuerte: ¡transmutarse física y energéticamente! En total soledad y aislamiento, se arrancan el pico, restregándose contra las paredes de piedra y así les crece uno nuevo. Se arrancan las uñas y las alas, y esperan a que les vuelvan a crecer. No sabemos cuáles son sus procesos internos, pero podemos imaginarnos que seguramente se olvidan de su pasado, de su anterior identidad, y se preparan para nacer de nuevo. Cuando el proceso está terminado, salen de la caverna e inician lo que se llama «el vuelo triunfal». ¡Y viven otros treinta años, pero jóvenes y con toda su potencia! Han revertido el proceso del deterioro, aplicando una sagaz estrategia. Esto mismo tienes que hacer tú. Retirarte de los circuitos habituales, sacar tu energía de las distracciones y entretenimientos conocidos y encerrarte, o sea, focalizarte solo en la tarea de rejuvenecerte. De ascender. De sanarte. De restaurar tu cuerpo y purificar tu alma. Haz un ritmo de ejercicios fuertes, inicia un plan de oraciones diarias, al menos de cuarenta días. Bebe el dorado elixir de las

Magas. Hazlo con gran alegría, con un profundo amor a ti misma. ¡Entusiásmate! ¡Sé águila! Cuando termine el proceso, ¡sal al mundo en un magnífico vuelo triunfal!

6. TEMAS DE AMOR

Tu clave como amante: **misterio**.

¿Cómo amas tú como Maga?

Para una Maga el amor es siempre un enigma. Y una fascinante manera de verificar tu condición de Maga. Sin proponértelo irradias un poder hipnótico, difícil de resistir. ¿Eres consciente de tu poder? No abuses de él. Tú sabes cómo envolver a tu ser amado en un vertiginoso encantamiento y en una fascinante dulzura. Sabes cómo cautivarlo con tu luz, embriagarlo con tu amor. Tienes talento para hechizarlo. Pero pon siempre sobre ambos el manto del Orden Divino, para que este amor mágico sea puro, invulnerable. Y los instale en el Nuevo Mundo. Ese mundo donde el amor es sagrado.

¿Tú con un ser mágico?

¡Tendrás que activar tu poder al máximo!

¿Cómo reconocerlo? Un ser mágico te hace volar, te marea y te invita a probar un elixir difícil de olvidar. Tan potente como el tuyo, si te reconoces como Maga. Una vez que conoces este sabor, ya no lo querrás perder ni te gustarán otros sabores, menos intensos. Ten cuidado, un ser mágico puede poner en peligro tu legendaria independencia. ¡Detéctalo a tiempo! Y luego decide si quieres avanzar en esta fuerte experiencia. Ya estás advertida.

¿Cómo es una pareja de Magos?

Altamente inquietante. Sus fuerzas se potencian, sus energías se multiplican. Generan a su alrededor un ambiente cálido. Son un imán de bendiciones si ambos cuidan que su nivel de conciencia se mantenga elevado. Sumando sus fuerzas atraen Luz y vitalidad a esta tierra dolida. Si se enfrentan, vuelan montañas, se desatan huracanes, explotan volcanes. Sus peleas son explosivas. Es casi obligatorio evitarlas y canalizar la bendición de estar juntos a un objetivo espiritual de alto vuelo.

7. ¿CÓMO SOLTAR?

Una Maga lo tiene muy claro. Hay que soltar cuando no hay resonancia. Con una persona, con un proyecto, con una situación. La natural videncia e intuición ampliada que tenemos como Magas no nos deja engañarnos. Sabemos que no se puede forzar a nadie ni a nada a ascender de nivel si no quiere o no puede. No podemos arrastrar a otros o forzar una situación. Si quieres avanzar, tendrás que soltar, aunque te duela. Recuerda, siempre hay que pagar un precio. Si estás dispuesta a avanzar, entonces el único recurso que te queda es soltar. Debes tener siempre presente la ley del libre albedrío y aplicarla férreamente. Puedes trabajar sobre tu energía, pero jamás incidir en la de otros. Por eso, una Maga está más obligada a soltar que cualquier otro personaje. Debes trabajar mucho el desapego. Tienes tendencia a atrapar a los otros con tus poderes. Por eso te cuesta tanto soltar. Pero es altamente liberador hacerlo cuando corresponde. ¡Pruébalo!

8. LA VIDA EN DORADO

El color de las Magas es el dorado. El color del oro, del máximo esplendor, máxima belleza, máxima Luz. Es el color del triunfo del Cielo y de su materialización en la tercera dimensión. ¡Vive en dorado! Crea tu propia realidad. Convoca a las fuerzas suprahumanas del Cielo y de la Tierra. Con una intención impecable, canalízalas hacia la realidad visible de la tercera dimensión. Transforma la oscuridad en Luz, el desamparo en protección, la soledad en amor, y confía. Las claves están en la Pequeña Guía para Tocar el Cielo. ¡Búscalas! Prende velas doradas, vístete de dorado, usa joyas de oro. Bebe té de manzanilla en tazas color oro. Duerme en una almohada blanca con bordes dorados. Date baños de inmersión calientes con esencia de *Opium* y miles de estrellitas doradas, que puedes comprar en las librerías y arrojarlas en este baño mágico. Cuelga cintas doradas por todos lados. Coloca cartelitos escritos en papel blanco con tinta negra y toques dorados: «**Cielo, ¡ayúdame!**». «**Estrellas blancas, ¡que llueva el esplendor!**». «**¡Abracadabra! Entro a la Fiesta de la Liberación**». «**¡Huracán de Luz, limpia mi camino!**». «**¡Ángeles querubines, envolvedme en una nube de amor!**». «**Hago que todo suceda**». «**Creo en mi Luz**». «**Cielo, báñame en estrellas de oro**».

Nuestra piedra mística es la pirita. La música que pone nuestro mundo en modo dorado es la de los coros clásicos. En los coros se mezclan las voces angélicas. Las Magas lo sabemos.

El elixir dorado de las Magas

Es una pócima mágica para encender la eterna juventud, despertar tu magia, potenciarte. La cúrcuma viene de Asia, es una raíz dorada, o raíz de sol. Tiene una tremenda concentración de antioxidantes y el color dorado de las Magas.

Necesitarás:

- Unas rodajitas de cúrcuma fresca, o bien 1 cucharadita de cúrcuma en polvo
- Canela en rama
- 1 cucharada de miel
- 1 pizca de jengibre

- 2 tazas de agua purificada

Hierve los ingredientes durante diez minutos, cuélalos y déjalos reposar en un recipiente de vidrio una noche bajo la luna. Antes de exponerla a la luz lunar, extiende la mano derecha sobre la pócima y di: «Elixir dorado, activa mi magnetismo, ¡hazme dulce, picante y embriagante! Pócima mágica, otórgame dorada y eterna juventud. Por las fuerzas del fuego, del agua, del aire y de la tierra. Amén».

Bebe la pócima en una pequeña copa con borde dorado durante tres noches, repitiendo el conjuro antes de beberla.

9. UN MENSAJE DE TUS ANCESTROS

Querida heredera, los magos y las Magas de tu linaje te saludamos. Has heredado siglos de entrenamiento. Muchos de tus ancestros hemos practicado el arte regio, la magia ceremonial, la magia mística, la magia de la Luz. Al leer nuestro mensaje se despiertan en ti recuerdos muy antiguos, visiones de ceremonias realizadas bajo la luz de la luna, a orillas del mar, en secretas cavernas en lo alto de las montañas, en misteriosos castillos. Tienes conocimientos poderosos que te hemos transmitido a través de tu ADN. Tienes el recuerdo de potentes prácticas alquímicas realizadas por nosotros en secretos laboratorios, ocultos a la vista de los profanos. Y siempre estás con un gato cerca. Ser la heredera de magos y Magas, tener un linaje iniciático te da una fuerza especial. ¡Asúmela! No se trata solo de seguir estudiando, pon en práctica lo que ya sabes y lo que ya vibra en tus genes, ansiando manifestarse. Nuestra magia es la magia de la Luz. Te bendecimos con amor incondicional, enviándote desde el fondo de los tiempos una lluvia de estrellas de oro. Cierra los ojos. Respira hondo. ¡Recíbela! Cae suavemente en tu mundo y lo llena con nuestro antiguo esplendor.

Tus ancestros Mágicos

LA ESTRATEGA

YO SOY POTENTE Y RADIANTE LUZ ILUMINANDO
CADA UNO DE MIS PASOS

La solución está cerca. Mantén tu foco en lo bueno, lo sano, lo positivo que ya tienes y ten paciencia. Todo irá bien. Aplica esta estrategia: si no puedes cambiar un acontecimiento o circunstancia ya mismo, aligera la experiencia interna. Cambia la interpretación de la situación. Disminuye su importancia, aunque la tenga. Dulcifícate. ¡Baja más Cielo a la Tierra! Ora. Plántate como una columna de Luz. Recuerda que, aunque a veces haya oscuridad fuera, la Luz siempre brilla en nuestro interior.

No hay ninguna relación ni circunstancia que pueda retrasar tu evolución. Las personas que se sienten heridas hieren. Las reacciones a veces insólitas que recibes no son contra ti, el conflicto lo tienen las personas consigo mismas. En tiempos de transición como el que estamos atravesando en la Tierra, se mezclan los seres que renuncian y se sienten derrotados con los que luchan y pelean, a veces consigo mismos, los que intentan engañarse y los que avanzan apoyándose en el Cielo, contra viento y marea, como nosotras. Las Estrategas. ¡No te desorientes en la desorientación! No te confundas en la confusión. Suelta las situaciones atrapantes. Elévate por encima de ellas. La vida nos cuida si la cuidamos, ¡cuídala! Y nos sonríe si le sonreímos, ¡sonríele! Estos son tiempos en los que hay que sostener firmemente la energía positiva. El bien, la amabilidad, la lealtad y la Luz. Contra viento y marea. Contempla el mundo con amor, relájate y descansa en Dios. Esta estrategia de alto vuelo pertenece al Nuevo Mundo. ¡El nuestro!

1. ¿QUÉ ES LO QUE MÁS ME DUELE?

Te duele postergarte. Como Estratega sabes que los hábitos y las conductas destructivas de la Vieja Tierra no pueden tener poder sobre ti. La negatividad, el descuido con la comida, la tristeza, la debilidad de carácter, la permisividad, el abandono son comportamientos decadentes. ¡Y tú sabes bien que te frenan! Cada vez que esta carta aparezca ante ti, la vida te está enviando un mensaje: no procrastines. Con amor, autocuidado y paciencia, estratégicamente reemplaza las conductas de la Vieja Tierra por las de la nueva: alimentación sana, autorrespeto, alegría. Conexión permanente con el Cielo. Las aguas se están dividiendo, no se puede permanecer en el medio.

2. ¿CUÁL ES MI MÁS PROFUNDO ANHELO?

¡Tu anhelo es ser **ahora** todo lo que siempre soñaste ser! Es una urgencia interna. ¡Ponte a trabajar en ti ya mismo! El presente es el mejor momento para cambiar tu futuro y tú no deberías vivir por debajo de tus posibilidades. Como Estratega sabes que para que tu mundo cambie, tienes que cambiar tú. El planeta se está reformulando, como todos sus habitantes. ¡Reformúlate! Elevándote elevas el mundo. Creemos juntas un plan estratégico para elevarte a una mejor versión de ti misma en cuatro pasos.

Primer paso: Detectamos
En una hoja de papel escribimos tres hábitos o conductas emocionales que sabemos que nos hacen involucionar. Por ejemplo, la obsesión por alguien, la tristeza crónica o el victimismo. Nos autoevaluamos con la visión fría y precisa de una Estratega. Con amor, pero sin piedad.

Segundo paso: Cancelamos
Elegimos una conducta tóxica cada vez, para erradicarla. La que más nos pesa. La más urgente. ¿Por qué lo haremos? ¡Porque queremos ser parte del Nuevo Mundo! Cierra los ojos y di conmigo, con seguridad y fuerza: **«En nombre de la Nueva Tierra y con ayuda de la Luz, ¡tomo la firme decisión de cuidarme! Físicamente, emocionalmente y energéticamente. Porque quiero ardientemente vivir una vida bella, por amor, porque decido ser mejor, más consciente, más fuerte, más radiante y más joven. Amén».**

Tercer paso: Reemplazamos

Volvemos a la lista, tachamos con decisión la conducta o el hábito tóxico que está arraigado en nosotros. Y lo reemplazamos, escribiendo en su lugar un hábito sano; este es un acto mágico. Al fijarlo por escrito, ya lo estamos materializando. Por ejemplo, reemplazamos la obsesión por compasión, la tristeza por alegría y el victimismo por autoestima. Apoya el reemplazo de estas conductas tóxicas con un plan de oraciones sostenidas. Cuando concretes el cambio de este hábito, sigue con los otros.

Cuarto paso: Actuamos

Comenzamos a vivir desintoxicadas, ligeras y conscientes. Amorosas. Tenemos una alimentación sana, vigilamos lo que comemos, reducimos las porciones y elegimos. Cambiamos completamente nuestra actitud hacia los obstáculos y los tomamos como aprendizajes con ligereza, conciencia y alegría. Nos observamos para no caer en viejos comportamientos. Si recaemos, nos traemos de vuelta de inmediato. ¡Ya vivimos en el Nuevo Mundo!

Cada vez que sacas esta carta, pregúntate: «¿Estoy poniendo en práctica lo que decidí?». Si la carta de La Estratega sale reiteradas veces, es un llamamiento. El universo insiste. ¡Evoluciona! Cumple tu anhelo.

3. ¡RESUÉLVELO COMO UNA ESTRATEGA!

¿A qué quieres jugar en este momento en el Juego de la Vida? Elige el juego y convoca a las aliadas. ¿Una vida más despreocupada, más libre y creativa? Une a La Estratega con La Niña. ¿Conquistar nuevos territorios? Suma a La Aventurera y a La Heroína. ¿Quieres un amor apasionado? La Estratega y La Maga juntas son imbatibles para crear esa nueva realidad en tu vida. ¿Quieres reírte más y salir de los dramas? La Estratega aliada con La Bufona lo logran enseguida. ¿Quieres cambiar tu cuerpo? Haz tu plan como Estratega y convoca en tu ayuda a La Sanadora. Y a La Mística, para tener el apoyo del Cielo. ¿Anhelas tener autodominio y orden en tu reino personal? Llama a La Reina para que colabore contigo como Estratega, juntas son invencibles. Y consulta a Koré si quieres entrar en un completo estado de beatitud, todas las veces que lo necesites. **Tienes que ser valiente, audaz y sagaz al mismo tiempo. Debes aprender a tener respuestas rápidas, y también a saber esperar.** Como Estratega eres capaz de hacer jugadas que no tendrán un resultado inmediato, pero que te dirigen a tu objetivo. A veces por caminos más largos y, por lo tanto, estratégicos. Renuncias a lo próximo para ganar lo lejano. Sabes que ganar y perder son la misma cosa. Que el fracaso no existe. Lo que llamamos «fracaso» es una excelente oportunidad para aprender de nosotros mismos. Pero debes poseer una muy buena dosis de humildad para reconocer que puedes hacerlo mejor. Y esforzarte un poco más.

4. MI CONSEJO PARA ESTA SITUACIÓN

Haz algo original: no hagas nada. Haz un paréntesis. Libérate de las evaluaciones, de los juicios, de todo. Suéltate. En el Viejo Mundo olvidamos cómo vincularnos con otros humanos y con las circunstancias que acarrea la vida desde el corazón; nos juzgan todo el tiempo, juzgamos todo el tiempo, sufrimos. Sal de ahí. Múdate al Nuevo Mundo, la mente aquí no tiene el dominio de tu vida. Acepta las cosas como son y trabaja sobre ti misma para cambiarlas. No intentes cambiar a nadie ni nada de fuera. Vive desde el corazón, presente, en alerta, sintiendo, percibiendo. ¿Quieres vivir en paz? Resuelve los asuntos de la tercera dimensión en la quinta. Es un estado paradisiaco. Cuando aprendas a vivir así, se acabarán los problemas. **Transformarás a todos y a todo a través de tu estado de conciencia.** Sin actuar. Solo con tu presencia. No hay nada que cambiar allá fuera, ni nadie a quien cambiar. **Tu tarea es mantenerte firme en *la Presencia*, en la Luz.** Y todas las situaciones se alinearán por sí mismas, también las personas, milagrosamente, sin tu intervención, y se quedarán a tu lado solo quienes pertenecen al Nuevo

Mundo. En Oriente lo llaman *Wu Wei*, «el no hacer». Es interesante no hacer nada. **¡Y muy poderoso!**

5. MI RESPUESTA A LA PREGUNTA QUE HACE TU ALMA

El Nuevo Mundo avanza a pasos agigantados, arrastrando a quienes se quedan en la duda, la comodidad y la inercia. Es veloz. Es impredecible, cambia todo el tiempo. Valora la autenticidad. La pureza. La ética. Y es visceralmente espiritual. Aquí van las instrucciones para crear un plan realmente innovador.

a. **Mira el Nuevo Mundo con amor.** Con valentía y compasión, los choques y conflictos no son contra ti, son parte del proceso de cambio. El Nuevo Mundo todavía no es visible, pero está emergiendo. Lo que vemos ahora es el Viejo Mundo cayendo. No te dejes arrastrar por él ni por las personas que siguen aferradas a los antiguos esquemas de poder. Es como agarrarse a las barandas del Titanic. No sirve.

b. **Sé flexible, ultrarrápida y ultraeficiente.** Las circunstancias cambian velozmente. Es imprescindible ser elástica y modificar las estrategias. La vida es cambiante, como el sagrado juego del ajedrez.

c. **Baja más Luz a esta Tierra.** ¡Sé consciente de la Luz las veinticuatro horas del día! Tráela a la tercera dimensión, llámala constantemente.

d. **Aprende a ser sensible y fuerte al mismo tiempo.** Jamás excluyas las emociones haciendo un puente a lo espiritual, suprimiéndolas. Solo después de sumergirte intensamente en lo que sientes, puedes planificar.

e. **Dirige el mundo de la tercera dimensión desde la quinta dimensión.** Nunca desde el mismo nivel donde transcurre la acción. Todo plan innovador debe estar apoyado con oraciones, o sea, tener el respaldo del Cielo.

Cualquier plan creado a partir de estos cinco principios es estratégicamente innovador.

6. TEMAS DE AMOR

Tu clave como amante: **inteligencia espiritual.**

¿Cómo amas tú como Estratega?

Para ti el amor se juega en un tablero de ajedrez. Te emocionan las confrontaciones, las jugadas sorpresivas, medir tu fuerza y tu sagacidad. Amas ponerte a prueba y poner a prueba al otro. Conoces muy bien la existencia de los obstáculos. Sabes de las debilidades, los traspiés y las tentaciones que acechan al amor, e intentas prevenirlas, aunque eres consciente de que no puedes anticiparlas. Estás atenta. Mides tu territorio y vigilas que no se infiltren fuerzas involutivas. Prestas atención a tus palabras, sabes que tienen poder. Evalúas al otro por sus acciones, no por sus promesas. Ves el amor como una vivencia espiritual de alto vuelo. La vives al máximo, pero como eres Estratega, no pierdes la cabeza. Juegas a todo o nada. Tus apuestas son altas. Esto... ¡te hace irresistible!

¿Tú con un ser Estratega?

¡Nada fácil, pero emocionante! Estimula tu inteligencia y te tiene en vilo.

¿Cómo lo reconoces? Te lleva al límite de tu cordura y te enseña a desarrollar tus dones telepáticos, ya que nunca puedes descubrir su juego. ¡Interesante! Y un gran desafío. No esperes previsibilidad, pero demanda sinceridad. Estar con un Estratega es un entrenamiento de niveles muy altos. Debes ser inteligente, rápida y audaz. Como si estuvieras jugando una partida de ajedrez. Mantén tu rectitud y tu honestidad como banderas, contra viento y marea. Y exige este compromiso del otro. ¡Buena suerte!

¿Cómo es una pareja estratégica?

Ambos duplican sus capacidades estratégicas naturales. Ambos se desafían, siendo más sagaces y audaces que el otro, haciendo movimientos imprevistos y divirtiéndose con la confrontación. Juntos pueden llegar muy alto cumpliendo una misión. El Nuevo Mundo necesita Estrategas de alto vuelo, que conozcan las habilidades de la no luz y puedan así sostener las fuerzas de la Luz y ayudar a implantarlas lentamente en el Nuevo Mundo, haciendo crecer el amor, la paz y la conciencia. Una pareja de Estrategas de Luz es muy sólida, leal y confiable, una vez que atraviesa todas las pruebas que ellos mismos se ponen. ¡Vale la pena apostar por ella!

7. ¿CÓMO SOLTAR?

Podemos intentar razonar explicándonos los motivos por los cuales deberíamos hacerlo. O intentamos tomar la decisión de soltar aplicando la voluntad. Estos son los caminos habituales, y fallan. **¡Hay una estrategia de muy alto vuelo para soltar! Dona aquello a lo que te aferras a la divinidad.** Entra en tu templo, en tu sanctasanctórum, respira hondo varias veces, relájate. Cálmate. Quédate en silencio y sumerge la circunstancia, la relación o a la persona en el fuego que arde en las profundidades de tu corazón. **¡Suelta todo y a todos allí! ¡Entrégalos!** Envuélvelos en la ardiente llama violeta y pronuncia suavemente, hipnóticamente este mantra: **«Divinidad, hazte cargo de esta situación (o

persona)». El corazón es una cámara alquímica de alto poder. Al depositar en él lo que te cuesta soltar, y entregarlo, se activa el misterio. Lo has soltado, pero lo tienes en tu corazón. Sigue repitiendo el mantra, todos los días. Cada día sentirás más alivio y más liberación. Cuando ya no sientas más dolor, cambia el mantra por: **«Gracias».**

8. LA VIDA EN VIOLETA

Mezclamos rojo pasión con un azul profundo y sereno, y obtenemos violeta: ¡alta intuición!, el don de las Estrategas. Vive una vida en violeta, sumérgete en el misterio. Despierta el don de la visión extrasensorial, unida a una altísima inteligencia. Envuelve tu casa en una imaginaria nube violeta, duerme apoyando tu cabeza en una almohada del mismo color. Invita al misterio a entrar en tus sueños, cubre tu cama con una tela violeta. Sumérgete en un baño caliente con flores de lavanda y rodéate de velas violetas. Sujeta en tu mano izquierda una amatista, nuestra piedra de poder, ponla sobre tu tercer ojo y cárgate con energía violeta. Planta violetas en varias macetas y ponlas sobre tu escritorio. Cuelga cintas violetas y déjalas ondear al viento. Vístete de violeta y prende incienso de violetas cuando estés creando un plan estratégico para tu vida. Llena tu casa con cartelitos escritos con tinta violeta: **«Dejo que el Orden Divino ponga cada cosa en su lugar».** «La Luz es más fuerte», **«Soy una líder de conciencia, me oculto para no despertar sospechas».** «Me despierto de la ficción mental». **«El amor es lo más».** «La mejor estrategia es soltar y ver». **«Me entrego a la Luz. Lo entrego todo a la Luz».** «Que sea lo que la Luz quiera».

La música tradicional instrumental japonesa te transporta al misterio violeta. Es dulce, enigmática, sutil. El violeta es también el color de la transmutación. Visualízate envuelta en una llama violeta y deja que ese fuego sagrado queme todo aquello que sea superfluo y triste. Ponte de pie, respira hondo, visualiza un luminoso camino delante de ti y declara: «Yo soy potente y radiante Luz iluminando cada uno de mis pasos».

Nuestra piedra de poder es la amatista.

El elixir violeta de las Estrategas para abrir el tercer ojo

Despierta los poderes de visión a quienes quieran desarrollar capacidades psíquicas. Abre nuevos caminos.

Ingredientes:
- Un puñado de lavanda
- Un puñado de flores de jazmín
- Una pizca de menta

Hierve todo en agua purificada durante diez minutos. Cuélalo y colócalo en un recipiente de vidrio envuelto en una tela violeta. Extiende la mano derecha sobre el elixir diciendo: **«Elixir mágico, abre mi tercer ojo para que pueda ver lo que no se ve, entender lo que no se entiende y comprender lo que no se comprende. Amén».**

Déjalo reposar por la noche bajo la luna.

Bebe un vaso antes de irte a dormir mientras te concentras en una pregunta específica. En breve te será revelada la solución.

9. UN MENSAJE DE TUS ANCESTROS

¡Vivir en la Tierra es un privilegio, querida heredera! Permanecer en este planeta es una bendición aun en medio de las sacudidas del cambio. Cada vez tenemos menos certezas y por eso el misterio de estar aquí por un período de tiempo se vuelve cada vez más interesante. Jamás permitas que tu estancia en la Tierra se vuelva borrosa. ¡Hazla luminosa y brillante! Tus ancestros te acompañamos y te apoyamos.

Generación tras generación hemos sostenido estratégicamente la Luz, el bien, la evolución. Esquivamos las sombras aumentando nuestra Luz y derribando los obstáculos. Y lo seguimos haciendo a través de ti. ¡Eres una criatura espiritual! Una digna heredera de grandes Estrategas que navegamos en tu sangre. ¡Eres apasionada e inteligente a la vez, como lo fuimos tus ancestros! Como nosotros, estás dispuesta a todo para concretar tus anhelos. ¡Empapa con pasión a todos y a todo lo positivo que se te acerque! Esa es la máxima estrategia para todos los tiempos. Te bendecimos.

Tus ancestros estrategas

LA REINA

YO SOY LA RESPLANDECIENTE Y MAJESTUOSA LUZ
QUE GOBIERNA MI VIDA

Basta de dudas y vacilaciones. ¡Me presento delante de ti para ponerte en pie! Asume la autoridad sobre tu mundo y sobre ti misma. Tienes linaje real, eres de las nuestras. ¿Por qué te complicas con temas menores? ¡Resuélvelos! Tienes capacidad para hacerlo. Una Reina no es quien dice que lo es, **es quien actúa como tal.** ¡Sé Reina! Nosotras no nos doblegamos, hacemos un trabajo arduo y no nos rendimos hasta que no vemos resultados en nuestra psiquis, en nuestro nivel espiritual. Y en nuestro reino. Simplemente no admitimos la autoderrota, no renunciamos a nuestros sueños ni nos damos por vencidas. El triunfo circula por nuestra sangre como un estado natural. Cierra los ojos, y siéntelo corriendo por tus venas. Todo nuestro sistema energético, físico, psíquico y espiritual sabe sincronizarse y focalizarse espiritualmente para elevar nuestras vibraciones al Cielo, recibir Luz y bajarla a la Tierra, y así hacer realidad la meta que nos proponemos. En nuestro reino no existe la palabra «imposible». Lo que es imposible, lo es temporalmente, hasta que encontremos la manera de hacerlo posible. Sé flexible; si hay que cambiar de planes o de personas, ¡hazlo!, pero no pierdas de vista la meta. Jamás te rindas, a menos que las trabas reiteradas te demuestren que tu meta no está en Orden Divino. O que ese objetivo no te favorece ni favorece al Nuevo Mundo porque es demasiado egoísta, o interfiere en la vida de algún otro. Si es así, ¡suelta! Tienes grandes aliadas: La Estratega para planificar maravillas. La Maga para mover fuerzas sutiles. La Bufona para desdramatizar y La Mística para mantener tu conexión con el Cielo. Llámalas para que te apoyen si flaqueas o vacilas; crea un fuerte equipo, todas las Reinas lo tenemos. Sigue siempre la ley espiritual, la ética, el respeto y el amor. Considéralo todo como la máxima oportunidad en tu vida, no aceptes las medias tintas. En el Nuevo Mundo que está naciendo se requieren Reinas seguras de su fuerza, aristocráticas, refinadas y espirituales. **¡Y tú eres una de las nuestras!**

1. ¿QUÉ ES LO QUE MÁS ME DUELE?

A las Reinas nos duele especialmente la deslealtad, la nimiedad, la mediocridad, la envidia que empequeñece el alma, la falta de esplendor. ¡Nos indignan! Aunque sabemos que los límites de cada persona son los límites de sus creencias, nos duele ver a la humanidad de rodillas, sin creer en sus fuerzas, cuando podría estar de pie y confiando en su poder. Te duele que no te acompañen en tus visiones. Te desilusionas mucho. Quieres compartir tu certeza en el esplendor que es posible alcanzar en esta vida, en esta tierra, en este momento. Anhelas encontrar personas que tengan estirpe real, que puedan sostener y compartan contigo la belleza y la magnificencia de la vida, aun en medio de grandes pruebas, con modestia y entereza. Y también que sepan disfrutar de las maravillas cuando soplan buenos vientos. Confía, las encontrarás. Tú entrénate en vivir en un permanente estado de conciencia elevado. En otras palabras, ¡sé Reina!

2. ¿CUÁL ES MI MÁS PROFUNDO ANHELO?

Tu anhelo es ser la mejor versión de ti misma; eres espiritualmente ambiciosa. Es correcto. ¡Jamás te conformes con la comodidad ni estés dominada por el miedo! Si te caes, límpiate el polvo del vestido real y ¡levántate con dignidad! Siéntete muy apoyada por el Cielo y, aunque a veces aflojes, en el fondo debes saber que eres más grande que cualquier problema que se atraviese en el camino. Eres Luz, eres un pedacito de Cielo viviendo en la Tierra. ¡Por eso anhela vivir al máximo tu potencial material y espiritual! Como Reina sabes que somos responsables no solo por lo que hacemos, sino también por lo que no hacemos. Por eso, ¡no te detengas! Pon el cien por cien en todo, porque si no luchas por tus sueños, acabarás luchando contra tu realidad. Hay una distancia entre lo que uno es y lo que uno puede llegar a ser. ¡Acórtala!

3. ¡RESUÉLVELO COMO UNA REINA!

En este momento necesitas una acción sostenida. Persistencia. Visión amplia. Férrea voluntad. Para nosotras, las Reinas, los obstáculos no son problemas, son desafíos. ¿Vas a desistir o vas a insistir en lo que tanto deseas hasta lograrlo? El arte real de vencer se aprende. ¡Inténtalo! Para una Reina no existen los fracasos, solo existen los intentos. Y los así llamados «fracasos» son ejercicios para aprender a hacerlo mejor. La perseverancia, la autoridad interna, la majestad son nuestras armas. Pon límites a la desidia y a la postergación. ¡Organízate! Tu reino personal, grande o pequeño, tiene que ser espléndido. No te conformes con menos. Así tendrás algo digno para compartir con el mundo. Las Reinas sabemos que la baja autoestima nos hace andar por la vida encadenadas, como si circuláramos con el freno de mano. Nuestra alta autoestima natural nos hace dar el cien por cien de nosotros a cada instante, a cada proyecto, a cada reto. Es una postura espiritual, no es la autoestima clásica basada en el ego. Porque una verdadera Reina respeta la dignidad y los límites de los otros. Y respeta su libre albedrío. Eso sí, ¡negocia como una fiera! Plántate firmemente en lo bueno, en lo digno y en lo sano; esos son tus valores y los valores que se manejan en tu reino. Mueve las piezas del tablero en esa dirección y no tendrás dudas. Alinéate con el alma, con lo más bueno y con la Luz. ¡Así avanza con todo!

4. MI CONSEJO PARA ESTA SITUACIÓN

Una Reina mira cada día como una oportunidad para invertir en la vida. **¿En qué o en quién vas a invertir tu energía hoy? ¿Mañana? ¿De aquí en adelante?**

No inviertas tu tiempo en personas que no te quieren, en situaciones agotadas, en causas perdidas. Una inversión fallida, un objetivo inútil te saca energía y tiempo. **¡Sé Reina! Elige bien, sube el *target*.**

Apunta al centro. Tienes que tener muy claro lo que deseas, y entonces invertir todo allí.Una inversión alta exige un esfuerzo alto. Pero jamás admitas pagar ningún coste espiritual para concretar tu sueño. El cielo no tiene dueño y tú tienes las alas para alcanzarlo. No dudes ni temas volar, así que vuela, vuela siempre alto, ¡muy alto! Esta es tu manera de aportar valor al universo y hacerlo mejor. No pidas menos problemas, ¡desarrolla más habilidades para superarlos! Y confía en el proceso. Cada día es una oportunidad para crear milagros en tu vida. Estás desarrollando la mejor versión de ti misma, no te satisfagas con menos. ¡Asume tu poder y cambia tu destino! Es tu máxima prioridad, y di NO al resto.

5. MI RESPUESTA A LA PREGUNTA QUE HACE TU ALMA

Tu reino es tu vida personal, y en este territorio debes tener dominio sobre ti misma y no dejar que te manejen. ¿Hay turbulencias? Tienes autoridad interior para atravesarlas, la Luz te sostiene, ¡sé consciente de ello todo el tiempo! Moviliza todos tus recursos para hacer funcionar al máximo tu reino, o sea, tu vida personal. Una verdadera Reina es, en definitiva, una Maga, una Reina Maga. Una vez que definas tus sueños, ¡ve a por ellos! Empieza a actuar como Reina, no pierdas tiempo. Al mes, tendrás pequeños logros, a los dos meses más y a los seis meses notarás una gran diferencia con el comienzo. Y al año será impactante ver adónde has llegado. Los sueños se construyen de manera acumulativa, paso a paso, día a día, minuto a minuto, con una persistencia férrea y con una máxima autoridad real sobre ti misma, tan fuerte que no te permita claudicar ni renunciar. ¡Esta es la actitud de una Reina! Y esto es lo que te diferencia de los demás.

6. TEMAS DE AMOR

Tu clave como amante: **majestad**.

¿Cómo amas tú como Reina?

El amor es el fundamento de tu reino. Lo tienes claro, amar y ser amada tiene el valor más alto. Mucho más que el poseer la joya más preciada, el tesoro más ansiado, los bienes materiales más deslumbrantes. Son interesantes, también es verdad, pero para ti el amor es el esplendor máximo a conquistar en esta tierra; es lo que te da brillo, magnificencia, belleza. Es lo que te hace levantar vuelo. Y baja el Cielo a la Tierra. Si eres Reina de verdad, transformas a quien está contigo en un Rey y compartes tu poder. Si es de tu mismo voltaje espiritual, construiréis un reino encantado. Si no, habrá muchas intrigas y luchas de dominio. Si de verdad quieres amar como una Reina, trabaja incansablemente en tu ascensión, en tu perfeccionamiento incesante y en lograr tu más alta majestad espiritual, emocional y física. Jamás abuses de tu poder, la humildad es el signo inconfundible de las Reinas Espirituales.

¿Tú con un ser Real?

¡Un vínculo desafiante y espléndido! Tu realeza interior y autodominio serán puestos a prueba cada instante.

¿Cómo reconocerlo? Es un ser líder. Va a todo o nada, no tiene términos medios. Tiene determinación, autoridad y firmeza. Es exigente. Te obliga a plantarte en esta tierra con soberanía. Deberás saber establecer tu magnificencia y entereza en terrenos amorosos, practicando una autoestima impecable y una total confianza en la Luz. Te autoevaluarás a menudo, demostrándote y demostrándole con tus actitudes que la Luz está, para ti, por encima de cualquier poder terrenal. Estos son los atributos que tienes que poner en juego. ¿Hasta dónde estás dispuesta a ser una verdadera Reina? El universo te estará poniéndote a prueba en este vínculo. Cuando vengan los desafíos, demuéstrale al universo que eres una Reina, contra viento y marea. Y que no solo estás a la par de ese ser Real, puedes volar más alto y ¡llevarlo a territorios que nunca ha conocido! Lo único que podría frenarte sería que tu felicidad se construyera sobre la tristeza de otro u otra. En ese caso… ¡retírate inmediatamente! Las Reinas somos espiritualmente impecables. Pero si este vínculo solo te involucra a ti: ¡despliega tus alas y vuela alto!

¿Cómo es una pareja Real?

Magnífica, innovadora, original, espléndida. Y muy exigente. Ante todo, lo son ambos consigo mismos. Los estándares espirituales de una pareja real del Nuevo Mundo son mucho más elevados y ambiciosos que los del término medio. ¡Bajan todos los días el Cielo a la Tierra! La pareja real en el Nuevo Mundo valora la compasión, la rectitud, la imaginación, la creatividad, la lealtad y el compromiso. Ambos tienen un sentido estético muy elevado. Se rodean de belleza, música, dulzura, amabilidad, dirigen el mundo tangible con maestría real. Juntos, crean ondas magnéticas que atraen hacia ellos olas de belleza, prosperidad y felicidad. Y las saben disfrutar al máximo. Son capaces, si se lo proponen, de construir un magnífico reino basado en una alta calidad espiritual, y de compartirlo con quienes se la jueguen por el Nuevo Mundo, de verdad. ¡Vale la pena estar en una pareja real!

7. ¿CÓMO SOLTAR?

Una Reina suelta majestuosamente. Tienes que aprender a soltar dignamente el control de lo incontrolable de la vida o de lo que no te corresponde controlar. Ya sean personas o circunstancias sobre las que habías focalizado tus energías, a veces no hay otra alternativa que desaferrarse y entregar todo al Cielo. O sea, aceptar la pérdida, aunque te duela el alma y llore tu corazón. Quien no llega a cumplir con los niveles espirituales de tu reino, tampoco puede estar cerca de ti. Sabes que no es posible compartir tu reino con quien o quienes no tengan los mismos valores que tú. Ni los mismos sueños. ¿Ya lo has comprobado? Si todavía te quedan dudas, ponlos a prueba y verás. Aquí va una pequeña guía para soltar como una Reina: elimina de tu vida todo lo que te use, haga daño, mienta, te falte al respeto y no te valore. Dignamente y sin una sola lamentación. Así procedemos las Reinas. Y puntualmente, en el amor, no malgastes tu tiempo y tu espacio, resérvalos para cuando llegue ese alguien con tus mismos valores.

8. LA VIDA EN ROJO

El rojo es el color de las Reinas. ¡Vive en rojo! La vida en rojo es apasionada, magnífica, vital. Altamente espiritual, puro fuego. Viviendo en rojo tu cuerpo es muy importante, un instrumento mágico, un canal de Luz en la materia. Por eso lo cuidas con mucho amor. Vístete de rojo, y frente a un espejo declárate Reina de tu mundo personal. «Esa» que te mira desde el espejo es la única persona en este mundo que puede ayudarte a triunfar. Prométele que tu reino será justo, luminoso y trascendente. Despierta cada mañana con una sonrisa, cada día es un nuevo regalo que te da la vida y una oportunidad de oro. Vive la vida en rojo, enciéndela con un amor apasionado y con una tremenda fuerza vital. Busca alimentos rojos, come en platos rojos. Llena tu casa de flores rojas, báñate con pétalos de rosas rojas. Prende incienso de rosas. Enciende velas rojas. Llena tu casa de cartelitos escritos con tinta roja: «**Invierto bien. Cuido mi energía**». «**Soy una majestuosa Reina**». «**Gobierno mi mundo**». «**Me libero de todos los límites que me asfixian**». «**Soy más fuerte que mis circunstancias**». «**La constancia es más**

fuerte que el destino». Usa joyas con granates, rubíes y ámbares rojos, nuestras piedras reales.

La música que pone el mundo en rojo es la ópera. *Casta Diva, Carmina Burana*. Pinta de rojo tu mundo y transforma tu casa en un palacio real. Cierra puertas y ventanas, pon estas óperas a todo volumen, asume tu majestad. Y di con fuerza: «Yo soy la resplandeciente y majestuosa Luz que gobierna mi vida. Mi reino es un reino de amor, bondad y alta conciencia».

¡Ponte en pie y conquista tus sueños! Tienes todas las herramientas para lograrlo.

Elixir rojo

Enciende la pasión, ayuda a dejar la soledad a un lado y encontrar el amor verdadero al más elevado estilo de una Reina.

Ingredientes:
- 1 taza de fresas y/o cerezas
- ½ taza de pétalos de rosa
- 1 vaso de vino tinto (preferentemente Borgoña)
- 1 cucharadita de canela
- 1 cucharadita de miel

Necesitas:
- Una vela roja
- Un pañuelo rojo de tela suave
- Un incienso con aroma a rosas

Mezcla en una licuadora los primeros cinco elementos. Debes realizarlo un viernes después de las seis de la tarde, o sea, algunas horas antes de ir a dormir. Coloca el pañuelo rojo sobre una mesa o en el suelo. Encima, coloca la bebida en una copa (preferentemente de cristal con borde dorado) y enciende la vela roja colocándola del lado derecho de la copa. Enciende el incienso en el lado izquierdo. Pon la música de ópera de las Reinas.

Extiende la mano derecha sobre la copa y realiza el conjuro mágico diciendo: «**Al beberte, elixir real, me abres las puertas del amor para no volver a cerrarlas nunca más. Amén**».

Relájate tumbándote en tu cama, piensa en situaciones agradables o momentos imaginarios que te gustaría que sucediesen. Ya sea si conoces o no al ser que está llegando a tu vida, llena tu corazón de certeza. Permanece en este estado. Y antes de que den las doce, bebe el contenido de la copa teniendo en el corazón la certeza de que llegará a tu vida la felicidad y el amor. Apaga la vela sin soplarla. Agradece ese momento de recogimiento y, sin conocer cuál será la recompensa, álzate en vuelo. Luego ve a dormir. Al despertar, sentirás un leve sabor dulce en tu boca. Es señal de que las puertas se han abierto y el amor está llegando.

9. UN MENSAJE DE TUS ANCESTROS

¡Recibe nuestras bendiciones, querida heredera! En tu sangre palpitan genes aristocráticos. Has sido Reina en muchas vidas. Te lo aseguramos, conocemos tu pasado, y por eso tenemos poder para visualizar tu futuro. Asume tu origen, siente la sangre real recorriendo tus venas. En las antiguas tradiciones se decía que la sangre azul estaba originada por una mezcla de sangre feérica, o sea, sangre de hadas, unida a la sangre humana o terrenal. Y que esta mezcla generaba seres nobles, dignos y espléndidos. Recupera tu identidad real, te la estamos recordando. ¡Levántate! Con la frente en alto y tu dignidad como bandera, defiende la Luz en esta tierra y en tu vida. Cuídala. Protégela. Las Reinas tenemos esta misión en el Nuevo Mundo. Y tú eres de las nuestras. Máxima ética, máxima humildad, máxima pureza, nada de miedo y siempre una actitud firme, digna y real. Eso es lo que te pedimos tus ancestros, porque sabemos que estás en condiciones de actuar así. Sean cuales fueren las circunstancias de esta vida... ¡Recuerda quién eres! Actúa con nobleza. Asegúrate de que las personas con las que pretendes volar realmente vuelen. Y ten mucho cuidado al elegir con quién compartirás la llave de tu libertad, ya que esa llave solo abre la puerta del Paraíso cuando las dos personas son libres. No debes dejar que tus alas de libertad pierdan una sola pluma, y jamás arranques las plumas de otros por querer aferrarlos. No corresponde a la nobleza espiritual. Asume tu linaje. Te bendecimos y sostenemos desde los tiempos más inmemoriales. Amén.

Tus ancestros Reales

Koré, la enviada del silencio

Pase lo que pase, haz una pausa. Cierra los ojos y respira hondo.

Desciende conmigo a la Luz plena.

Bajemos dulcemente hasta tus profundidades. ¡Estás sumergiéndote en la quinta dimensión!

Respira.

Hasta aquí no llegan las palabras, tampoco las imágenes ni los juicios acerca de lo que está sucediendo en tu vida.

Llegamos al sanctasanctórum, a la cámara alquímica oculta en tu corazón.

Toca fondo.

¡Has tocado el Cielo!

Una brillante luz anula tu mente. Te hundes suavemente en la dimensión cósmica que lo abarca todo, que lo entiende todo, que lo perdona todo. Que lo sana todo. En un oasis de compasión. Baja los hombros, respira hondo.

Relájate.

Descansa en Dios.

Respira tres veces. Te sientes muy muy bien. Abre los ojos.

¡Sonríe conmigo!

Regresa a la Tierra.

Amén.

Si lo necesitas saca otra carta.
Si no, quédate con mi bienaventuranza.
Sea lo que sea... ¡está todo bien!

Pequeña Guía para Tocar el Cielo

¡El Cielo es nuestro salvavidas!

Es el recurso más importante con el que contamos en los tiempos de transición y cambio planetario. No es un lugar, es un estado de conciencia, también llamado Gracia. Nirvana. Samhadi. Bienaventuranza.

Para todas nosotras, La Niña, La Estratega, La Mística, La Heroína, La Maga, La Aventurera, La Reina, La Bufona, La Sanadora, vivir conectadas con el Cielo es fundamental.

¿Por qué ser espiritual? Vivir desconectadas del Cielo no tiene sentido, es triste. Es una vida de callada desesperanza. Encerrada en nuestro cuerpo físico, emocional y mental. Repitiendo y repitiendo. Y sufriendo. Esa es la aterradora, así llamada, «vida común».

La vida desconectada del Cielo...
¡ES TRISTE!

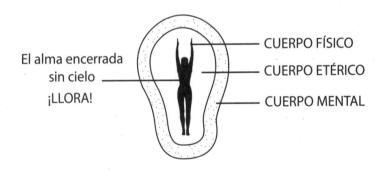

El alma encerrada
sin cielo
¡LLORA!

CUERPO FÍSICO

CUERPO ETÉRICO

CUERPO MENTAL

¿Qué te pasa cuando siempre estás en conexión
con el Cielo?
¡Construyes un cuerpo espiritual y brillas!
Tu vida tiene sentido.

Cuando conectas con el cielo, construyes un cuerpo espiritual
¡Y BRILLAS!

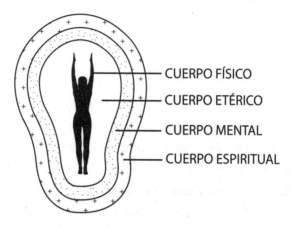

CUERPO FÍSICO
CUERPO ETÉRICO
CUERPO MENTAL
CUERPO ESPIRITUAL

LA VIDA ESPIRITUAL TE DA
UN ALTÍSIMO NIVEL VIBRATORIO

Las energías negativas tratan de impactar tu aura.
Pero tu Luz forma un escudo impenetrable, no las deja
llegar a ti porque estás conectada con el Cielo.
El desamor se transforma en amor.
La carencia en abundancia. La inseguridad en calma.
El miedo en certeza.
La enfermedad en salud.
Y la angustia en paz.

¿Qué es el Cielo?

Aquello que llamamos «Cielo» es el más alto nivel vibratorio de la Luz.
El Cielo es sutil, ligero, libre, dulce, fuerte, veloz y embriagante. Es
opuesto a la materia, que, siendo parte de la misma energía, vibra en

un nivel denso, lento, compacto. La materia también es dulce y embriagante, y el peligro es quedar atrapadas solo en ella. Ambos, Cielo y Tierra, son extremos de la misma energía. ¡Todo es Luz!, en distintos grados vibratorios. En la Tierra predomina la Luz densificada. En el Cielo, la Luz sutil.

¿Dónde está el Cielo?

En todas partes. También dentro de nosotros, depende de cómo vibremos. Nuestra tarea es bajar el Cielo a la Tierra, es decir, iluminarla, empezando por nosotras mismas. Y también, la tarea es subir la Tierra al Cielo: elevar lo denso y lo doloroso para que no nos hiera, y así liberarnos del sufrimiento. Para esto tenemos que tocar el Cielo, y para tocar el Cielo, tenemos que saber elevarnos de forma continua, dejando afuera, en cada microsegundo, las energías negativas que nos densifican y nos tiran para abajo.

Al tocar el Cielo sentimos éxtasis, felicidad, una bienaventuranza apacible. ¡Energía! Y esta sensación no depende de ninguna circunstancia externa, solo de nuestra ascensión vibratoria. Tenemos que saber estabilizarnos en un nivel elevado llamado «**la quinta dimensión**», y también saber actuar en la tercera dimensión, lugar para materializar y construir nuestros sueños de formas concretas. Tus aliadas te invitamos a vivir en un estado paradisíaco. Cada una tiene su secreto para permanecer allí. La Bufona ríe, La Niña confía en la vida, La Aventurera conquista la dicha, La Heroína sigue su visión, La Reina ocupa su lugar real, La Estratega crea planes para deslizarse por la vida sabiamente, La Sanadora cura sus heridas desde el corazón, La Mística se une al Cielo de forma total, La Maga moviliza las corrientes subterráneas y las fuerzas de la naturaleza. Y todas seguimos las instrucciones de esta Pequeña Guía. **¡Queremos que tú también las tengas!**

Por eso ha llegado a tus manos esta Cajita Roja.

¿Qué es la tercera dimensión?

Es llamada «la Tierra». El plano concreto de la realidad, sujeto a las formas, al tiempo y al espacio. Es el plano de la acción y la construcción de formas. En la tercera dimensión reina la mente. Muchos temas terrestres tienen que ser resueltos en este nivel.

¿Qué es la quinta dimensión?

Es llamada «el Cielo». El nivel vibratorio de la emoción y del éxtasis. De la grandeza espiritual. Del amor incondicional. De la dulzura. Es el hogar de *la Presencia*, o sea, nuestro hogar. Es el eterno ahora, el Paraíso.

Cuando llegamos a la quinta dimensión tocamos este Cielo. Pero cuidado, todavía es habitual que los seres espirituales fluctuemos emocionalmente, o incluso tengamos abruptas caídas de conciencia. Es lamentable, pero es lo que nos atrapa en la tercera dimensión. ¡Tenemos que estar alerta! Un prolongado estado de tristeza, la desesperanza, el agobio, el cansancio son señales de falta de contacto con el Cielo. Y nos puede pasar hasta a los que nos consideramos muy espirituales. Hay que estar atentas. No se trata de no sentir, se trata de no quedarse atrapadas en la negatividad, de saber elevarnos inmediatamente, ¡tocando el Cielo!

¿Qué pasa si pasamos tiempo en la quinta dimensión? ¡Tocamos el Cielo por un lapso prolongado! Y tocar el Cielo produce en nosotros efectos instantáneos: se sanan las heridas del alma; se dulcifica nuestra vida; nos revitalizamos; nos sentimos protegidas. Tenemos fuerza y energía para atravesar los obstáculos. Nos volvemos magnéticas. ¡Y pasa mucho, mucho más! Prueba a tocar el Cielo y lo verás.

Te revelamos a continuación varias formas de tocar el Cielo para recibir una poderosa descarga de Luz, instantánea.

- La Vía de la Imagen
- La Vía de la Palabra
- La Vía del Silencio
- La Vía del Amor
- La Vía de las Estrellas

La vía de la imagen

Es por contemplación e impacto visual.

¡Sumérgete en la naturaleza! Permanece en silencio frente al mar mirando con reverencia el horizonte. Escucha las olas emergiendo de las profundidades del océano. Tírate en el suelo, en medio de las montañas, en la espesura de un bosque. Alza los ojos hacia cielo en una noche estrellada. Siente el misterio de un paisaje completamente blanco. Deja que los copos de nieve acaricien tu rostro mientras caen suavemente a tu alrededor. Respira hondo. Todo lo amargo se vuelve dulce. La naturaleza te envuelve en su abrazo, el Cielo desciende a la Tierra. ¡Estás en el Paraíso!

Contempla imágenes sagradas. Todas las tradiciones espirituales clásicas y antiguas tienen imágenes sagradas. Los misteriosos iconos griegos. Los enormes Budas. Las imágenes de la Virgen. Las representaciones de los ángeles. Cristo. El inocente Niño de Praga. Elige una imagen que te conmueva. En quietud. En silencio. Fija la mirada en ella y desenfoca la vista. Tu corazón se abre, la figura se ondula, se vuelve borrosa y aparece ante ti un trozo de Cielo. Las imágenes sagradas realizadas devocionalmente son códigos de acceso a otra dimensión de la realidad. ¡Son ventanas al Cielo! Ábrelas.

Visualiza. La visualización crea realidades paralelas. Visualizando Huracanes de Luz, ¡te liberas de todos los lastres! Visualizando que estás bajo una torrencial lluvia de amor, te impregnas de amor puro y bendecido. Visualizando que te sumerges en el Lago de la Felicidad, comienzas a hacer de la felicidad una realidad en tu vida en la tercera dimensión. Visualizando una lluvia de maná que cae del cielo sobre ti, tu vida y tus proyectos, ¡tu existencia se impregna de abundancia! Visualizando que te encierras en un capullo y sales volando como una bella mariposa de radiantes colores, ¡te transformas!

La mente subconsciente no distingue las imágenes creadas por nosotros de las materializadas en la tercera dimensión. Las imágenes de bendiciones, amor, belleza, salud... ¡crean un contacto sensorial y emocional con el Cielo! La Maga te lo asegura. Ella es experta en crear realidades paralelas. Y todas las aliadas lo hacemos todo el tiempo.
Funcionan.
Funcionan.
Funcionan.

La vía de la palabra

Tus aliadas tocamos el Cielo a través de la palabra. ¡Hablándole! Según los antiguos sabios, la energía generada por las palabras del orante y potenciadas por su intensa emoción impactan al Cielo. ¡Y producen su respuesta! Hay una disciplina espiritual ancestral, común en todas las tradiciones, desde la monoteísta judía, la cristiana y la islámica a la budista, la jainista, la sintoísta, del hinduismo al sijismo: la plegaria. La **plegaria** nos hace vibrar.

¿Por qué vibramos?

Nuestro cuerpo está constituido, por lo menos, de un setenta por ciento de agua. Es un tremendo conductor de vibraciones sonoras. Cada célula actúa como un resonador. Amplifica nuestras palabras. La Sanadora conoce muy bien este secreto y lo aplica. ¡Ella es capaz de sanar con palabras! Y tú también.

Efectos físicos de la oración

La oración nos envuelve en una energía calmante y sanadora. Nuestra propia voz recitando una plegaria resuena en nuestros niveles profundos y nos eleva. El efecto de la oración va más allá de lo espiritual. Es físico. La neurociencia lo ha comprobado. Acallar la mente, bajar las revoluciones, visualizar, entrar en el silencio, orar… provoca cambios neurológicos importantísimos. Cambia la longitud de onda de nuestro cerebro. Crea nuevas sinapsis neuronales. El sonido armónico de las palabras sagradas tiene el poder de curar y de bendecir. Un sonido agudo y fuerte, en cambio, puede romper una copa en pedazos. Las palabras sagradas son criaturas de poder y fueron creadas hace milenios por poderosos sabios, seres iluminados y magos. Una vez pronunciadas, tienen vida propia y crean un puente hacia el Cielo.

¿Cuándo pedir ayuda al Cielo?

Pregúntate qué te preocupa, por qué te encuentras mal o triste, qué necesitas, cómo deseas sentirte. ¡Y pide ayuda al Cielo! **Al nivel más elevado de la existencia.**

Pide la intervención del Cielo para:

Estabilizar tu ánimo. Limpiarte del miedo, liberar tu energía atrapada en el astral personal y colectivo y salir de las repeticiones. Para desbloquear tus sueños y conectarte con los milagros. Para descontaminarte. Para establecer a tu alrededor una muralla impenetrable de ángeles. Para anclar una nueva certeza y reforzar la fe. Para elevarte y subir tu rango vibratorio. Para salir del desamparo y apoyarte en la Luz. Para aumentar tu vitalidad. Para restablecer tu alegría. Para volver a creer.

¿Qué es la Alineación?

La Alineación nos permite tocar el Cielo permaneciendo en la Tierra. O tocar la Tierra, permaneciendo en el Cielo, en la quinta dimensión. No hay que elegir permanecer en un lugar u otro, ¡podemos estar en los dos! Unidos por una línea recta, simbólica, que parte desde nuestro corazón y llega al sol.

La Alineación es un estado de conciencia. Nos revela que Cielo y Tierra están unidos. Que son extremos vibratorios de la misma energía. Lo sabemos en teoría, pero la Alineación lo lleva a la práctica. La tercera dimensión, la quinta y más allá son parte de una sola línea recta. Y los humanos podemos movernos entre «Arriba» y «Abajo», libremente. Podemos elevarnos a niveles sutiles, celestiales, paradisíacos, o podemos hundirnos en la solidez de la materia. Sin quedar desconectados del Cielo. ¿Lo decidimos nosotros?

Si, definitivamente.

Lo determina nuestro nivel de conciencia.

Podemos bajar a las densidades vibratorias más pesadas, y aun así mantener nuestra ligereza, alegría y conciencia intactas. ¡Porque estamos alineadas! Y la energía sigue bajando del Cielo, sosteniéndonos y dándonos fuerza. También podemos elevarnos a grandes alturas espirituales, ascender a los Cielos, y no perder en absoluto la conexión con la Tierra porque estamos alineadas.

Las plegarias cumplen esta función. Nos alinean. Nos elevan a los Cielos y hacen descender los Cielos a la Tierra.

Las plegarias establecen la comunicación. **Nos hacen vivir en las dos dimensiones al mismo tiempo. Espiritualizan la materia y materializan el espíritu.**

Las plegarias tienen tres formas básicas

Petición de auxilio. Es una oración de súplica para solucionar algún tema, o una petición de rescate de alguna situación, ya sea personal o para el mundo. Es un sistema muy usado por La Sanadora para detener a las fuerzas involutivas.

Llamamiento al Cielo. Es una plegaria que pide la intervención del Cielo para materializar un sueño o para recibir protección y amparo. O para el descenso de los dones celestiales a nuestra vida y a esta Tierra, tales como abundancia, amor, salud, fortaleza, belleza. Podemos hacer una plegaria de petición personal o pedir ayuda para todos los habitantes de este planeta, como un servicio de Luz. ¡El llamamiento al Cielo nos encanta a todas tus aliadas!

Adoración. Es una forma de orar, solo para agradecer al Cielo por todos los dones recibidos. Y es muy importante. Curiosamente, La Aventurera agradece con mucha frecuencia. Ella dice que es por la vida extraordinaria que lleva. La Heroína agradece por las victorias conseguidas con la ayuda del Cielo. La Reina, por la permanente asistencia de las fuerzas de la Luz. La Estratega agradece el recibir claras instrucciones del Cielo en el Juego de la Vida. La Sanadora agradece la asistencia del Cielo para sanar el dolor del mundo. La Niña agradece la protección incondicional del Padre Cielo y de la Madre Divina. La Maga agradece el apoyo de las fuerzas de la Luz para hacer impacto en la tercera dimensión materializando sueños. La Bufona agradece al Cielo la fuerza para reír, cantar y bailar aun en las más difíciles circunstancias. Y La Mística vive en permanente estado de agradecimiento.

¿Conoces las plegarias tradicionales hebreas?

Las heredamos de nuestros ancestros y una de las formas más antiguas son los salmos. Son potentes. ¡El viento de los siglos no ha logrado barrerlos! Resuenan en nuestros genes. Despiertan recuerdos poderosos. Los salmos pueden ser salmodiados, o sea, cantados, o recitados. Y se consideran una fuerte herramienta espiritual para rectificar cualquier situación, sanarnos, protegernos y fortalecernos. Se cree que el Rey David es su autor. Fueron rezados durante milenios, y acumularon en sus estrofas la energía de todos aquellos que los pronunciaron. Los salmos resonaron en los más antiguos templos hebreos, también en las catedrales medievales. Los pronunciaron en sus secretos oratorios los magos del Renacimiento y los más grandes alquimistas de todos los tiempos. Todos ellos tocaron el Cielo con los salmos, lo que les dio fuerza para proseguir con sus trabajos místicos. El origen de los salmos es judío, y para los primeros cristianos fueron su más preciado sistema de oración. También los cabalistas los emplean en sus prácticas proféticas y mágicas. Salmo quiere decir «canto de alabanza», en hebreo: *Tehilim*.

Tienen el encanto del lenguaje antiguo y nos transmiten, intacta, la energía de nuestros ancestros. Pueden ser rezados en fragmentos. A La Bufona le encantan. Le hacen recordar su estancia en las cortes medievales, en las que pululaban muchos magos, cabalistas y alquimistas, especialmente adictos a los salmos. A todas las aliadas nos subyugan los salmos.

¡Aquí te revelamos algunos salmos cortos para calmar toda angustia existencial!

Se salmodian con una intención diferente cada uno. Se pronuncian tres o nueve veces con un ritmo mántrico e hipnótico.

1. PARA SENTIR QUE DIOS ESTÁ CONTIGO EN TU DOLOR, INCLUSO EN LO MÁS PROFUNDO DE TU DESESPERACIÓN:

«Aunque pase por el más oscuro de los valles, no temeré peligro alguno, porque tú, Señor, estás conmigo; tu vara y tu bastón me inspiran confianza». —Salmos 23:4

2. SI NECESITAS REFUERZO ESPIRITUAL, AUNQUE LA VIDA PAREZCA INCIERTA, RECUERDA QUE DIOS CONTROLA TODO:

«Señor, tu palabra es eterna; ¡afirmada está en el cielo! Tu fidelidad permanece para siempre; tú afirmaste la tierra y quedó en pie. Todas las cosas siguen firmes conforme a tus decretos, porque todas ellas están a tu servicio». —Salmos 119:89-91

3. RECUERDA QUE EL AMOR DE DIOS POR TI ES BUENO Y TIERNO:

«El Señor es tierno y compasivo, es paciente y todo amor. El Señor es bueno con todos y con ternura cuida sus obras». —Salmos 145:8-9

4. EL AMOR Y EL CUIDADO DE DIOS POR TI NO SE DESVANECERÁN:

«¿Adónde podría ir, lejos de tu espíritu? ¿Adónde huiría, lejos de tu presencia? Si yo subiera a las alturas de los cielos, allí estarías tú; y si bajara a las profundidades de la tierra, también estarías allí; si levantara el vuelo hacia el Oriente, o habitara en los límites del mar occidental, aun allí ¡tu mano derecha no me soltaría!». —Salmos 139:7-10

Antiguos mantras cristianos o jaculatorias

A las aliadas nos conmueven los misterios del cristianismo y pedimos frecuentemente la ayuda de un ser santo, de la Virgen, de Cristo, por medio de jaculatorias. Las jaculatorias no fueron pronunciadas miles, sino millones de veces. Son exorcísticas. Nos sacan de ataques de pánico y de la depresión. Van sustituyendo poco a poco nuestros pensamientos negativos. Nos salvan del miedo. Las pronunciamos como rescates rápidos ante emergencias emocionales, propias de los tiempos de Transición.

1. María, llena eres de gracia
2. Ave María Purísima
3. Corazón de Jesús, en ti confío
4. Yo soy la perfección que el Cielo espera de mí
5. Cristo Jesús, ven en mi auxilio
6. Madre Divina, ampárame
7. Ángeles de Dios, protegedme

Elige una jaculatoria y repítela mántricamente, sin pensar. Una y otra vez. Y poco a poco, la jaculatoria te irá sanando, calmando, iluminando. Respira hondo, la ayuda del Cielo ya ha llegado y es infalible.

Una enternecedora plegaria alquímica de la tradición cristiana

Las aliadas amamos al Niño Divino, o sea, a Cristo en su forma de niño, guiándonos en el Nuevo Mundo. El santo Niño de Praga, muy conocido entre los alquimistas, está plasmado en una misteriosa imagen medieval traída desde España a Praga alrededor del 1600. Las aliadas lo invocamos para dulcificar nuestra vida y para diferentes peticiones.

La Niña lo invoca para proteger esa parte muy vulnerable, inocente, pura, sensible que necesita urgente cuidado, protección y respaldo. La Sanadora recurre a Él para curar heridas del alma. La Estratega lo llama para cerrar ciclos dolorosos y seguir adelante. La Aventurera nos recomienda poner nuestra parte más nueva y bohemia bajo el amparo del Niño de Praga. A esa nueva Tú que está emergiendo e impulsa tus sueños para materializarlos.

Aquí te entregamos la plegaria con la que nosotras contactamos con Él.

> *Enciende una vela blanca y un poco de incienso, y pronuncia este llamamiento con todo amor. El Niño Divino vendrá a tu encuentro. Sabrás que está cerca por un dulce calor en tu corazón, y por un repentino sabor a miel.*

Plegaria al Niño Divino de Praga

Para dulcificar tu vida y proteger tu inocencia

Amado Niño Divino:
Siento tu presencia y tu calor.
Mi vida se dulcifica.

Se sanan todas mis penas.

Se derriten todos los obstáculos.

Siento tu mano sobre mi corazón.

Estás derramando sobre mí tu gracia.

Me sanas con tu deslumbrante Luz.

Me inundas con tu ternura.

Proteges mi inocencia con tu inocencia.

Limpias mi mirada con tu mirada.

Con tu santa manita, curas las heridas de mi alma.

Iluminas mi camino con Luz intacta.

Lo llenas de paz y alegría.

Me inundas con tu transparente pureza.

Pones mi vida en Orden Divino.

Gracias por otorgarme tanta calma y fortaleza.

Toma mi mano, pequeño Niño Divino.

Nunca me sueltes.

¡Acompáñame con tu Luz!

Amén.

La infalible novena alquímica

A las aliadas nos encantan las oraciones antiguas, la mística medieval, las secretas oraciones de los alquimistas. Para actuar en la tercera dimensión, recurrimos a la novena alquímica. Es ampliamente conocida en los ambientes espirituales. Es un llamamiento al Cielo, una petición de auxilio, y también adoración y agradecimiento, porque materializa cualquier sueño, siempre que esté en Orden Divino. Es como una semilla, la plantas y, al poco tiempo, florece en tu vida plasmando tu anhelo. Fue revelada por Amir el Alquimista, un poderoso mago, de quien se dice que es inmortal y que todavía vive en una caverna sagrada en Capadocia, en Turquía. La novena se reza durante nueve o cuarenta días, de acuerdo con las siguientes instrucciones recibidas de muy buenas fuentes.

Versión cristiana

Instrucciones

1. Escribe la petición al Cielo en una hoja blanca con tinta roja, con tu puño y letra. Escríbelo como una carta, dirigida al Padre de los Cielos y a la Madre Divina.
2. Prende una vela blanca e incienso frente a una imagen sagrada.
3. Haz la señal de la cruz y recita tres padrenuestros + tres avemarías.
4. Lee la petición.
5. Continúa la petición con nueve «Santos» («Santo Santo Santo Dios de la creación. Llenos están los Cielos y la Tierra de tu gloria. Gloria sea a ti, el Altísimo. Bendito es el que viene en nombre del Señor. Hosanna en las alturas»).
6. Cierra la ceremonia diciendo «Amén» y apagando la vela. Deja que se consuma el incienso.
7. Al día siguiente, prende la vela y el incienso, y repite la ceremonia.
8. Al noveno día, deja que se consuma la vela y quema la petición.
9. Los días diez, once y doce haz agradecimientos.

La ceremonia de cuarenta días es llamada **Éxodo**. La hacemos cuando queremos salir de una situación o cuando estamos decididas a realizar un éxodo de una manera de ser, de vivir o de actuar. Durante ese lapso deberás recitar las plegarias, día a día, de la misma manera sin saltarte ninguno.

Si te olvidaras, debes empezar todo el ceremonial de nuevo. Los días cuarenta y uno, cuarenta y dos y cuarenta y tres haz agradecimientos.

Puedes utilizar una Cuerda de Oración Alquímica como recordatorio del ritmo a seguir.

En la versión hebrea, la novena alquímica se reza con salmos. En la versión sufí con suras del Corán.[2]

---

2. Véase *La conspiración de los alquimistas*, novela de la misma autora.

La plegaria espontánea

Surge de las profundidades de tu corazón, es netamente emocional y su forma es libre. Se pronuncia en un susurro o en voz alta. Tal como la recitó La Maga, convocando al Huracán de Luz. ¡La Maga es la experta en oraciones espontáneas!

> *«Potente rey de los vientos, tráenos el poder invencible de la Luz. Nosotros, criaturas estelares exiliadas temporalmente en esta tierra, esperamos conmovidos tu llegada, atraviésanos, ¡oh, Huracán de Luz! Barre con tu fuerza todas nuestras falsas limitaciones, haz volar por los aires todos los obstáculos. Tráenos la memoria de la perfección de nuestro hogar en las estrellas. Purifícanos, libéranos. Ilumínanos. Revitalízanos. Pon en Orden Divino nuestra vida. Que la Ley del Cielo se instaure en la Tierra. Amén».*

Mantras

A todas las aliadas nos encantan los mantras clásicos, pero, sobre todo, a La Aventurera: ella los ama. Le preguntamos por qué y nos dijo que es porque al recitarlos siente que viaja. A India, al Tíbet. Que estos mantras le despiertan recuerdos de antiguos templos perdidos en el Himalaya, de perfumados inciensos y titilantes velas encendidas en las penumbras. Nos indicó cerrar los ojos, ponernos en posición yogui. Y aseguró que, recitando los antiguos mantras, podemos viajar en el tiempo. ¡Porque los mantras clásicos tienen miles de años y están cargados de poder!

La Estratega nos reveló que la palabra «mantra» es sánscrita. Está compuesta por dos sílabas: *man*, «mente», y *tra*, «protección». «Mantra» significa «protección para la mente». O bien, protección contra nuestra propia mente. Los antiguos lo sabían muy bien, aclaró La Estratega... ¡Repitiendo un mantra la mente no puede pensar! No puede hacer las dos cosas al mismo tiempo. El sonido hipnótico del mantra resuena en nuestro interior y se propaga en forma de ondas concéntricas, y sus ecos llegan al Cielo.

El mantra detiene el incesante diálogo interno con nosotros mismos. Si estás muy agobiada por pensamientos repetitivos, si quieres detener una obsesión, si necesitas un descanso mental, repite un mantra, ya sea clásico, cristiano o espontáneo, durante todo el día y por varios días. Esta simple práctica te hace entrar en estados de conciencia hipnóticos y te libera de la tortura de la mente.

¡Aquí te pasamos nuestros mantras clásicos!

Hinduistas y budistas

La Mística nos revela las diferentes formas en las que se puede pronunciar los mantras. Cuando es cantado en voz alta, se llama *Kirtan*. Cuando es cantado en voz baja se llama *Bhayan*. Y cuando es recitado mentalmente se utiliza un *Japa mala* o Cuerda de Oración, llamada «rosario» en la tradición cristiana.

El más importante mantra clásico universal es «OMMMMM».

Es el mantra universal en todas las tradiciones. El sonido primordial del universo. El del origen de la creación, que sigue resonando en las estrellas. Nos conecta con el Todo. Pronúncialo cuando te sientas desamparada o muy sola. O para potenciar tu energía. Es muy poderoso.

El mantra clásico budista es... «OM MANI PADME HUM».

Lo habrás escuchado en clases de yoga. Es el clásico entre los clásicos. Propicia la unión con el universo y la compasión de Buda. En sánscrito: ॐ मणिपद्मे हूँ.

Pronúncialo para abrir tu corazón, para tener una mirada compasiva sobre todo lo que sucede en tu vida y todos quienes participan en ella.

El mantra clásico hinduista es... «OM NAMAH SHIVAYA».

Es el mantra para conectar con el dios Shiva, la divinidad hindú que encarna el principio destructor y regenerador del mundo. Para evolucionar tenemos que destruir lo tóxico, lo que nos hace daño. Shiva representa también la muerte y el renacimiento, y un principio purificador. *Om* nos une al universo. El término *Namah* significa en sánscrito «saludos» y *Shivayah*, «al Señor Shiva». Cantamos este mantra para tener fuerza para cambiar y tener impulso para dejar atrás o salir de un duelo. Shiva nos saca de la melancolía y de la toxicidad.

El mantra clásico visnuista hindú es... «HARE KRISHNA».

La Bufona ama este mantra. Dice que despierta su irreverencia hacia el mundo viejo. Le encanta su relación con los años sesenta y la revolucionaria irrupción de los Hare Krishna en el mundo occidental. La Aventurera lo adora también.

Hare Krishna Hare Krishna.
Krishna Krishna Hare Hare.
Hare Rama Hare Rama.
Rama Rama Hare Hare.

La traducción del sánscrito es «Oh, Señor, oh, energía divina, que tu voluntad se cumpla a través de mí». Krishna y Rama son ambos los avatares (encarnaciones) del dios Vishnú.

Mantras espontáneos

Son afirmaciones. Decretos. No pertenecen a ninguna tradición. Al repetirlos mántricamente, generamos en nosotros los mismos estados hipnóticos que los mantras clásicos. Por la continua repetición, el mensaje va quedando grabado en tu subconsciente. El mantra atrae lo que afirmas. **Yo soy** establece una identidad anclada en el Cielo.

Estos son los mantras personales de tus aliadas

El mantra de La Heroína: Yo soy quien se alza con la victoria. ¡Aquí manda la Luz!

El mantra de La Mística: Yo soy continua fuente de bendiciones y milagros.

El mantra de La Maga: Yo soy dulce y embriagante. Potente, magnética y altamente consciente del poder de la Luz.

El mantra de La Estratega: Yo soy potente y radiante Luz iluminando cada uno de mis pasos.

El mantra de La Niña: Yo soy cálida dicha, dulce alegría, inocencia plena y confianza total.

El mantra de La Reina: Yo soy la resplandeciente y majestuosa Luz que gobierna mi vida.

El mantra de La Aventurera: Yo soy plena vitalidad, audaz libertad y eterna juventud.

El mantra de La Sanadora: Yo soy la dulce y radiante Luz de la salud encendida en mi corazón.

El mantra de La Bufona: Yo soy la que barre todas las tristezas.

Mi fuerza es mi irreverente alegría.

Una pequeña mención a los ángeles

Siempre están cerca de nosotros.

La **Niña** ama especialmente a los ángeles y asegura que los ve. La inocencia y la frescura de los seres alados despierta en nosotros nuestra parte niña. La **Bufona** juega con los ángeles, habla con ellos y escucha sus consejos. La **Aventurera** los lleva de viaje como guardaespaldas. La **Reina** los considera sus invitados más reales. Sobre todo, a los príncipes celestiales, los Arcángeles. La **Estratega** los adora; iluminan sus valiosos planes estratégicos y los alinean con la Luz. La **Sanadora** jamás se despega de ellos y asegura que los ángeles habitan en el sanctasanctórum custodiando *la Presencia*. La **Maga** los invoca permanentemente para protegerse de las fuerzas involutivas. Son sus más preciados apoyos, mantienen la continua pureza en sus ceremonias e invocaciones. La **Mística** los escucha claramente, porque pasa mucho tiempo en completo silencio. La **Heroína** los considera su milicia de Luz, un verdadero ejército con alas.

Una de las formas de llamarlos es a través de los Akhatistos, oraciones letánicas de la tradición griega.[3]

---

3. Véase *Jugando con los ángeles* y la saga de la *Montaña sagrada*, ambos de la misma autora.

La vía del silencio

La vía del silencio sagrado para tocar el Cielo es la vía más misteriosa. La más abismal. Nos atraviesa con su tremenda potencia. ¡Da vértigo! Todas tus aliadas la practicamos. Conocemos el ancestral poder del silencio. Y fuimos iniciadas en sus secretos.

Cuando lo conoces, sabes que es el amor. El silencio nos eleva a un plano al que no se accede con los pensamientos. A la Fuente de la Vida. Penetra la quinta dimensión y nos revela sus secretos: el silencio cura, regenera, pacifica, nos da energía e intensidad. A veces solo podemos comprender la vida entrando en un profundo silencio. Allí encontramos la fortaleza para iniciar nuevos caminos y soltar compasivamente lo que nos limita y nos ata. A veces solo es posible soltar, sumergiéndonos en un profundo silencio. Es un vacío lleno de bienaventuranza, imposible de describir con palabras.

Y esta inefable bienaventuranza solo se puede expresar con una sonrisa. Como la sonrisa arcaica de Koré, la antigua sacerdotisa griega. Ella nos mira desde el fondo de los tiempos, y su sonrisa nos dice: «¡He tocado el Cielo!».

La vía del amor

En las tradiciones orientales se llama Tantra. Es una forma de amar intensa y mística. Conmovedora. Ambos dejan de ser solamente humanos. En silencio, los amantes se conectan profundamente entre ellos y ambos con la divinidad. Y forman así un triángulo. Un canal para que la energía del cielo descienda a la tierra. En el vértice superior está el Cielo, en los dos vértices de la base del triángulo están los amantes. Amar con esta intensidad los transfigura y los hace volar. Y cuando el Cielo comienza a descender a la tierra a través de los amantes, aparece una fuerte sensación de vértigo. No puedes ni quieres hablar. Entras en éxtasis. El mundo da vueltas. Pierdes la noción del tiempo y del espacio. Los límites de tu cuerpo se desvanecen. Tu respiración y la de tu ser amado se mezclan dulcemente. La piel desaparece, pierdes la noción de quién eres y de dónde estás. Envueltos en un abrazo que no es de esta tierra, los amantes giran y giran cayendo más y más en un éxtasis que tal vez jamás hayan conocido. Se sumergen juntos en un Abismo de Amor, fuera del tiempo y del espacio. Un abismo infinito, delicioso, incomparable. Son uno con las estrellas. Tocan el Cielo.

Y el Mundo se vuelve perfecto.

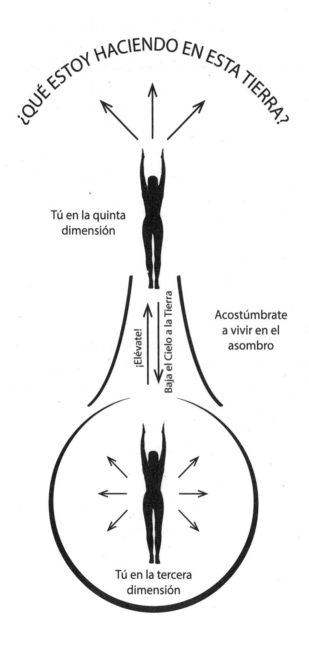

¿QUÉ ESTOY HACIENDO EN ESTA TIERRA?

Tú en la quinta dimensión

¡Elévate!

Baja el Cielo a la Tierra

Acostúmbrate a vivir en el asombro

Tú en la tercera dimensión

¡Eres de las nuestras!
¡Cuida tu estrella!

La vía de las estrellas

El Cielo no solo está fuera y arriba. Está dentro de ti, te rodea.

Somos el Cielo. Y *somos* la Tierra. Somos mucho más de lo que creemos ser. Somos embajadores de Dios en la tercera dimensión.

Tú lo estás sintiendo.

Por eso brotan de tu alma preguntas viscerales.

¿Qué estoy haciendo en esta Tierra?

¿Quién soy?

¿Qué es la realidad?

¿Cuáles son mis dones?

¿Cuál es mi misión?

¿Qué puedo aportar a este planeta de mis vidas pasadas?

¡Intentaremos darte algunas respuestas!

Los humanos somos nómadas galácticos. Vivimos por un tiempo en esta nave llamada Tierra, navegando por el Cielo infinito entre lunas, soles, galaxias, estrellas y planetas. No solo podemos tocar el Cielo, o sea, sentirlo muy cerca, también podemos hacerle preguntas y recibir su respuesta. Y con su apoyo construir en la Tierra un destino espléndido.

¿Cómo hacerlo?

¿Has visto alguna vez un cielo estrellado que te dejó sin aliento?

Latía, vibraba. Las estrellas fugaces. La inmensidad. ¿Sentiste el impulso de hacerle preguntas? Nosotras sí.

Puedes contemplar ese cielo en ciertos lugares resguardados, altos, desérticos y alejados de la civilización. Es una experiencia estremecedora, nos marca para siempre.

Los más remotos registros de humanos haciendo preguntas al Cielo y recibiendo sus respuestas se remontan a Caldea. Los caldeos, una antigua civilización semítica de nómadas, vagaron por los desiertos durante siglos y siglos guiados por las estrellas. El Cielo estaba muy cerca, tan cerca que podían tocarlo y arroparse cada noche con su manto de misterio. Infinito, incontaminado, majestuoso. El Cielo latía, vibraba, brillaba, ¡estaba vivo! Bullía con cientos de estrellas que hacían guiños y mandaban mensajes a las asombradas criaturas que lo miraban desde la Tierra. Hete aquí que en el siglo X a.C., los nómadas decidieron asentarse, no por casualidad, en uno de los lugares más míticos de este planeta. En el nacimiento de los ríos Éufrates y Tigris, actualmente Irán, exactamente allí donde estaría emplazado el Paraíso Terrenal. El mítico lugar en el que la quinta dimensión descendió libremente a la tercera y logró anclarse en nuestro planeta. Su capital fue llamada Babilonia. Y desde los misteriosos zigurats, empinadas pirámides que tocaban el firmamento, los caldeos registraron el ancestral código de comunicación con el Cielo que habían aprendido en el desierto y lo llamaron **astrología.**

Las estrellas dibujaban en el cielo figuras simbólicas de dioses, o de animales, y las llamaron **constelaciones.** Y a la totalidad del mapa estelar lo llamaron **zodíaco.** Los caldeos, primeros astrólogos de la historia de Occidente, fueron muy respetados y admirados en toda la civilización antigua. ¡Eran los intérpretes de los mensajes que la divinidad dibujaba en el cielo a través de ciertas alineaciones de estrellas! Los astrólogos eran considerados magos, consejeros místicos. Constructores de destinos iluminados.

También los chinos, los mayas, los japoneses, los hindúes... codificaron sus propias astrologías. Pero a pesar de ser diferentes, todas estas disciplinas del mundo antiguo tenían algo en común: **eran teúrgicas,** no predictivas.

¿Qué significa «teúrgicas»?

La teúrgia, basada en la sabiduría ancestral de los caldeos, es una tradición mistérica. Desarrolla el arte de comunicarse con los dioses y de esta manera propiciar la participación de lo divino en la vida terrestre. Esta se extiende a toda práctica mística, ritual, religiosa, mágica y adivinatoria. Para los caldeos todas estas disciplinas espirituales estaban indisolublemente unidas, eran una sola. Por eso la astrología era sagrada.

La astrología teúrgica, también llamada La Vía de las Estrellas, se ocupaba y se ocupa de guiar y acompañar al alma en su tránsito por esta tierra. Combina nuestras coordenadas terrestres con las celestes, dándonos, entre otras cosas, información acerca de nuestras fuerzas, nuestro potencial, nuestros dones y nuestra esencia. Siempre vinculada a la divinidad, esta información astrológica no nos es dada para especular, ni para sentirnos dominados por los influjos de los planetas, sino para evolucionar. Y para aprender a participar en el Teatro de la Vida como en un juego sagrado. Recordando siempre que no somos de este planeta, que somos nómadas galácticos. Soñadores de realidades nuevas. Constructores de maravillas.

La Vía de las Estrellas considera a los planetas seres vivos, hogar de arquetipos. Y estrellas, porque todos los planetas originalmente lo fueron. Por eso, el núcleo de la Tierra, que también fue una estrella, todavía es de fuego. Los planetas estrella canalizan la energía celeste hacia la dimensión terrestre de maneras específicas, diferenciadas y focalizadas. Y nosotros las captamos, las absorbemos, nos energizamos con el Cielo. Porque nosotros también estamos hechos de polvo de estrellas.

Por ejemplo, en Venus viven Afrodita, Ishtar, Inanna, Ixchel, innumerables diosas míticas. Arquetipos de la energía femenina que se manifestaron a lo largo de los tiempos. También vive allí una de nuestras aliadas, la Reina Florida, especialmente protegida por Venus. Venus hace descender a la tierra la belleza, el erotismo, la abundancia y la valoración. **La Reina Florida** canaliza hacia la tierra ríos de leche y miel. Abundancia infinita para materializar nuestros sueños. El planeta Urano rige el signo de Acuario, representado por el Arquetipo del Aguador, y vierte sobre la tierra el agua sagrada de la originalidad, la vida nueva, la libertad. Allí vive **La Bufona**, cuando no está viajando por la Tierra para despertar a los humanos de su letargo y aburrimiento. En Saturno vive **La Estratega Visionaria**. Y desde allí nos contacta para planificar nuestras acciones con conciencia, eficiencia y visión profética. **La Mística Oceánica** vive en Neptuno, sumergida en sueños y ensueños acuáticos. A veces desciende a la Tierra en luna llena, envuelta en un haz de luz plateada y nos envuelve con su hechizo mágico, disolviéndonos en la divinidad. **La Ardiente Heroína** vive en Marte, allí dirige legiones de ángeles guerreros, que le son otorgados por el Cielo para ayudarnos a romper la maldad y a evolucionar. **La Niña Sensible** vive en la Luna. Desde allí, nos envía todas las noches rayos plateados de amor incondicional, inocencia, ensueños, ternura y protección. **La Sanadora Hermética** vive en Mercurio, junto a **La Niña Curiosa**. Esto no es casualidad, ambas nos sanan y restauran nuestra alma. **La Sanadora** curando nuestro corazón de toda tristeza, y la **Niña Curiosa** invitándonos a jugar. Y a soltar toda solemnidad. **La majestuosa Reina Solar** vive en el Sol. Ella nos pone en pie, activa nuestro brillo, nos enseña a autogobernarnos y a hacernos valorar.

Las nueve aliadas somos arquetipos, cada una de nosotras está asociada a un planeta y canaliza una de las doce fuerzas del zodíaco. Al mismo tiempo establecemos nuestros reinos en cada una de las doce casas, o áreas de tu vida de acuerdo al signo que las rige. También influenciamos ciertos aspectos de tu existencia terrestre irradiando allí nuestra energía. ¿Cómo lo hacemos? Nos situamos, como los planetas, en diferentes casas de tu **Carta Natal** como visitantes. Por ejemplo, si tienes el Sol en Piscis, **La Reina Solar** (tu sol o signo astrológico) vive en la casa de la **Mística Oceánica** (en Piscis o en la casa XII). Ambas se ponen de acuerdo y establecen un Reinado espiritual en esta Tierra, específicamente, en tu propia vida. La información de la Carta Natal te revela que tú eres la embajadora de estas dos energías. Eres una Reina Solar cuyo reinado es místico, espiritual y oceánico.

Conociendo la hora y el lugar exacto de tu nacimiento se construye **La Carta Natal,** un completo mapa estratégico con el cual puedes saber en qué zona de tu vida vive la **Reina Solar,** allí brillas. O dónde eres una **Niña Sensible,** en qué área de tu vida actúas como una **Niña Curiosa.** Dónde te ríes como una **Bufona,** en qué aspectos eres una **Ardiente Heroína,** o una **Estratega Diplomática.** ¡Tal vez seas una **Niña Sensible** en pareja! o una **Sanadora Hermética.** O una **Intrépida Aventurera.** Y allí donde tienes situada a la **Reina Florida,** seguro que fluye la dulce abundancia como un río de leche y miel.

Si no tienes la hora, solo la fecha de tu nacimiento, también recibirás información valiosa acerca de los planetas en los que navegamos recorriendo tu zodíaco.

DESCUBRE CUÁL ES TU PRINCIPAL ALIADA EN ESTA TIERRA DE ACUERDO A TU SIGNO SOLAR CON EL CÓDICE ASTROLÓGICO DE LA VÍA DE LAS ESTRELLAS

En esta tabla encontrarás la correspondencia entre tu signo y el arquetipo o aliada que lo gobierna. Tus dones de acuerdo a tu signo solar. Tu esencia. Y tu tarea solar en la tercera dimensión, o sea, cómo movilizar tu fuerza principal en el mundo manifiesto. Es decir, en la tercera dimensión.

Códice astrológico de las aliadas

TU SIGNO	ARQUETIPO	TU DON	TU ESENCIA	TU TAREA
Aries	LA ARDIENTE HEROÍNA	Valentía	Idealista/ Impulsiva	Liderar
Tauro	LA REINA FLORIDA	Goce	Sensual/ Abundante	Materializar
Géminis	LA NIÑA CURIOSA	Juego	Divertida/ Flexible	Conectar
Cáncer	LA NIÑA SENSIBLE	Intuición	Protectora/ Dulce	Cuidar
Leo	LA REINA SOLAR	Majestad	Brillante/ Generosa	Dignificar
Virgo	LA SANADORA HERMÉTICA	Sanación	Metódica/ Virginal	Restaurar
Libra	LA ESTRATEGA DIPLOMÁTICA	Empatía	Refinada/Justa	Armonizar
Escorpio	LA MAGA MAGNÉTICA	Renacimiento	Resiliente/ Intensa	Transmutar
Sagitario	LA INTRÉPIDA AVENTURERA	Expansión	Pionera/ Idealista	Explorar
Capricornio	LA ESTRATEGA VISIONARIA	Determinación	Perseverante/ Tenaz	Conquistar
Acuario	LA BUFONA GALÁCTICA	Desapego	Original/ Fraternal	Liberar
Piscis	LA MÍSTICA OCEÁNICA	Videncia	Amor incondicional/ Victimismo	Unificar

Hablemos sobre tu misión y sobre tus vidas pasadas

La Vía de las Estrellas te revela la razón, también llamada «misión», de tu llegada a esta tierra. Además de quién fuiste en vidas pasadas.

Respira hondo, tómate unos minutos para hacer al Cielo la pregunta más trascendente: **¿Cuál es mi misión en esta tierra?**

¡El Nodo Norte es el que te la revela!

Búscalo en cualquier tabla astrológica por tu fecha de nacimiento.

Por el signo sabrás cuál es tu **Nodo Norte**, o sea, tu brújula en esta vida. Tu misión. Te ha sido asignada una Aliada para ayudarte a cumplirla. Ella vive en el signo del Nodo Norte como tu **Yo Futura.**

Conoce cuál es el don oculto que ya tienes y que te ha sido otorgado para cumplir tu misión. Investiga cuál es la nueva esencia que el universo te invita a explorar. Descubre cuál es la nueva tarea, como misión especial que te ha sido asignada por el cosmos y que tu alma vino a cumplir a esta Tierra.

El signo opuesto te informa de cuál es tu Nodo Sur. Tu Yo en Vidas Pasadas.

Al conocer a la Aliada que vive en tu Nodo Sur descubrirás lo que ya aprendiste, las fuerzas que ya tienes incorporadas y ejercitadas en varias vidas. Porque la aliada que reina en el Nodo Sur te informa de quién fuiste en vidas pasadas. Empleas sus dones, sus fuerzas, estás cómoda con este personaje. Pero recuerda que en esta vida tu misión es hacer un giro y convertirte en tu opuesto complementario. **En tu Yo Futura, utilizando todas las fuerzas de tu Yo Pasada.**

Tabla de correspondencias

Nodo Norte en Aries (Ardiente Heroína) – Nodo Sur en Libra (Estratega Diplomática)

Nodo Norte en Tauro (Reina Florida) – Nodo Sur en Escorpio (Maga Magnética)

Nodo Norte en Géminis (Niña Curiosa) – Nodo Sur en Sagitario (Intrépida Aventurera)

Nodo Norte en Cáncer (Niña Sensible) – Nodo Sur en Capricornio (Estratega Visionaria)

Nodo Norte en Virgo (Sanadora Hermética) – Nodo Sur en Piscis (Mística Oceánica)

Nodo Norte en Leo (Reina Solar) – Nodo Sur en Acuario (Bufona Galáctica)

Mensaje personal

Nosotras, tus Aliadas, vivimos en tu interior. Y nos comunicamos contigo a través de las Cartas, ayudándote a organizar tus experiencias terrestres. Algunas te ponemos en pie y te fortalecemos, como **La Reina Solar. La Intrépida Aventurera** te rescata de la comodidad y te desafía a expandir tus fronteras. Dos de las nuestras dulcificamos tu vida: **La Niña Curiosa y La Niña Sensible.** Una de nosotras, muy oportuna, te saca del dramatismo y te hace reír cuando andas llorando por los rincones. Ya sabes, es **La Bufona.**

Sumérgete en el Lago de la Felicidad a diario con **La Maga Magnética.** Conquista tus sueños con **La Ardiente Heroína.**

Viaja con **La Intrépida Aventurera.** ¡Conviértete en ella!

¡Danza en la vida con nosotras!

Dulcifica tu vida. Dale color. Juega. Aprende a representar diferentes personajes en el Teatro de tu Vida. Amplíate. Sueña. Vuela.

Suelta.

Recuerda, ¡tú eres de este planeta! Tu hogar está en las estrellas.

Amén.

Hania & Aliadas

Cuando le preguntan quién es, Hania Czajkowski dice que es una gitana, una eterna viajera. Que tiene un gen nómada, heredado de sus antepasados húngaros, y otro gen místico heredado de sus ancestros polacos, donde al parecer hubo un Kabalista. Además, posee otro importantísimo gen: el de escritora, que desplazó tempranamente su título de arquitecta. Estudió Angelología, Alquimia, Kabalah y otras Ciencias Sagradas con misteriosos maestros cuyos nombres jamás revela, así como Religiones Comparadas y Simbología. Hania es una ciudadana del mundo. Y junto con su mochila, lleva siempre consigo un cuadernito de notas. En él registra, a cualquier hora y en cualquier lugar, las impresiones, colores, rostros y situaciones que vive en el camino y luego vuelca en sus novelas. Y para poder seguir escribiendo sobre los mundos encantados, muchas veces escala montañas y duerme bajo las estrellas. Y otras, reverente, aguarda el amanecer a orillas del mar y aspira con humildad los vientos.

Su primer libro, *Jugando con los ángeles*, se ha publicado en más de veinte países y lleva más de medio millón de copias vendidas. Además de *La fiesta de tu liberación*, Hania Czajkowski es también autora de varias novelas, protagonizadas siempre por mujeres que rompen límites, viajan, viven extraordinarias aventuras y apasionadas historias de amor, superan desafíos y se elevan a altos niveles de conciencia. Son novelas que suponen todo un entrenamiento espiritual y que serán publicadas próximamente en Kepler.